职业教育物流类专业产教融合创新教材

智能物流技术

主　编　彭宏春
副主编　朱荥珏
参　编　余　寒　时明荣　刘继瑶
　　　　崔建亮　万贵银　周雨瑞
主　审　苏兆河

机械工业出版社

随着智慧物流行业的快速发展，智能物流技术也突飞猛进，通过产教深度融合，校企共同合作开发了本书，主要介绍了目前最先进的智能物流技术，理论与实践紧密结合。

本书以项目引领、任务驱动的形式进行编写，主要认知与实训内容包括：项目一智能物流信息技术，主要介绍条形码技术、自动识别技术、电子数据交换（EDI）技术、GIS技术、GPS技术、大数据和物联网技术；项目二智能物流设备，主要介绍AGV、自动分拣系统、拆码垛机器人、无人机等设备及仓储设施设备；项目三智能仓储作业，主要介绍入库作业、在库物品保管作业和出库作业流程；项目四智能运输与配送作业，主要介绍调度配载、送货作业、交单签收和退货处理作业流程。

本书适用于中、高职院校物流及相关专业教学以及各类物流企业人员提升智能物流专业知识和在职培训。

图书在版编目（CIP）数据

智能物流技术/彭宏春主编．—北京：机械工业出版社，2020.12（2025.5重印）

职业教育物流类专业产教融合创新教材

ISBN 978-7-111-67438-2

Ⅰ．①智… Ⅱ．①彭… Ⅲ．①智能技术—应用—物流管理—职业教育—教材

Ⅳ．①F252-39

中国版本图书馆CIP数据核字（2021）第019870号

机械工业出版社（北京市百万庄大街22号 邮政编码100037）

策划编辑：宋　华　　　责任编辑：宋　华

责任校对：李亚娟　　　封面设计：鞠　杨

责任印制：李　昂

涿州市般润文化传播有限公司印刷

2025年5月第1版第6次印刷

184mm×260mm・12.5印张・277千字

标准书号：ISBN 978-7-111-67438-2

定价：39.00元

电话服务	网络服务
客服电话：010-88361066	机 工 官 网：www.cmpbook.com
010-88379833	机 工 官 博：weibo.com/cmp1952
010-68326294	金 书 网：www.golden-book.com
封底无防伪标均为盗版	机工教育服务网：www.cmpedu.com

前　言

　　为贯彻落实《国家职业教育改革实施方案》，推行校企工学结合、产教深度融合的职业教育人才培养模式，同时满足物流行业发展和人才需求，特组织著名物流行业企业专家、北京络捷斯特科技发展股份有限公司、上海市物流名师培育工作室成员共同组织编写了本书。

　　本书共设四个项目，19个学习任务。项目一为智能物流信息技术，主要介绍条形码技术、自动识别技术、电子数据交换（EDI）技术、GIS技术、GPS技术、大数据和物联网技术的认知与实训等；项目二为智能物流设备，主要介绍AGV、自动分拣系统、拆码垛机器人、无人机等设备，以及仓储设施设备的认知与实训等；项目三为智能仓储作业，主要介绍入库作业、在库保管作业和出库作业流程；项目四为智能运输与配送作业，主要介绍调度配载、送货作业、交单签收和返品处理作业流程的认知与实训等。

　　与其他教材相比，本书具有以下特色：

　　（1）以"企业真实工作任务为导向"，让学生在完成工作任务的过程中，学会必备的知识和专业技能，强化"教、学、做"一体化的职业教育原则。

　　（2）打破传统的教学方式和方法，以培养学生的动手操作能力、提高学生综合职业素质为最终目的，体现新形势下智能物流人才培养目标的本质要求，是一本具有新知识、新技术、新行业的产教深度融合型教材。

　　本书在撰写中内容力求浅显易懂、简明扼要，重点突出操作性和实用性；形式上图文并茂，实例丰富。此外，本书配有丰富的教学视频及案例作为素材供学生学习。选用本书的教师，可通过机械工业出版社教育服务网（www.cmpedu.com）及物流教师交流群（QQ群：170211876）免费索取教学资源包。

　　本书适用于各类职业院校物流及相关专业教学以及各类物流从业人员提升智能物流专业知识和在职培训。

　　由于物流行业发展变化快，尤其是智能物流技术日新月异，我国职业教育改革日益深化，加之编者水平有限，对于书中不尽如人意之处，敬请广大读者提出宝贵意见，以便今后本书不断改进。

编　者

目 录

前言
项目一　智能物流信息技术 1
　　学习任务一　制作、打印和粘贴条形码 1
　　学习任务二　自动识别技术认知与实训 19
　　学习任务三　电子数据交换（EDI）技术认知与实训 33
　　学习任务四　GIS 技术认知与实训 49
　　学习任务五　GPS 技术认知与实训 63
　　学习任务六　大数据技术认知与讨论 74
　　学习任务七　物联网技术认知与调研 81

项目二　智能物流设备 88
　　学习任务一　AGV 认知与实训 88
　　学习任务二　自动分拣系统认知与实训 95
　　学习任务三　拆码垛机器人认知与实训 102
　　学习任务四　了解无人机在物流行业中的应用 111
　　学习任务五　仓储设施设备认知与规划设计 120

项目三　智能仓储作业 136
　　学习任务一　完成入库作业 136
　　学习任务二　保管在库物品 151
　　学习任务三　完成出库作业 161

项目四　智能运输与配送作业 174
　　学习任务一　调度配载认知与实训 174
　　学习任务二　送货作业认知与实训 182
　　学习任务三　交单签收认知与实训 189
　　学习任务四　退货处理认知与实训 192

参考文献 196

项目一

智能物流信息技术

学习任务一 制作、打印和粘贴条形码

学习目标

- 能够阐述条形码的定义及特点；
- 能够区分不同类型的条形码；
- 能够阐述条形码技术的概念及特点；
- 能够依据操作规范进行条形码的制作和打印；
- 能够进行条形码的正确粘贴。

知识储备

一、条形码的定义及特点

1. 条形码的定义

条形码（barcode）是将宽度不等的多个黑条和空白，按照一定的编码规则排列，用以表达一组信息的图形标识符。常见的条形码是由反射率相差很大的黑条（简称条）和白条（简称空）排成的平行线图案。条形码可以标出物品的生产国、制造厂家、商品名称、生产日期、图书分类号、邮件起止地点、类别、日期等许多信息，因而在商品流通、图书管理、邮政管理、银行系统等许多领域都得到了广泛的应用，如图 1-1 所示。

图 1-1 条形码

条形码是由一组按照一定编码规则排列的黑条和空白组成的，那你知道这个黑条和空白分别代表什么吗？

请观看本书配套资源素材包中的视频"1-1 探秘0和1构成的世界"，并回答以下问题：条形码中的黑条和空白分别代表的是什么？

2. 条形码的特点

条形码是目前最为经济、实用的一种自动识别技术。条形码技术具有以下几个方面的特点及优点。

（1）可靠准确。键盘输入数据差错率为三百分之一，利用光学字符识别技术差错率为万分之一，而采用条形码技术误码率低于百万分之一。

（2）数据输入速度快。与键盘输入相比，条形码输入的速度是键盘输入的5倍，并且能实现"即时数据输入"。

（3）经济便宜。与其他自动化识别技术相比较，推广应用条形码技术，所需费用较低。

（4）灵活、实用。条形码符号作为一种识别手段可以单独使用，也可以和有关设备组成识别系统实现自动化识别，还可以和其他控制设备联系起来实现整个系统的自动化管理。

（5）自由度大。条形码通常只在一维方向上表达信息，而同一条形码上所表示的信息完全相同并且连续，即使是标签有部分缺欠，仍可以从正常部分输入正确的信息。

（6）设备简单。条形码符号识别设备的结构简单，操作容易，无须专门训练。

（7）易于制作。条形码标签易于制作，对印刷设备和材料无特殊要求，且设备也便宜。

3. 条形码符号的结构

一个完整的条形码符号是由两侧空白区、起始字符、数据字符、校验字符（可选）和终止字符及供人识读的字符组成的，如图1-2所示。

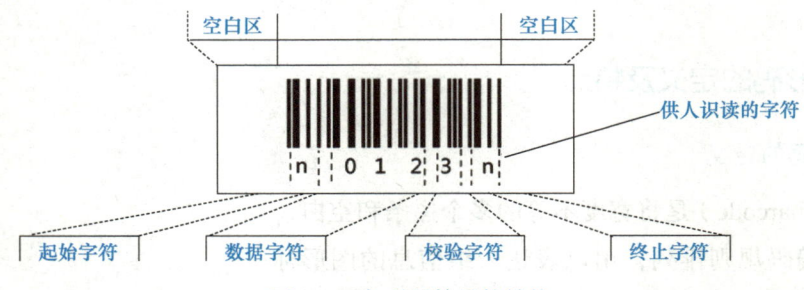

图1-2 条形码符号的结构

（1）空白区：条形码起始字符、终止字符两段外侧与空的反射率相同的限定区域。

（2）起始字符：位于条形码起始位置的若干条和空。

（3）终止字符：位于条形码终止位置的若干条和空。

（4）数据字符：表示特定信息的条形码字符。

（5）校验字符：表示校验码的条形码字符。

(6)供人识读的字符：位于条形码字符的下方，与相应的条形码字符相对应，用于供人识读的字符。

为了更好地理解条形码的结构，请观看本书配套资源素材包中的"视频 1-2 商品条形码的结构及编码原则"，并回答以下问题：

(1)商品条形码的结构主要有哪些？

(2)商品条形码的编码原则有哪些？

二、条形码的分类

1. 条形码按码制分类

目前国际上广泛使用的条形码有 UPC 条形码、EAN 条形码、交叉 25 条形码、39 条形码、库德巴条形码、128 条形码、93 条形码、49 条形码等。使用最多的两大类条形码为 UPC 条形码和 EAN 条形码。

(1)UPC 条形码。1973 年，美国率先在国内的商业系统中应用 UPC 条形码之后加拿大也在商业系统中采用 UPC 条形码。UPC 条形码是一种长度固定的连续型数字式码制，其字符集为数字 0～9，如图 1-3 所示。它采用 4 种元素宽度，每个条或空是 1、2、3 或 4 倍单位元素宽度。UPC 条形码有两种类型，即 UPC-A 条形码和 UPC-E 条形码。

(2)EAN 条形码。1977 年，欧洲经济共同体各国按照 UPC 条形码的标准制定了欧洲物品编码 EAN 条形码，与 UPC 条形码兼容，而且两者具有相同的符号体系。EAN 条形码的字符编号结构与 UPC 条形码相同，也是长度固定的、连续型的数字式码制，其字符集是数字 0～9。它采用 4 种元素宽度，每个条或空是 1、2、3 或 4 倍单位元素宽度。EAN 条形码有两种类型，即 EAN-13 条形码（标准版）和 EAN-8 条形码（缩短版），如图 1-4 所示。

图 1-3 UPC 条形码

图 1-4 EAN 条形码

EAN-13 条形码一般由前缀部分、制造厂商代码、商品代码和校验码组成。条形码中的前缀码用来标识国家或地区的代码，赋码权在国际物品编码协会，如 690～699 代表中国大陆，471 代表中国台湾，489 代表中国香港特别行政区。制造厂商代码的赋权在各个国家或地区的物品编码组织，我国由国家物品编码中心赋予制造厂商代码。商品代码是用来标识商品的代码，赋码权由产品生产企业自己行使，生产企业按照规定条件自己决定在自己的何种商品上使用哪些阿拉伯数字作为商品条形码。条形码最后用 1 位校验码来校验商品条形码中左起第 1～12 数字代码的正确性。

> 小贴士
>
> （1）数制：数制是由2位组成的（有些时候是3位），用来区分国家或经济区域制定厂商码的编码权利。
>
> （2）厂商码：厂商码是由数制码标示的编码管理局为每个厂商分配的一个唯一的编码。一个公司的所有产品将使用相同的厂商码。
>
> EAN使用的是"变长厂商码"。如果像UCC（美国统一代码委员会）以前那样为厂商码分配固定的5位，将意味着每个厂商可以最多拥有99999个产品码，但是很多厂商并没有那么多的产品，对于只有少量产品的厂商来说，将意味着几百个甚至几千个产品码将被浪费掉。因此，如果某个厂商知道自己只有少量产品的话，EAN可以给它分配一个较长的厂商码，只留少量的空间作为产品码。这样就能更加有效地利用可用的厂商码和产品码。
>
> （3）产品码：产品码是厂商分配的唯一编码。和厂商码不同，产品码不需要UCC分配，厂商可以为他们的每个产品自由地分配产品码而不需要考虑任何其他的组织。既然UCC已经确保了厂商码的唯一性，厂商只需要确保他们自己的产品码不重复即可。
>
> （4）校验位：校验位是一个附加的位，用来验证一个条形码是否被正确地扫描。扫描可能产生不正确的数据，这可能是由于不一致的扫描速度、不完善的打印或一系列其他问题造成的，因此有必要验证条形码的其余数据已经被正确地诠释。校验位是从条形码中其余的数字位中计算得到的。通常，如果校验位和基于已经扫描得到的数据计算出来的校验位的值相同的话，就可以高度地信任条形码已经被正确扫描。

（3）交叉25条形码。只能表示数字0~9，组成条形码的字符个数应为偶数（因为条形码的条/空成对交叉），当字符是奇数个时，应在左侧补0变为偶数个（如123变为0123），如图1-5所示。

（4）39条形码。39条形码是国内常见的条形码之一，39条形码所能表示的资料内容，包含0~9的数字，大写A~Z的英文字母，+、-、*、/、%、$、.以及空格符（Space）等，共44组编码。每个字符由9个元素组成，其中有5个条（2个宽条，3个窄条）和4个空（1个宽空，3个窄空），是一种离散码，如图1-6所示。

图1-5　交叉25条形码　　　　图1-6　39条形码

（5）库德巴条形码。库德巴条形码是一种长度可变的连续型自校验数字式码制。其字符集为数字0~9和6个特殊字符（-、:、/、.、+、$），共16个字符。"ABCD"仅作为起始字符和终止字符，并可任意组合，如图1-7所示。其常用于仓库、血库和航空快递包裹中。

（6）128 条形码。128 条形码是一种长度可变的连续型自校验数字式码制。它采用 4 种元素宽度，每个字符由 3 个条和 3 个空，共 11 个单元元素宽度，又称（11，3）条形码，如图 1-8 所示。它有 106 个不同条形码字符，每个条形码字符有 3 种含义不同的字符集，分别为 A、B、C。它使用这 3 个交替的字符集可将 128 个 ASCII 码编码。

图 1-7　库德巴条形码

（7）93 条形码。93 条形码是一种长度可变的连续型字母数字式码制。其字符集为数字 0～9、26 个大写字母、7 个特殊字符（–、。、Space、/、+、%、¥）及 4 个控制字符。每个字符由 3 个条和 3 个空，共 9 个元素宽度。

图 1-8　128 条形码

（8）49 条形码。49 条形码是一种多行的连续型、长度可变的字母数字式码制。其出现于 1987 年，主要用于小物品标签上的符号，采用多种元素宽度。其字符集为数字 0～9、26 个大写字母、7 个特殊字符（–、。、Space、%、／、+、$）、3 个功能键（F1、F2、F3）和 3 个变换字符，共 49 个字符。

2. 条形码按维数分类

条形码按维数分类，可分为一维条形码和二维条形码。

（1）一维条形码。普通的一维条形码是由多条宽度不同的条、空按一定规律平行排列组成的条形码，如图 1-9 所示。普通的一维条形码自问世以来，很快得到了普及并广泛应用。但是由于一维条形码的信息容量很小，如商品上的条形码仅能容 13 位的阿拉伯数字，更多描述商品的信息只能依赖数据库的支持，离开了预设的数据库，这种条形码就变成了无源之水、无本之木，因而条形码的应用范围受到了一定的限制。

图 1-9　一维条形码

（2）二维条形码。二维条形码是用某种特定的几何图形按一定规律在平面（二维方向上）分布的黑白相间的图形记录数据符号信息，如图 1-10 所示。二维条形码除具有一维条形码的优点之外，还具有信息容量大、可靠性高、保密防伪性强、易于制作、成本低等优点。

图 1-10　二维条形码示例

小贴士

二维条形码与一维条形码的区别

二维条形码除了左右（条宽）的粗细及黑白线条有意义外，上下的条高也有意义。与一维条形码相比，由于二维条形码的左右（条宽）上下（条高）线条皆有意义，因此可存放的信息量就比较大。

我们看到的商品上的条形码和储运包装物上的条形码，大多是一维条形码，其原理是利用条形码的粗细及黑白线条来代表信息，当使用扫描器扫描一维条形码时，即使将条形码上下遮住一部分,其所扫描出来的信息都是一样的,所以一维条形码的条高并没有意义,只有左右(条宽)的粗细及黑白线条有意义,故称一维条形码。

二维条形码与一维条形码如图 1-11 所示,其对比见表 1-1。

a)二维条形码　　　　　　　　b)一维条形码

图 1-11　二维条形码与一维条形码

表 1-1　二维条形码与一维条形码的对比

条形码类型	项目	信息密度与信息容量	错误校验及纠错能力	垂直方向是否携带信息	用途	对数据库和通信网络的依赖	识读设备
一维条形码		信息密度低、信息容量较小	可通过校验字符进行错误校验,没有纠错能力	不携带信息	对物品的标识	多数应用场合依赖数据库及通信网络	可用线扫描器识读,如光笔、线阵CCD、激光枪等
二维条形码		信息密度高、信息容量大	具有错误校验和纠错能力,可根据需求设置不同的纠错级别	携带信息	对物品的描述	可不依赖数据库及通信网络而单独应用	对于行排式二维条形码可用线扫描器扫描识读,对于矩阵式二维条形码仅能用图像扫描器识读

三、条形码的编制

条形码是利用"条"和"空"构成二进制的"0"和"1",并以它们的组合来表示某个数字或字符及反映某种信息的。不同码制的条形码在编码方式上有所不同。

1. 宽度调节编码法

宽度调节编码法,即条形码符号中的条和空由宽、窄两种单元组成的条形码编码方法。按照这种方式编码,是以窄单元(条或空)表示逻辑值"0",宽单元(条或空)表示逻辑值"1"。宽单元通常是窄单元的 2～3 倍。39 条形码、库德巴条形码及交叉 25 条形码均属宽度调节型条形码。

交叉 25 条形码是一种条、空均表示信息的连续型、非定长、具有自校验功能的双向条形码,如图 1-12 所示。它的每一个条形码数据字符由 5 个单元组成,其中两个是宽单元,3 个窄单元。

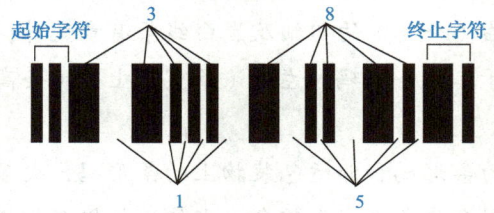

图 1-12　表示"3158"的交叉 25 条形码

2. 色度调节编码法

色度调节编码法是指条形码符号是利用条和空的反差来标识的，条逻辑上表示"1"，而空逻辑上表示"0"。我们把"1"和"0"的条、空称为基本元素编码宽度，连续的"1"和"0"则可有2倍宽、3倍宽、4倍宽等。所以此编码法可称为多种编码元素方式，如EAN条形码、UPC条形码采用8种编码元素，如图1-13所示。

图1-13　EAN-13条形码生成器

3. 模块组配编码法

模块组配编码法，即条形码符号的字符由规定的若干个模块组成的条形码编码方法。按照这种方式编码，条与空是由模块组合而成的。一个模块宽度的条模块表示二进制的"1"，而一个模块宽度的空模块表示二进制的"0"。

EAN条形码、UPC条形码也属于模块组配型条形码。商品条形码模块的标准宽度是0.33mm，它的一个字符由2个条和2个空构成，每一个条或空由1～4个标准宽度的模块组成，每一个条形码字符的总模块数为7，如图1-14所示。凡是在字符间用间隔（位空）分开的条形码，称为非连续性条形码；凡是在条形码字符间不存在间隔（位空）的条形码，称为连续性条形码。

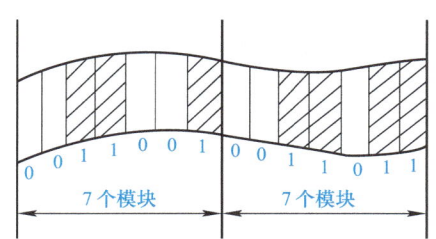

图1-14　模块组配编码法条形码字符的构成

四、条形码技术

1. 条形码技术的概念

条形码技术是在计算机和信息技术基础上产生和发展起来的集编码、识别、数据采集、自动输入和快速处理等功能于一体的新兴信息技术，是利用光电扫描阅读设备来实现代码数据输入计算机的一种特殊代码技术，如图1-15所示。条形码技术是物流信息系统的关键节点和物流信息由手工处理到数字化、自动化的桥梁，可以说没有条形码技术就无法建立真正的物流信息系统。

图1-15　条形码技术

2. 条形码技术的原理

条形码技术是利用光电扫描阅读设备识读，实现数据采集输入计算机的一种特殊代码技术。当用条形码阅读器扫描条形码时，电源激发内部发光二极管射出一束红外线来扫描条形码，由于空白与线条的不同，反射回来的光线的强弱不同，致使光感应接收器产生不同的信号，此信号经光电转换变为一组与线条、空白相对应的电子信号，经解码后还原为相应的资料信息，再传入计算机处理后识别出条形码的内容。条形码系统处理的流程图如图1-16所示。

图1-16　条形码系统处理的流程图

小贴士

条形码技术在物流中的应用

1. 条形码在入库验收过程中的应用

入库验收时，作业员首先要从数据处理终端上进入入库模式，使用条形码数据采集器识别货物原有的条形码标识，输入客户代码、数量、货架等信息，然后将货物摆放在小型运输车上，待所有要进仓的物品登录完后，把数据采集器置于通信接口上，通过打印机将进仓的物品标识、清单打印出来。同时，将数据通过网络传输到计算机客户端，进行数据操作处理后，资料存储在服务器上实现资源共享，完成收货的自动输入工作。

项目一 智能物流信息技术

2. 条形码技术在仓库盘点中的应用

盘点就是根据库房中存储的所有货物进行账面和实务的盘存操作,在仓储保管过程中使用条形码对物品进行单品管理。每一种不同规格、型号的物品用不同的条形码标识,整合条形码数据采集器、计算机等辅助识别、输入设备,实行一物一码。查询、清点货物时,只需用条形码扫描器扫描物品的编码,数据库服务器就会将符合条件的所有物品详细资料提交出来,如物品名称、在库数量、存放位置、客户资料、进仓日期、办理人员等。工作人员将扫描的商品信息和条形码数据终端中原有的数据进行比对,如有不符,输入实际货品信息,系统会记录这一货品并建立一份盘存数据档案。

3. 条形码在出库过程中的应用

出库作业要与某客户的各项货品出库单相结合,操作员根据出仓单进行出货作业。首先出库操作员从其条形码数据终端上选择了出库模式后,用条形码数据采集器扫描货物的标识,系统便确认仓库里是否含有提货单上的物品,其数量、规格、型号等信息是否正确。然后根据实际情况输入出库的客户代码、货物数量、车次路线等资料,用小型货物运输车将出仓物品送到指定的车次路线。操作完成后,利用打印机打印出货物出仓清单。最后将出库货物进行核对,确认无误后,将数据通过网络对数据库的资料进行更新处理,进行出库登账,更新货物库存明细。

4. 条形码技术在配送运输中的应用

物品在出仓后,将会进行装车派送和运输环节。铁路运输、航空运输、邮政通信等许多行业都存在货物的分拣、搬运问题,大批量的货物需要在很短的时间内将其分门别类、准确无误地装到指定的车厢或航班,以送到不同的目的地。解决这些问题的办法就是应用条形码技术,使包裹或产品自动分拣到不同的运输机上,我们所要做的只是将预先打印好的条形码标签贴在发送的物品上,并在每个分拣点装一台条形码扫描器。在派送过程中,派送员将按照出仓单上注明的目的地点,依据最近的路线,将物品送到客户手中。客户收到物品后,认可物品的数量、外包完好无损后,签字确认。派送员将使用手持数据采集器进行扫描确认,完成派送、运输工作。派送员回到公司,只需将数据采集器的资料传输到计算机上,整个过程便可结束。

任务发布

上海亿佳电子科技有限公司是一家集生产、销售为一体的综合贸易企业,公司位于上海市徐汇区罗秀路112号,主要生产家用电器、计算机配件、数码产品等,近几年销售额年年攀升,现在在职人数达500人以上,公司产品远销国外。

2018年5月12日,公司生产线上检修完成的一批微波炉(见图1-17)需要粘贴商品条形码,公司商品条形码主要

图1-17 微波炉

智能物流技术

是 EAN-13 条形码，该系列微波炉的条形码为 6937460460027，……，张远主要负责这个工序的作业，他需要如何完成呢？

任务操作

张远利用所学知识完成了条形码打印和粘贴的任务，具体做法如下。

步骤一　制作条形码

1. 分析商品条形码

已知该公司的商品编码主要采用的 EAN-13 条形码，且该微波炉商品的条形码是 6937460460027，……

> **小贴士**
>
> **识别商品条形码的方法**
>
> 商品条形码分为多种类型的标识，每个标准也不一样，以码制为 EAN-13 条形码的商品条形码 6921737738186 为例，此条形码分为 4 个部分，从左到右分别如下。
>
> 1～3 位：共 3 位，对应该条形码的 692，是中国的国家代码之一（690～699 都是中国的代码，由国际物品编码协会分配）。
>
> 4～8 位：共 5 位，对应该条形码的 17377，代表着武汉凤翔美容新技术有限公司生产厂商代码，由厂商申请，国家分配。
>
> 9～12 位：共 4 位，对应该条形码的 3818，代表着厂内商品美肤康片（痤疮型）代码，由厂商自行确定。
>
> 第 13 位：共 1 位，对应该条形码的 6，是校验码，依据一定的算法，由前面 12 位数字计算而得到。
>
> 条形码的校验码公式如下。
>
> 首先，把条形码从右往左依次编序号为"1，2，3，4……"，从序号 2 开始把所有偶数序号位上的数相加求和，用求出的和乘 3，再从序号 3 开始把所有奇数序号上的数相加求和，用求出的和加上刚才偶数序号上的数的和乘 3 的积，然后得出和。再用大于这个和的最小的 10 的倍数减去这个和，就得出校验码。
>
> 例如，如果条形码为 692173773818X（X 为校验码）。
>
> （1）8+8+7+3+1+9=36。
>
> （2）36×3=108。
>
> （3）1+3+7+7+2+6=26。
>
> （4）108+26=134。
>
> （5）140−134=6。
>
> 所以最后校验码 X=6，此条形码为 6921737738186。

2. 利用 Bar Tender 条形码设计软件进行商品条形码的设计

（1）打开 Bar Tender 条形码设计软件，在【新建文档向导】对话框中选中【空白模板】

单选按钮，然后单击【下一步】按钮，如图 1-18 所示。

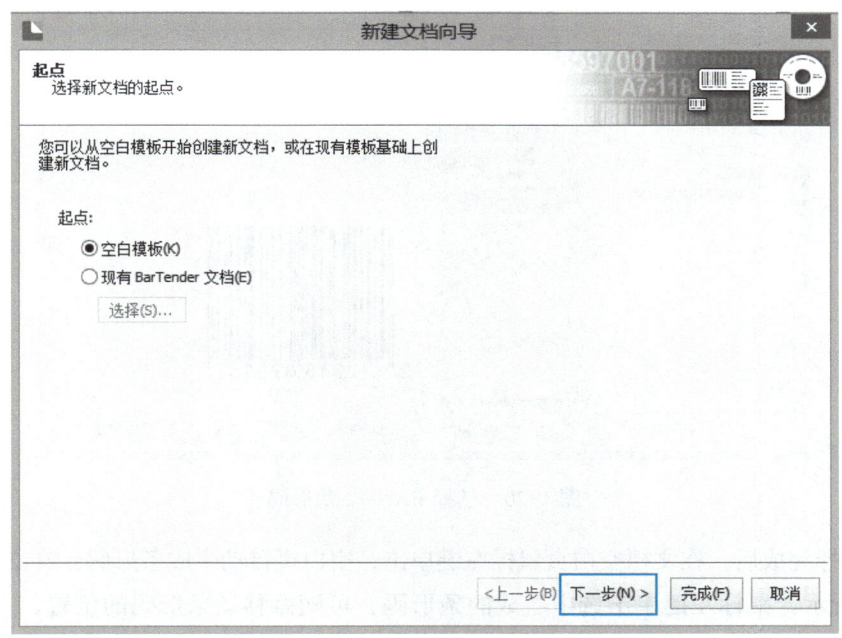

图 1-18　空白模板

（2）单击【完成】按钮，进入标签的编辑状态，如图 1-19 所示。

图 1-19　编辑状态

（3）已知入库货物的条形码的码制是 EAN-13 条形码，因此，我们先选择 EAN-13 条形码，如图 1-20 所示。

图 1-20　选择 EAN-13 条形码

（4）选择完成后，在文档空白页鼠标左键单击，空白页自动生成条形码：2112345678917，如图 1-21 所示。鼠标左键单击选中生成的条形码，可随意移动条形码的位置。

图 1-21　自动生成条形码

（5）双击生成的条形码，打开【条形码属性】对话框，如图 1-22 所示。

（6）在【条形码属性】对话框中可以对符号体系和大小、字体、边框、位置、数据源等进行设置。已知该微波炉的条形码为 6937460460027，因此，单击该对话框左侧的【数据源】，进入数据源修改页面，将【嵌入的数据】列表框中的数据改为"6937460460027"，完成更改，如图 1-23 所示。

12

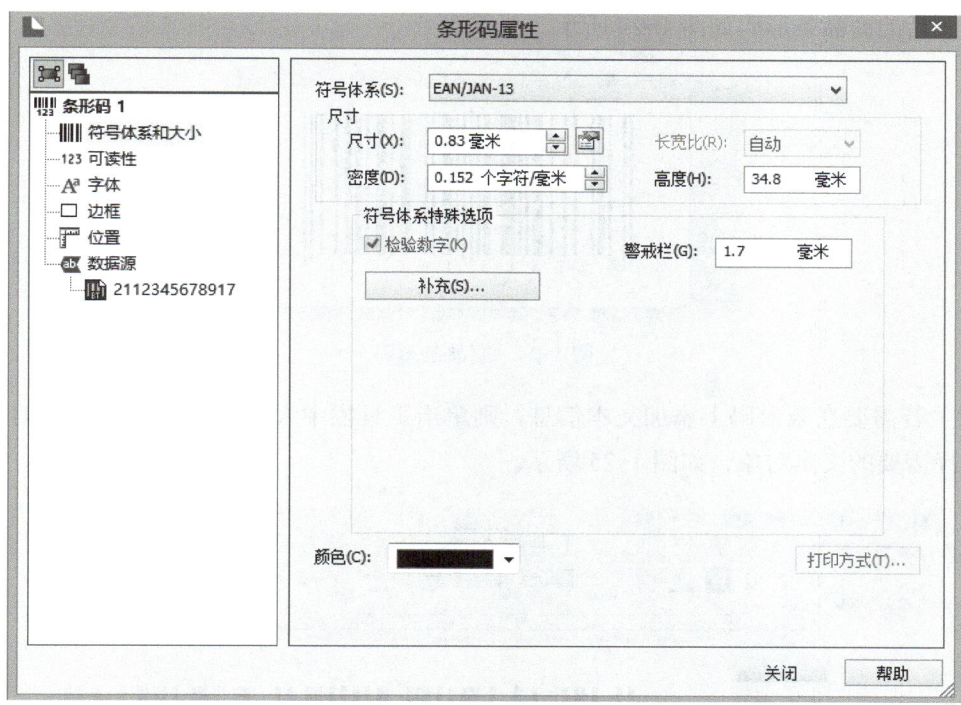

图1-22 【条形码属性】对话框

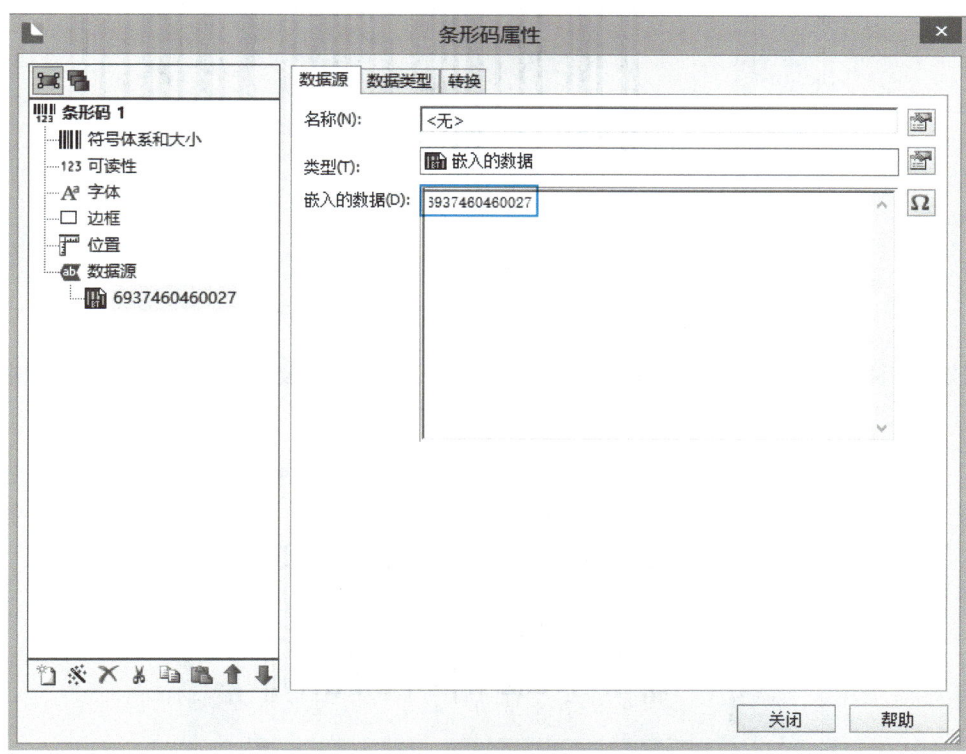

图1-23 更改数据源

13

更改后的商品条形码如图1-24所示。

图1-24　商品条形码

（7）若需要在条形码上添加文本信息，则单击工具栏中大写A图标，在弹出的下拉列表中选择需要的文本对象，如图1-25所示。

图1-25　选择文本对象

例如，在微波炉的条形码上加上单行文本"XINSHENG微波炉"，得到的条形码如图1-26所示。

图1-26　添加文本后的商品条形码

（8）完成条形码设计后，选择【文件】-【另存为】选项，在打开的【另存为】对话框中将设置的条形码另存到桌面，如图1-27所示，然后单击【保存】按钮即可。

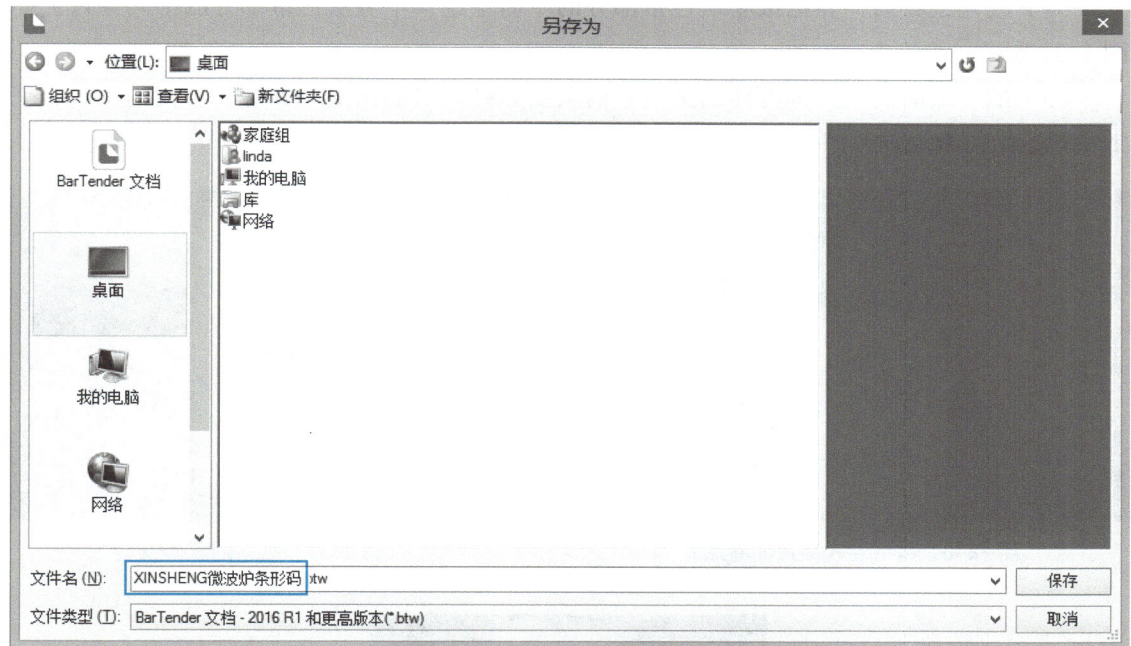

图1-27　保存商品条形码

使用类似上面的步骤制作完成其他所有商品的条形码。

步骤二　打印条形码

1. 条形码打印机安装卷纸

（1）打开打印机上盖，露出卷纸仓，如图1-28所示。

（2）取出纸卷架，把纸卷套入纸卷架，如图1-29所示。

图1-28　打印机卷纸仓　　　　图1-29　打印机纸卷架

（3）把纸卷托架连同纸卷一起放回卷纸仓，安装过程中注意将支撑杆两端的突起放入纸仓两侧的凹槽中，如图 1-30 所示。

（4）放入纸卷后，要把纸卷从色带部分的下面穿过，不可从色带部分的中间穿过，如图 1-31 所示。

（5）把卷纸的前页拉到打印通道内，前页要和打印机的出纸口齐平，再使用左、右夹纸块把拉出的纸夹住，如图 1-32 所示。

图 1-30　将纸卷托架放回卷纸仓

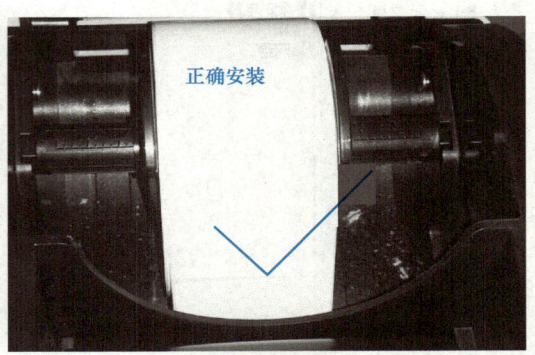
图 1-31　纸卷的正确安装

图 1-32　使用左、右夹纸块把拉出的纸夹住

（6）向下合上打印头模组，直到听到"咔嚓"一声。

（7）合上顶盖，打开电源开关，若打印机电源已接通，直接按下 FEED 键。

2. 条形码打印机安装碳带

（1）打开打印机上盖，露出卷纸仓。

（2）按下在打印机两侧的释放按钮，打开打印头模组。

（3）向上打开打印头模组露出碳带供应端。

（4）拆开碳带包装，取出碳带和空卷芯。

（5）将碳带前端少量连接到空卷芯上。

（6）将碳带安装到碳带供应端（先卡左端再压入右端）。

（7）翻下打印头模组然后，将空卷芯卡入碳带回收端（先卡左端再压入右端）。

（8）转动打印头模组左端的齿轮，确定碳带卷紧。

（9）同时向下按压打印头模组两侧，直到听到"咔嗒"一声。

3. 连机通电

（1）连接数据线，确保打印机与计算机相连通，再连接电源线。

（2）打开电源开关，对卷纸和碳带进行校准。

4. 安装驱动

（1）把光盘放入光驱中，单击自动播放，进入自动播放状态，再单击页面中的【GO】按钮。

（2）选择条形码打印机产品中的驱动下载。

（3）出现"找到新硬件"提示时，选择"接受"，再单击【下一步】按钮。

（4）指定 SEAGULL 驱动程序的安装目录。

（5）选取安装打印机驱动程序。

（6）选择打印机"POSTEK C168/200s"，选择打印机的连接端口。

（7）输入打印机名称，选不共享打印机。

（8）检查显示所有数据的正确性，即可完成。

5. 打印条形码

（1）打开条形码制作中最后保存的条形码。

（2）单击【页面设置】按钮，在打开的【页面设置】对话框中对卷、纸张、布局等进行设置，如图 1-33 所示，设置完成后进行打印预览，确保设置无误，然后单击【确定】按钮。

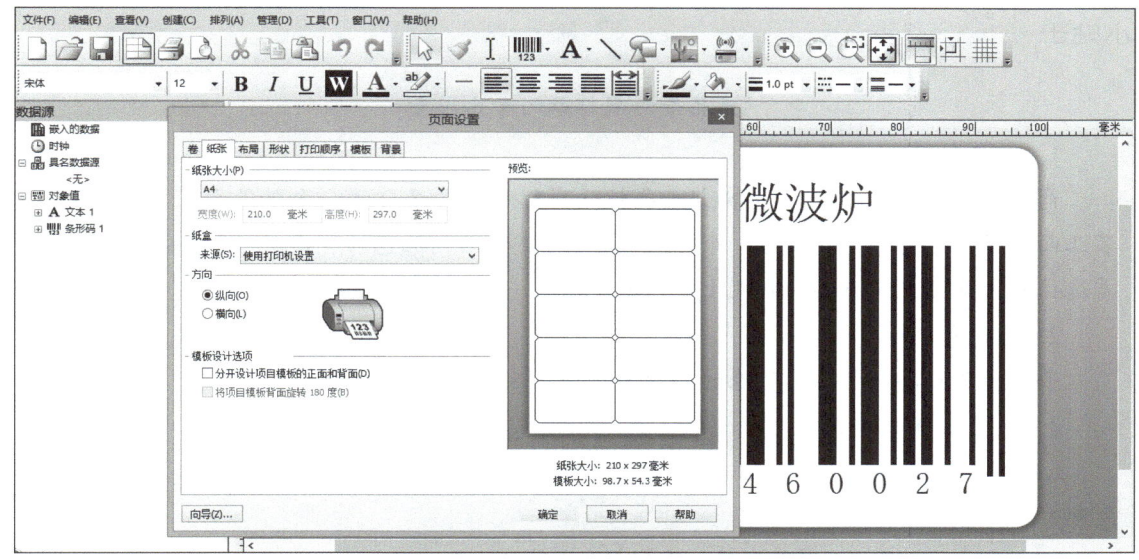

图 1-33　页面设置

（3）设置完成后，选择【文件】→【打印】选项，打开的对话框如图1-34所示，然后单击【打印】按钮，完成条形码的打印工作。

图1-34　条形码打印

步骤三　粘贴条形码

1. 选择位置

张远根据商品条形码粘贴的原则，选择微波炉外包装正面右下半区域，距离边缘10mm的位置作为商品条形码的粘贴位置。

> **小贴士**
>
> **商品条形码粘贴的考虑因素**
>
> **1. 首选位置**
>
> 商品包装正面是指商品包装上主要标明商标和商品名称的一个外表面。与商品外包装正面向背的是商品包装的另一个外表面，其通常称为商品包装背面。一般粘贴条形码时，首选位置为商品包装正面的右侧上半区域。
>
> **2. 边缘原则**
>
> 条形码与商品包装临近边缘的间距不应小于8mm或大于102mm。
>
> **3. 避免选择的位置**
>
> （1）不应该把条形码放置在有穿孔、冲切口、开口、装订口、拉条、接缝、折叠、波纹、隆起、褶皱和纹理粗糙的地方。
>
> （2）不应该把条形码放置在转角处或表面弯曲率过大的地方。

2. 条形码粘贴

张远将打印好的条形码粘贴在确定的位置,在该过程中要保证商品条形码粘贴得平整、不易脱落。

3. 粘贴校验

张远完成商品条形码的粘贴操作后,评估条形码粘贴是否便于扫码枪的扫描。

4. 完成粘贴

张远将粘贴好条形码的商品,放置在完工区域,等待商品上架操作。

任务评价

表1-2 任务评价考核表

序号	考核内容	满分	得分
1	能够阐述条形码的定义及特点	10	
2	能够说出条形码符号的结构	10	
3	能够区分不同类型的条形码	10	
4	能够说明条形码的编码方法	10	
5	能够阐述条形码技术的概念、特点及原理	10	
6	能够利用条形码制作软件制作条形码	10	
7	能够熟练操作条形码打印机	10	
8	能够顺利打印出商品条形码	10	
9	能够找准商品条形码的粘贴位置	10	
10	能够正确粘贴条形码	10	
	合计	100	

学习任务二　自动识别技术认知与实训

学习目标

- 能够阐述自动识别技术的概念及特点;
- 能够理解自动识别技术的主要分类;
- 能够掌握常见的自动识别技术;
- 能够熟练、正确地运用RFID进行出入库操作。

智能物流技术

知识储备

一、自动识别技术的概念

自动识别技术（automatic identification technology）就是应用一定的识别装置，通过被识别物品和识别装置之间的接近活动，自动地获取被识别物品的相关信息，并提供给后台的计算机处理系统来完成相关后续处理的一种技术。

自动识别技术将计算机、光、电、通信和网络技术融为一体，与互联网、移动通信等技术相结合，实现了全球范围内物品的跟踪与信息的共享，从而给物体赋予智能，实现人与物体及物体与物体之间的沟通和对话，如图1-35所示。

图1-35 自动识别技术

二、自动识别技术的主要分类

按照国际自动识别技术的分类标准，自动识别技术可以有两种分类方法：一种是按照采集技术进行分类，其基本特征是需要被识别物体具有特定的识别特征载体（如标签等，仅光学字符识别例外），可以分为光存储器、磁存储器和电存储器3种；另一种是按照特征提取技术进行分类，其基本特征是根据被识别物体的本身的行为特征来完成数据的自动采集，可以分为静态特征、动态特征和属性特征。

自动识别技术具有如下共同的特点。

（1）准确性——自动数据采集，彻底消除人为错误。

（2）高效性——信息交换实时进行。

（3）兼容性——自动识别技术以计算机技术为基础，可与信息管理系统无缝连接。

三、常见的自动识别技术

1. 条形码识别技术

条形码是由一组线条、空白条和数字符号组成的，按一定编码规则排列的，用以表示一定字符、数字及符号的标签信息载体。条形码是利用红外光或可见光进行识别的。由扫描器发出的红外光或可见光照射条形码，条形码中深色的"条痕"吸收光，浅色的"空白"将光反射回扫描器，扫描器将光反射信号转换成电子脉冲，再由译码器将电子脉冲转换成数据，最后传至后台，完成对条形码的识别。

目前，条形码的种类很多，大体上可以分为一维条形码和二维条形码两种。一维条形码和二维条形码都有许多码制。条形码中，条、空图案对数据不同的编码方法，构成了不同形式的码制。不同码制有各自不同的特点，可以用于一种或若干种应用场合。

（1）一维条形码。一维条形码有许多种码制，包括Code25条形码、Code128条形码、EAN-13条形码、EAN-8条形码、ITF25条形码、库德巴条形码、Matrix条形码和UPC-A条形码等，如图1-36所示为几种常用的一维条形码样图。

a）EAN-13条形码

b）EAN-8条形码

c）UPC-A条形码

图1-36　一维条形码

目前，最流行的一维条形码是EAN-13条形码。EAN-13条形码由13位数字组成，其中前3位数字为前缀码，目前国际物品编码协会分配给我国并已经启用的前缀码为690～699。当前缀码为690或691时，第4～7位数字为厂商代码，第8～12位数字为商品项目代码，第13位数字为校验码；当前缀码为692时，第4～8位数字为厂商代码，第9～12位数字为商品项目代码，第13位数字为校验码。EAN-13条形码的构成如图1-37所示。

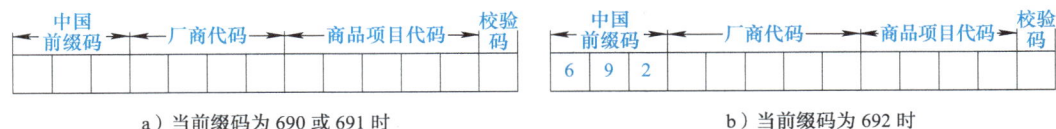

图1-37　EAN-13条形码的构成

（2）二维条形码。二维条形码技术是在一维条形码无法满足实际应用需求的前提下产生的。二维条形码在横向和纵向两个方位同时表达信息，因此，能在很小的面积内表达大量信息。目前，有几十种二维条形码，常用的码制有 Data Matrix 条形码、QR Code 条形码、Maxicode 条形码、PDF417 条形码、Code49 条形码、Code 16K 条形码和 Code one 条形码等，如图 1-38 所示为几种常用的二维条形码样图。

　　a）Data Matrix 条形码　　　b）QR Code 条形码　　　c）Maxicode 条形码

图 1-38　二维条形码示例

2. 磁卡识别技术

　　磁卡，从本质意义上讲，与计算机用的磁带或磁盘是一样的，它可以用来记载字母、字符及数字信息。磁卡是一种磁介质记录卡片，通过黏合或热合，与塑料或纸牢固地整合在一起，能防潮、耐磨且有一定的柔韧性，携带方便，较为稳定可靠。

　　磁卡记录信息的方法是变化磁极。在磁性变化的地方具有相反的极性（如 S-N 或 N-S），识读器材能够在磁条内探测到这种磁性变化。使用解码器，可以将磁性变化转换成字母或数字的形式，以便由计算机来处理。

　　磁卡的优点是数据可读写，即具有现场改变数据的能力，这个优点使磁卡的应用领域十分广泛，如银行卡、会员卡、现金卡（如电话磁卡）和机票等。

　　磁卡的缺点是数据存储的时间长短受磁性粒子极性耐久性的限制。另外，磁卡存储数据的安全性一般较低，如果磁卡不小心接触磁性物质，就可能造成数据的丢失或混乱。随着新技术的发展，安全性能较差的磁卡有逐渐被取代的趋势。

　　但是，在现有条件下，社会上仍然存在大量的磁卡设备，再加上磁卡技术比较成熟和具有低成本，所以短期内该技术仍然会在许多领域中继续使用。如图 1-39 所示为一种银行磁卡，该银行磁卡通过背面的磁条可以读写数据。

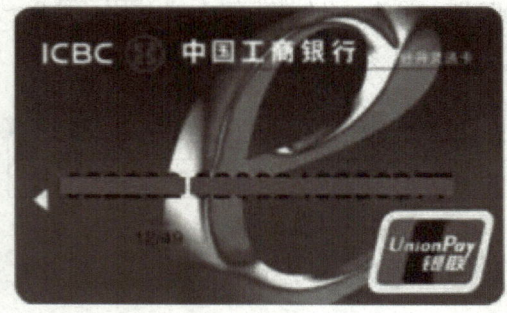 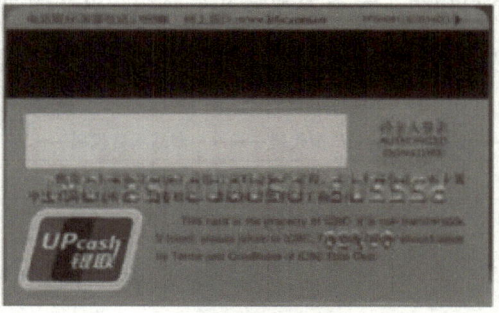

　　　　a）银行卡正面　　　　　　　　b）银行卡背面的磁条

图 1-39　银行磁卡

3. IC 卡识别技术

IC（integrated circuit，集成电路）卡是一种电子式数据自动识别卡，IC 卡分为接触式 IC 卡和非接触式 IC 卡两种，这里介绍的是接触式 IC 卡。

接触式 IC 卡是集成电路卡，通过卡中的集成电路来存储信息，它将一个微电子芯片嵌入卡基中，制作成卡片的形式，通过卡片表面的 8 个金属触点与读卡器进行物理连接，来完成通信和数据交换。IC 卡使用了微电子技术和计算机技术，作为一种成熟的高技术产品，是继磁卡之后出现的又一种新型的信息工具。

IC 卡的外形与磁卡相似，区别在于数据存储的媒体不同。磁卡是通过卡上磁条的磁场变化来存储信息的，而 IC 卡是通过嵌入卡中的电擦除可编程只读存储器（electrically-erasable programmable read-only memory，EEPROM）来存储数据信息的。IC 卡与磁卡相比，具有存储容量大、安全保密性好、有数据处理能力、使用寿命长等优点。

依据是否带有微处理器，IC 卡可分为存储卡和智能卡两种。存储卡仅包含存储芯片而无微处理器，一般的电话 IC 卡即属于此类。将带有内存和微处理器芯片的大规模集成电路嵌入塑料基片中，就制成了智能卡，它具有数据读写和处理功能，因而具有安全性高、可以离线操作等突出优点，银行的 IC 卡通常是指智能卡，如图 1-40 所示。

a）中国电信 IC 卡　　　　　　　　　　b）中国邮政储蓄银行 IC 卡

图 1-40　银行 IC 卡

4. 生物识别技术

生物识别技术是指通过获取和分析人的身体和行为特征来实现人的身份的自动鉴别。

生物特征分为物理特征和行为特点两类。物理特征包括指纹、掌形、眼睛（视网膜和虹膜）、人体气味、脸形、皮肤毛孔、手腕、手的血管纹理和 DNA 等；行为特点包括签名、语音、行走的步态、击打键盘的力度等。

（1）语音识别技术。所谓语音识别，是指运用计算机系统对语音所承载的内容和说话人的发音特征等所进行的自动识别，是实现人机对话的一项重大突破，如图 1-41 所示。语音识别技术基于对语音的 3 个基本属性的分析，一是物理属性，如高音、高长、音强和音质；二是生理属性，如发音器官对语音的影响；三是社会属性，如语音区别意义的作用等。

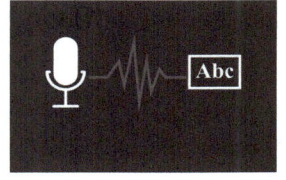

图 1-41　语音识别技术

语音识别技术主要有4个方面的功能：声纹识别、内容识别、语种识别和语音标准识别。

（2）视觉识别技术。视觉是人类获取信息的最重要的手段。图像是人类获取信息的主要途径。所谓"图"，就是物体透射或反射光的分布；"像"是人的视觉系统接收图的信息而在大脑中形成的印象或认识。前者是客观存在的，而后者是人的感觉，图像则是两者的结合。目前，图像识别技术已经广泛应用于工业生产、军事国防、医学医疗等多个方面，如交通监管、家庭防盗系统、电子阅卷系统等。

（3）人脸识别技术。人脸识别，特指利用分析比较人脸视觉特征信息进行身份鉴别的计算机技术，如图1-42所示。人脸识别是一项热门的计算机技术研究领域，它属于生物特征识别技术，是根据生物体（一般特指人）本身的生物特征来区分生物体个体的。

（4）指纹识别技术。指纹是指人的手指末端正面皮肤上凸凹不平产生的纹线。纹线有规律地排列形成不同的纹型。纹线的起点、终点、结合点和分叉点，称为指纹的细节特征点。由于指纹具有终身不变性、特定性和方便性，几乎已经成为生物特征识别的代名词。

图1-42　人脸识别技术

指纹识别即指通过比较不同指纹的细节特征点来进行自动识别，如图1-43所示。由于每个人的指纹不同，就是同一人的十指之间，指纹也有明显区别，因此指纹可用于身份的自动识别。

（5）图像识别技术。在人类认知的过程中，图形识别指图形刺激作用于感觉器官，人们进而辨认出该图像是什么的过程，也叫图像再认。

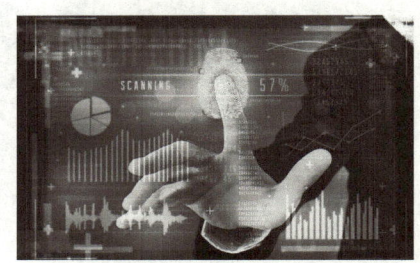

图1-43　指纹识别技术

在信息化领域，图像识别是利用计算机对图像进行处理、分析和理解，以识别各种不同模式的目标和对象的技术。例如，地理学中指将遥感图像进行分类的技术。

图像识别技术的关键信息，既要有当时进入感官（即输入计算机系统）的信息，也要有系统中存储的信息。只有通过存储的信息与当前的信息进行比较的加工过程，才能实现对图像的再认，如图1-44所示。

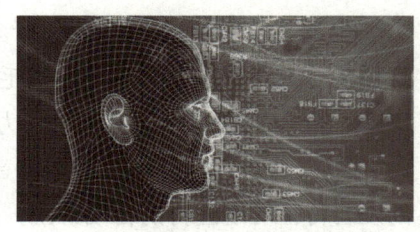

图1-44　图像识别技术

（6）光学字符识别技术。光学字符识别（Optical Character Recognition），OCR技术是属于图形识别的一项技术。其目的就是要让计算机知道它到底看到了什么，尤其是文字资料，如图1-45所示。

图 1-45　OCR 技术

针对印刷体字符（如一本纸质的书），OCR 技术是指采用光学的方式将文档资料转换成为原始资料黑白点阵的图像文件，然后通过识别软件将图像中的文字转换成文本格式，以便文字处理软件进一步编辑加工的系统技术。

一个 OCR 系统，从影像到结果输出，必须经过影像输入、影像预处理、文字特征抽取、比对识别、经人工校正将认错的文字更正，最后将结果输出。

5. 射频识别技术

射频识别技术（radio frequency identification，RFID）是通过无线电波进行数据传递的自动识别技术，是一种非接触式的自动识别技术，如图 1-46 所示。它通过射频信号自动识别目标对象并获取相关数据，识别工作无须人工干预，可工作于各种恶劣环境。与条形码识别、磁卡识别技术和 IC 卡识别技术等相比，它以特有的无接触、抗干扰能力强、可同时识别多个物品等优点，逐渐成为自动识别中最优秀和应用领域最广泛的技术之一，是重要的自动识别技术。

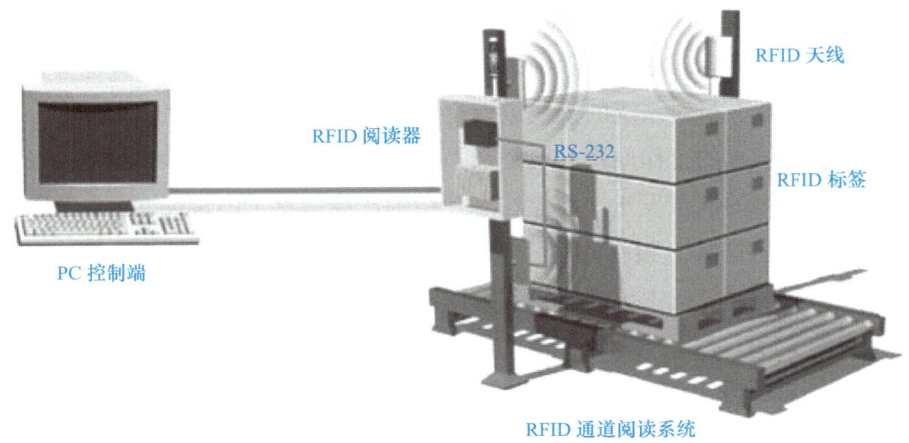

图 1-46　射频识别技术

请观看本书配套资源素材包中的视频"1-3 RFID 展示",并回答以下问题:
(1)RFID 到底是什么?
(2)RFID 主要应用于哪些方面?
(3)列举生活中 RFID 应用的领域。

RFID 系统一般由信号发射机、信号接收机、天线 3 部分组成,如图 1-47 所示。

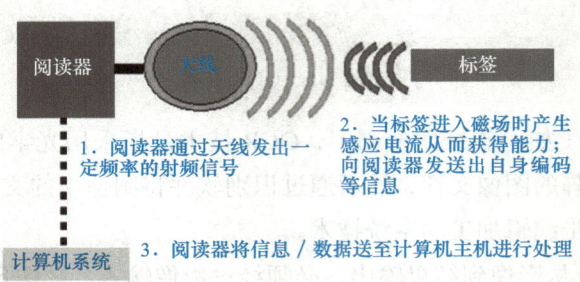

图 1-47 RFID 系统的组成

(1)信号发射机(标签)。电子标签由耦合元件及芯片组成,每个标签具有唯一的电子编码,附着在物体上标识目标对象。标签相当于条形码技术中的条形码符号,用来存储需要识别传输的信息;与条形码不同的是,标签必须能够自动或在外力的作用下,把存储的信息主动发射出去。

(2)信号接收机(阅读器)。信号接收机在 RFID 系统中一般叫作阅读器或读写器。阅读器是读取标签信息的设备,可设计为手持式或固定式。阅读器基本的功能就是提供与标签进行数据传输的途径。另外,阅读器还提供相当复杂的信号状态控制、奇偶错误校验与更正功能等。

(3)天线。天线是标签与阅读器之间传输数据的发射、接收装置,在标签和阅读器之间传递射频信号。在实际应用中,除了系统功率,天线的形状和相对位置也会影响数据的发射和接收,需要专业人员对系统的天线进行设计、安装。

无线射频识别技术的工作原理并不复杂,标签进入磁场后,接收阅读器发出的射频信号,凭借感应电流所获得的能量发送出存储在芯片中的产品信息(Passive Tag,无源标签或被动标签),或者主动发送某一频率的信号(Active Tag,有源标签或主动标签);阅读器读取信息并解码后,送至计算机主机进行有关数据处理。

一套完整的 RFID 系统,由阅读器、电子标签(也就是所谓的应答器)及应用软件系统 3 个部分组成,其工作原理是阅读器发射一特定频率的无线电波能量给电子标签,用以驱动电子标签电路将内部的数据送出,此时阅读器便依序接收解读数据,送给应用程序做相应的处理,如图 1-48 所示。

项目一
智能物流信息技术

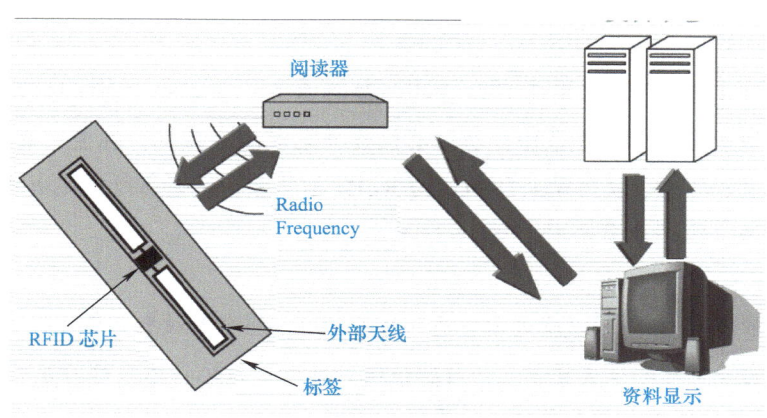

图 1-48　系统工作原理图

请观看本书配套资源素材包中的文档"1-4　与其他自动识别技术相比，RFID 的主要特性包括哪 4 个方面？"，并回答文中提到的 4 个主要特性分别是什么。

小贴士

RFID 在物流行业的典型应用

以 RFID 为基础的软硬件技术构建的 RFID 信息系统，将使产品、仓储、采购、运输、销售及消费的全过程发生根本性的变化。目前，RFID 已经在物流的诸多环节中发挥着重要的作用。

1. 生产环节

RFID 应用于生产环节中的生产线上，能够实现生产线的自动化和原料、产品的识别定位，这将大大减少人工识读的成本和出错率，同时也大大提高了生产的效率和质量。RFID 还能够对产品进行信息的收集、处理，帮助生产人员轻松地掌握整个生产线的运作情况和产品的生产进度。

2. 配送/分销环节

在配送环节，采用 RFID 能大大加快配送的速度和提高拣选与分发过程的效率与准确率，并能减少人工、降低配送成本。如果到达中央配送中心的所有商品都贴有 RFID 标签，在进入中央配送中心时，通过一个阅读器，读取托盘上所有货箱上的标签内容。系统将这些信息与发货记录进行核对，以检测差错，然后将 RFID 标签更新为最新的商品存放地点和状态。

3. 运输环节

在运输环节中通过 RFID，在运输的货物和车辆贴上 RFID 标签，运输线的检查点上安装上 RFID 接收装置，接收装置检测到 RFID 标签信息后，将标签信息、地理位置等经由计算机网络发送给运输调度中心，这样供应商和经销商就能够比较方便、直观地查询货物实时所处的状态。

27

4. 仓储环节

在仓库里，RFID 广泛应用于存取货物与库存盘点，当贴有 RFID 标签的货物进入仓储中心时，入口的 RFID 识读器将自动识别标签并完成库存盘点。在整个仓库管理中，将系统制定的收货、取货、装运等实际功能与 RFID 相结合，能够高效地完成各种业务操作，如指定堆放区域、上架取货与补货等。

5. 销售环节

在销售环节中，RFID 可以改进零售商的库存管理。当货物被顾客取走时，装有 RFID 识读功能的货架能够实时地报告货架上的货物情况，并通知系统在适当的时候补货。同时对装有 RFID 标签的货物能够监控其移动、位置等。所有的这些都大大节约了人工成本、减少了出错、提高了效率。

任务发布

上海义达物流有限公司（以下简称"义达物流"）2 号仓库存放的都是一些高价值商品，为了保证其安全性，义达物流对其采用高频 RFID 标签进行出入库管理。

2019 年 12 月 19 日，义达物流 2 号仓库有一批货物需要进行入库作业，入库商品信息见表 1-3，现需要仓管员通过系统操作，将其存放在托盘货架区"A00003"货位上。

表 1-3　入库通知单

义达物流 2 号仓库　　　　　　　　　　　　　　　　　　　　　　　入库日期：2019-12-19

批次	17112			
采购订单号	201912200001			
客户指令号	20191220001	订单来源		电话
客户名称	上海华丰电子设备有限公司	质量		正品
入库方式	送货	入库类型		正常
序号	货品编号	名称	单位	包装规格（mm）	申请数量	实收数量	备注
1	980301495	计算机主机	箱	380×260×530	50		
合计					50		

假如你是义达物流 2 号仓库的仓管员冯超，你该如何利用高频 RFID 系统完成该批货物的入库业务呢？

项目一
智能物流信息技术

任务操作

步骤一 RFID 高频标签写入物品信息

（1）登录并进入仓储管理系统中，单击【仓储管理】进入仓储管理界面，单击界面左侧的【配置管理】，在其下选择【RFID 配置】选项，如图 1-49 所示。

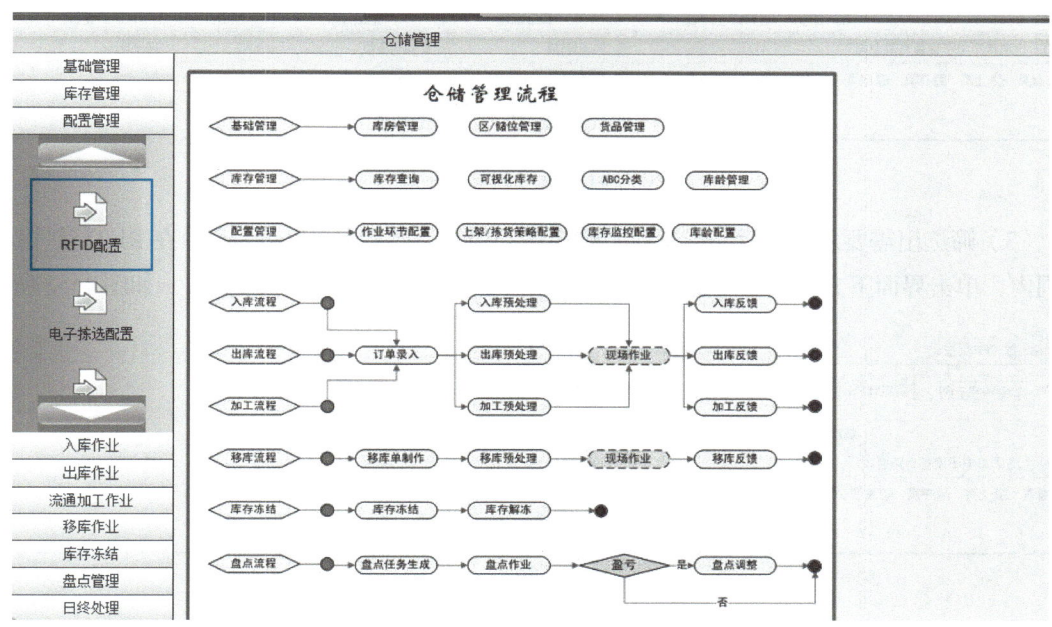

图 1-49　RFID 配置

（2）进入 RFID 配置界面，可在【客户】【货品编码】【货品名称】【规格】【型号】文本框中的任意一个或任意几个文本框中输入要查询货品的相关信息后，单击【查询货品】按钮，筛选出符合条件的货品；也可以直接单击【查询货品】按钮，显示所有货品信息，然后在其中查找需要进行写入的货品信息，如图 1-50 所示。

客户名称	货品编码	货品名称	规格	型号
上海华丰电子设备有限公司	000050230	海信液晶电视	1×1	
上海华丰电子设备有限公司	000050231	美的空调	1×1	
上海华丰电子设备有限公司	000050232	格兰仕微波炉	1×1	
上海华丰电子设备有限公司	000050233	联想计算机	1×1	
上海华丰电子设备有限公司	000050247	平板电脑	1×1	
上海华丰电子设备有限公司	000050253	双开门冰箱	1×1	
上海华丰电子设备有限公司	000050254	电视	1×1	
上海华丰电子设备有限公司	000050256	55英寸电视	1×1	
上海华丰电子设备有限公司	000050257	戴尔笔记本电脑	1×1	
上海华丰电子设备有限公司	000050270	海尔冰箱	1×1	

图 1-50　查询货品

29

由入库通知单可知，待入库的商品是上海华丰电子设备有限公司的计算机主机，因此将 RFID 配置页面的【客户】选为上海华丰电子设备有限公司，设置【货品名称】为计算机主机，然后单击【查询货品】按钮，则筛选出该客户所有型号的计算机主机，如图 1-51 所示。

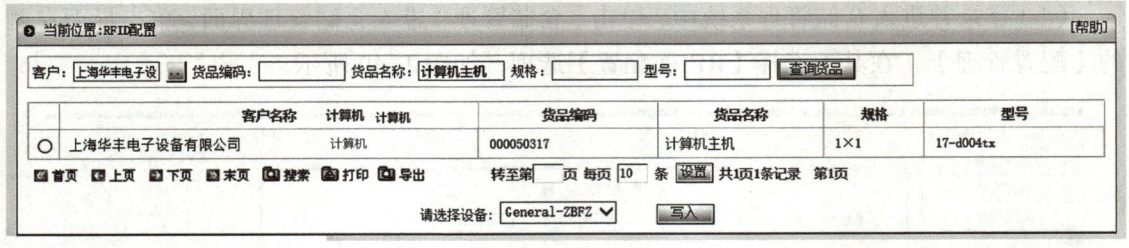

图 1-51　客户和产品筛选

（3）筛选出需要入库的货品信息后，选中该条信息，然后将 RFID 卡片放在 RFID 读写区域范围内，单击界面下方的【写入】按钮，完成将货品信息写入 RFID 卡的操作，如图 1-52 所示。

图 1-52　写入信息

小贴士

仓储各环节节点读取或写入电子标签信息的内容

仓储各业务环节节点根据业务处理需要通过 RFID 阅读器读取 RFID 电子标签信息或向其写入关键信息，仓储各环节节点读取或写入电子标签信息的内容如下。

（1）收货：手持 RFID 阅读器读取货物标签信息：产品 ID、数量及所属发货通知编号，为收货验证业务操作提供所需的信息。

（2）入库：入库口 RFID 阅读器读取货物标签信息：产品 ID、数量及所属发货通知编号，为入库确认操作提供信息支持。

（3）上架处理：移动式 RFID 阅读器将货架标签与货物标签关联，上传货物的在库信息，为提高货物在库管理及库存盘点工作效率奠定基础。

（4）拣货：仓储人员根据信息系统要求，到指定货位取指定数量的指定货物后，更新货位信息，并向指定的货物 RFID 标签写入订单编号。

（5）出库：出库口 RFID 阅读器，读取出库货物的产品 ID、数量及订单编号，为出库确认操作提供信息支持。

（6）读取货物标签的信息：客户用手持式的 RFID 阅读器读取产品 ID、数量、订单号，实现快速验货收货。

步骤二 RFID 技术下物品入库操作

在 RFID 高频卡输入物品信息之后，冯超需要进行入库操作。

（1）在仓储管理系统中的订单管理模块输入入库订单信息，并将订单生成作业计划（入库的物品与写入 RFID 的物品一致），如图 1-53 所示。

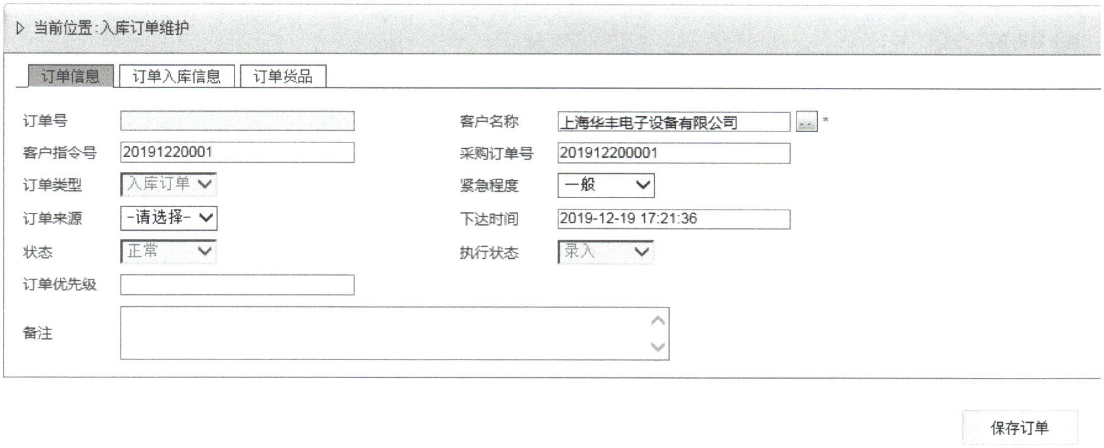

图 1-53　输入订单信息

单击"保存订单"按钮，并生成入库作业计划。

（2）进入仓储管理模块，单击【入库作业】下的【入库预处理】，进入如图 1-54 所示的界面。

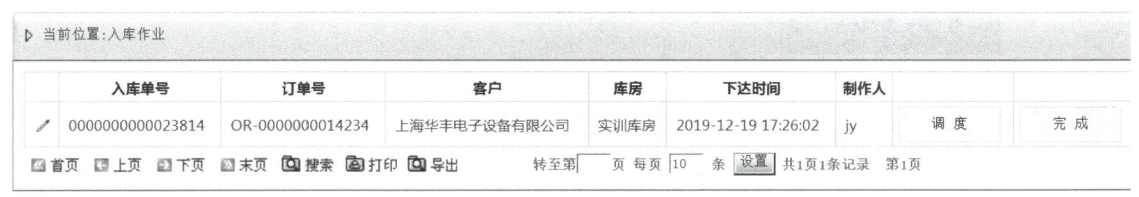

图 1-54　入库预处理

（3）单击图 1-54 中的【调度】按钮，在打开的【调度】对话框中为要入库上架的物品选择储位，然后单击【上架】按钮，完成物品的上架操作，如图 1-55 所示。

（4）上架完成后，单击【关闭】按钮。

（5）单击【入库反馈】按钮，再单击界面中的【理货】按钮，如图 1-56 所示。

（6）打开【理货】对话框，选择"RFID 监控 - 开"、设备型号为 General-ZBFZ，然后单击【RFID 扫描】按钮，将写好的 RFID 卡片送到入库口区域的 RFID 读写区扫描卡片，系统以扫描数量为入库数量，如图 1-57 所示。

（7）单击【保存修改】，关闭窗口，即完成物品的入库作业。

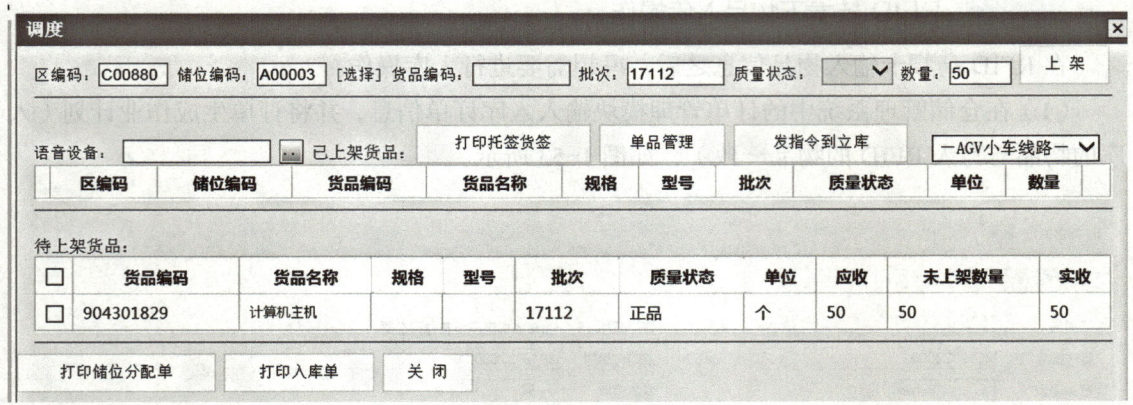

图 1-55　物品上架操作

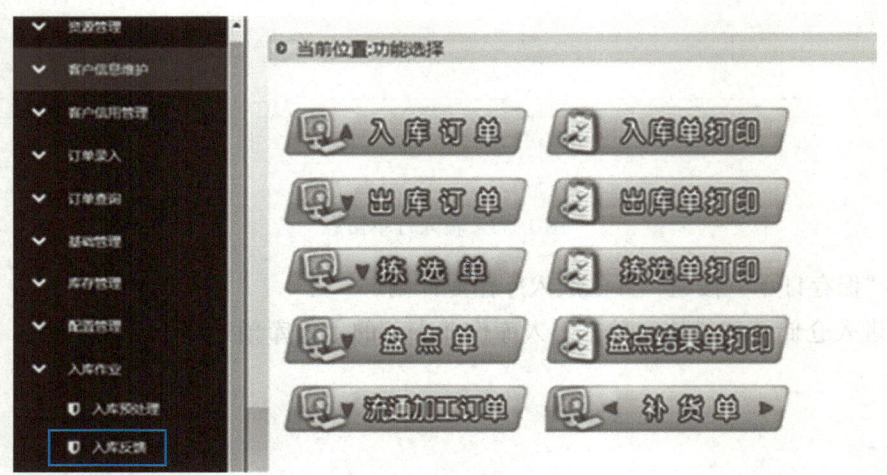

图 1-56　理货

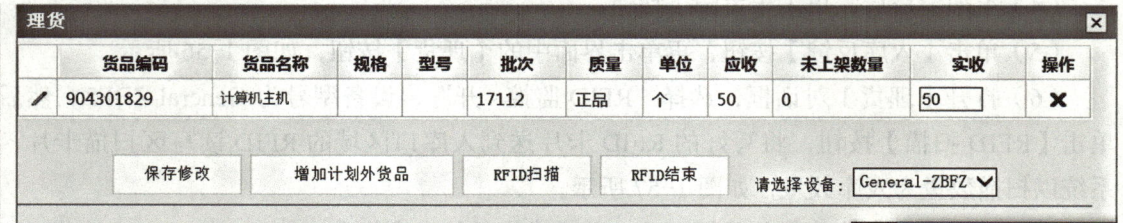

图 1-57　RFID 扫描的结果

项目一 智能物流信息技术

任务评价

表1-4 任务评价考核表

序 号	考 核 内 容	满 分	得 分
1	能够阐述自动识别技术的概念及特点	10	
2	能够明确自动识别技术的主要分类	10	
3	能够阐述条形码识别技术的概念及特点	10	
4	能够区分一维条形码和二维条形码	10	
5	能够阐述磁卡识别技术的概念及特点	10	
6	能够阐述IC卡识别技术的概念及特点	10	
7	能够阐述生物识别技术的概念及特点	10	
8	能够区分生物识别技术的分类	10	
9	能够阐述射频识别技术的概念及特点	10	
10	能够熟练、正确地运用RFID进行出入库操作	10	
	合　　计	100	

学习任务三　电子数据交换（EDI）技术认知与实训

学习目标

- 能够阐述EDI技术的定义与特点；
- 能够熟知EDI系统的结构；
- 能够掌握EDI的工作流程；
- 能够熟知EDI技术在物流领域的应用情况；
- 能够进行EDI系统的业务操作。

知识储备

一、EDI概述

1. EDI的定义

EDI是英文electronic data interchange的缩写，中文可译为"电子数据交换"，或称"电子数据贸易""无证贸易""无纸贸易"等。

1994年，国际标准化组织（International Organization for Standardization，ISO）明确了EDI技术的定义：根据商定的交易或电子数据的结构标准实施行业或行政交易，从计算机到计算机的电子数据传输，如图1-58所示。

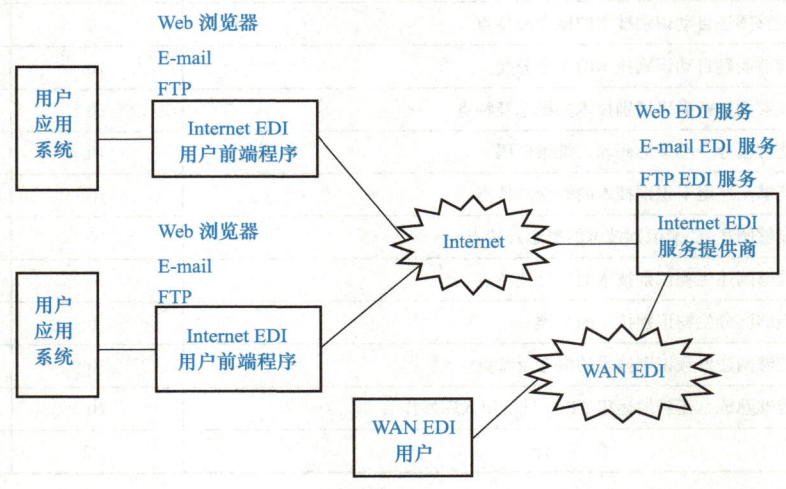

图1-58　EDI技术

2. EDI的特点

EDI技术应用于企业单位之间（制造商、供应商、运输公司、银行等）商业文件数据的传输，它具有以下特点。

（1）EDI传输的是格式化的标准文件，并具有格式校验功能。

（2）EDI是实现计算机到计算机的自动传输和自动处理，无人工处理。

（3）EDI传输的文件具有跟踪、确认、防篡改、防冒领、电子签名等一系列安全保密功能。

（4）EDI文本具有法律效力。

（5）EDI具有存储转发功能。

小贴士

构成EDI技术的3个基本要素

构成EDI技术的3个基本要素为标准、通信、软件和硬件。

1. 标准

EDI标准是由各企业各地区代表共同讨论制定的电子数据交换标准，可以使企业之间不同格式的文件通过共同的标准，实现相互交换的目的。

2. 通信

通信网络是实现EDI的手段，EDI的通信方式分为直接式和间接式两种。

3. 软件和硬件

EDI 的软件由转换软件、翻译软件和通信软件组成。

EDI 需要的硬件设备包括计算机、调制解调器、电话线、专线和网卡等。

二、EDI 的系统构成

EDI 系统由 3 部分构成，即 EDI 交换层、EDI 代理服务层和 EDI 应用层。三者之间的关系，如图 1-59 所示。

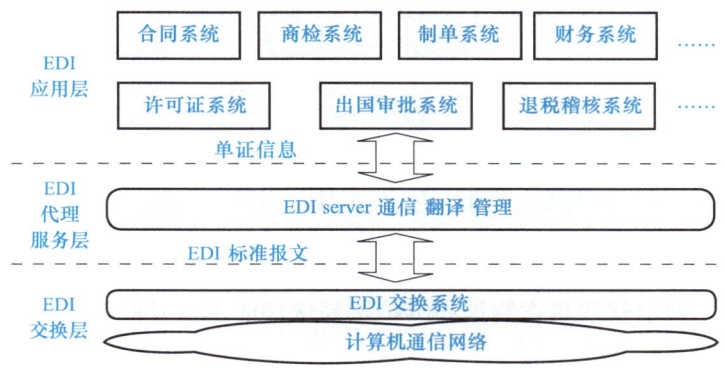

图 1-59　EDI 系统的构成

1. EDI 交换层

EDI 交换层的主要内容为 EDI 系统的通信网络的组建，该层是 EDI 技术可实现的技术基础。企业所应用的通信网络类型，如表 1-5 所示。

表 1-5　EDI 通信网络

通信网络	简　介	特　点
专线连接网络	一般采用专线连接点到点的传输	连接简单，成本低廉，不利于二次开发
增值网络	增值网络的 EDI 是指增值数据业务（VADS）公司，利用已有的计算机与通信网络设备，除完成一般的通信任务外，增加 EDI 的服务功能	连接复杂，成本昂贵，需租用供应商系统，利于二次开发，应用最为广泛
Internet	Internet 的出现为 EDI 发展带来了生机，使基于 Internet 的 EDI 成为新一代的 EDI，前景诱人。用 VAN 进行网络传输、交易和将 EDI 信息输入传统处理系统的 EDI 用户，正转向使用基于 Internet 的系统，以取代昂贵的 VAN	可以满足多用户需求，不过需要技术支持以及国际合作，约束性强，构建成本一般

2. EDI 代理服务层

EDI 代理服务层包含通信、翻译和管理 3 个环节，并对应通信软件、翻译软件和格式转换软件。企业需要根据自身的需要，购买或租赁这三方软件。

（1）格式转换软件。因为公司的业务不同，因而存在不同的单证格式。格式转换软件可以把公司单证格式转换成平面文件，也可以将平面文件转换成公司单证格式，这样就可以满足企业之间快速的数据交换需求，如图 1-60 所示。

图 1-60　格式转换过程

（2）翻译软件。翻译软件就是把平面文件翻译成 EDI 标准报文，再由通信软件进行传输，如图 1-61 所示。

图 1-61　翻译过程

（3）通信软件。通信软件负责管理和维护贸易伙伴的电话号码系统，执行自动拨号等功能。

3. EDI 应用层

EDI 系统的应用层所包含的子系统，均是企业根据业务的需求进行开发的功能模块。例如，制单系统，主要是单证的填制和传输；合同系统，是为了追查某项目或某业务的合作情况。这些子系统与 EDI 系统相连接，可以有效地实现"数据的共享"及"无纸化"操作，在一定程度上减轻工作人员的工作强度，从而降低物流成本，提高物流效率。

小贴士

EDI 系统分类

根据 EDI 技术应用的不同领域范围，可以将 EDI 系统分成四大类。

第一类是贸易数据互换系统（trade data interchange，TDI），也是最知名的 EDI 系统，它用电子数据文件来传输订单、发货票和各类通知。

第二类是电子金融汇兑系统（electronic fund transfer，EFT），即在银行和其他组织之间实行电子费用汇兑。

第三类是交互式应答系统（interactive query response），它可应用在旅行社或航空公司作为机票预定系统。

第四类是带有图形资料自动传输的 EDI 系统。最常见的是计算机辅助设计（computer aided design，CAD）图形的自动传输。

三、EDI 的工作流程

EDI 的工作流程可以分为 3 个阶段，如图 1-62 所示。

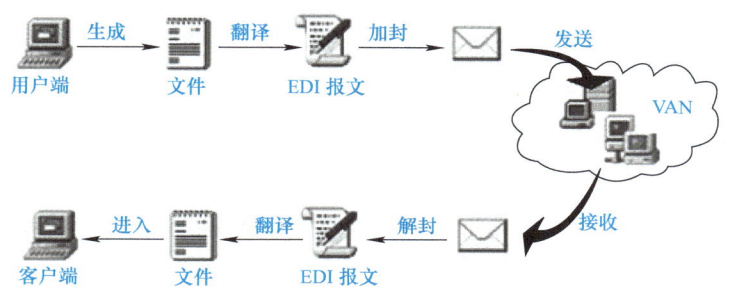

图 1-62　EDI 系统的工作流程

1. 文件的结构化和标准化处理

用户首先将原始的纸质商业数据或行政文件，经计算机处理生成平面文件，然后通过翻译软件形成符合 EDI 标准的，具有标准格式的 EDI 数据文件。

2. 传输和交换

用户用自己的本地计算机系统将形成的标准数据文件，经过 EDI 数据通信和交换网，传送到登录的 EDI 服务中心，继而转发到对方用户的计算机系统。

3. 文件的接收和自动处理

对方用户计算机系统收到发来的报文之后，立即按照特定的程序自动处理。

小贴士

EDI 的工作方式

根据接入 EDI 网络的方式不同，可以将 EDI 分为 3 种工作方式，如图 1-63 所示。

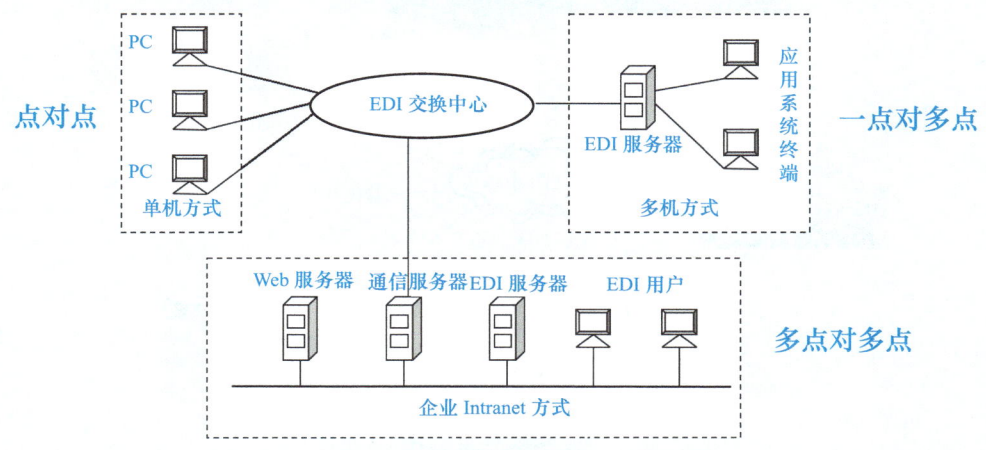

图 1-63　EDI 的工作方式

1. 单机方式：具有单一计算机应用系统的用户接入方式。用户通过连接电话交换网的调制解调器直接接入 EDI 交换中心，该计算机应用系统中需要安装 EDI 系统的专用通信软件及相应的映射和翻译软件。

2. 多机方式：具有多个计算机应用系统的用户接入方式。多个应用系统（如销售系统、采购系统、财务系统等）采用联网方式将各个应用系统首先接入负责与 EDI 中心交换信息的服务器中，再由该服务器接入 EDI 交换中心（间接过程），该服务器不仅负责各个应用系统与 EDI 中心的统一通信，还承担 EDI 标准格式的翻译、企业各部门 EDI 的记账。

3. 企业 Intranet 方式：通过企业内部 Intranet 的用户接入方式。可以采用基于 Internet 技术建立的企业内部专用网络 Intranet 来接入 EDI 交换中心。外联网 Extranet 概念的提出，使 Intranet 由企业内部走向外部，它通过向一些主要的贸易伙伴添加外部连接来扩充企业内部网络 Intranet。目前，在很多 EDI 系统中，用户已经可以使用浏览器通过 EDI 中心的 Web 服务器访问 EDI 系统。

EDI 的处理，现在已经开始实施无纸化了，那么你了解多少呢？请观看本书配套资源素材包中的视频"1-5　EDI 无纸贸易的通行证"，并讨论以下问题：

（1）EDI 在无纸贸易通关中的主要作用是什么？

（2）EDI 的单证处理过程是什么？

四、EDI 在物流中的应用

近年来，EDI 在物流行业中被广泛应用，业界称其为物流 EDI。

1. 物流 EDI 系统的信息交换过程

物流 EDI 的参与对象有货主、承运业主、交通运输企业、协助单位发货业主、物流运输业主和接货业主，如图 1-64 所示。

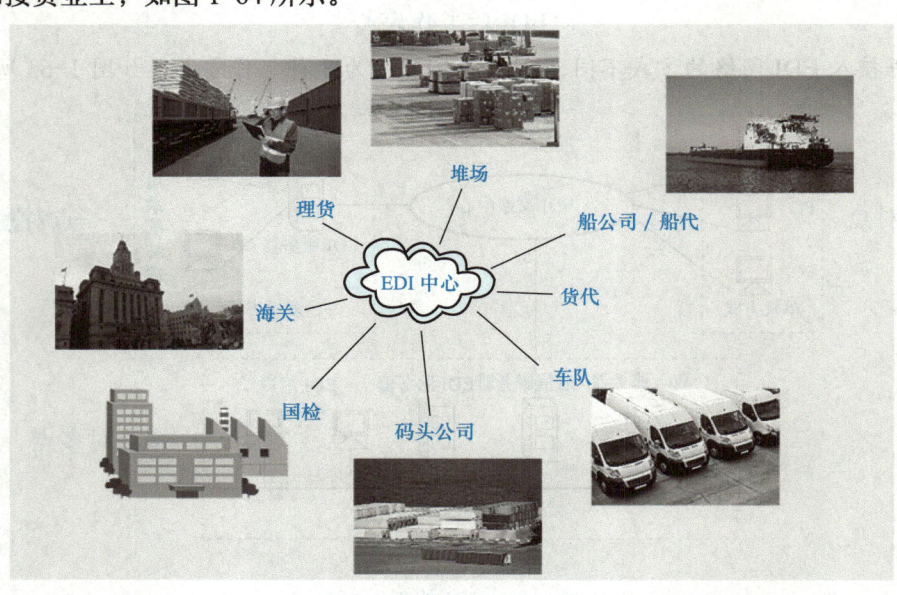

图 1-64　EDI 的参与对象

物流 EDI 是指货主、承运业主及其他相关的单位之间，通过 EDI 系统进行物流数据交换，并以此为基础实施物流作业活动的方法，如图 1-65 所示。

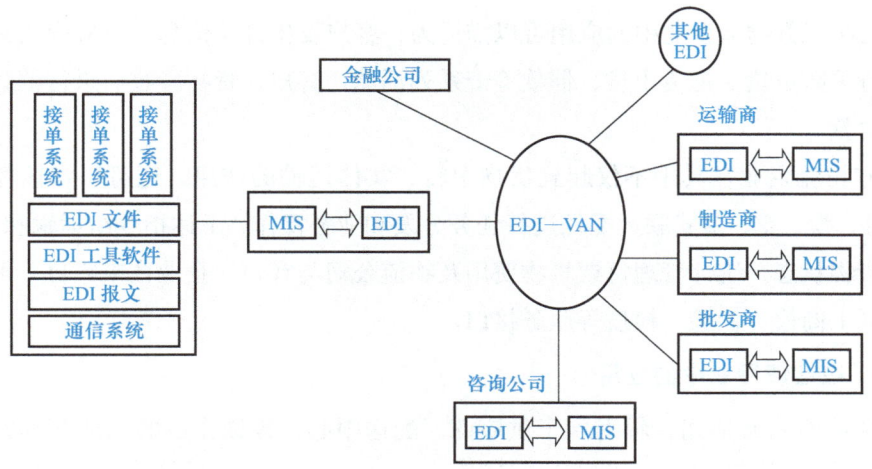

图 1-65　物流 EDI 系统的信息交换流程

（1）发送货物业主在接到订货后制订货物运送计划，并把运送货物的清单及运送时间安排等信息通过 EDI 发送给物流运输业主和接收货物业主，以便物流运输业主预先制订车辆调配计划和接收货物业主制订货物接收计划。

（2）发送货物业主依据顾客订货要求和货物运送计划下达发货指令、分拣配货、打印物流条形码的货物标签并贴在货物包装箱上，同时把运送货物品种、数量、包装等信息通过 EDI 发送给物流运输业主和接收货物业主。物流运输业主依据请示下达车辆调配指令。

（3）物流运输业主在向发送货物业主取运货物时，利用车载扫描读数仪读取货物标签的物流条形码，并与先前收到的货物运输数据进行核对，确认运送货物。

（4）物流运输业主在物流中心对货物进行整理、集装、制作送货清单并通过 EDI 向收货业主发送发货信息。在货物运送的同时进行货物跟踪管理，并在货物交给收货业主之后，通过 EDI 向发货业主发送完成运送业务信息和运费请示信息。

（5）收货业主在货物到达时，利用扫描仪读取货物标签的条形码，并与先前收到的货物运输数据进行核对确认，开出收货发票，货物入库。同时通过 EDI 向物流运输业主和发送货物业主发送收货确认信息。

应用物流 EDI 的优点：供应链各组成环节只要采用标准化的信息格式和处理方式，均可以通过 EDI 共享信息，提高流通效率，降低物流成本。

2. EDI 在第三方物流企业中的应用

EDI 技术与物流企业内部的仓储管理系统、自动补货系统、订单处理系统等企业 MIS

（management information system，管理信息系统）集成使用之后，可以实现商业单证快速交换和自动处理，简化采购程序、减低营运资金及存货量、改善现金流动情况等，也使企业可以更快地对客户需求进行响应。

EDI 在第三方物流企业中的应用可以描述为：客户发出订购信息，供应商收到采购进货单后，进行采购进货、拣货出货、催款等一系列活动，客户在货物验收后进行催款及对账单的核对和付款。

第三方物流企业在其中不仅起到货物中转、实体运输的作用，还可以审核客户的各种指令，对陆、海、空、多式联运委托进行任务分发和业务操作，下达指令给运输和仓储企业，全程跟踪货物状态，统计管理每票货物费用及物流公司与客户、企业往来账目，可以提供电子报关、网上商检、检验、检疫等服务接口。

3. EDI 在连锁行业中的应用

连锁企业的 EDI 应用，辐射到了供应商、配送中心、连锁企业的总部及其各个门店，主要是进行供应商与配送中心之间单据的转换和信息的传递，同时根据门店反馈的货物需求量进行分析和处理。通过 EDI 的应用，加强企业与供应商之间的沟通和联系，同时也降低了单据处理的烦琐程度，在一定程度上促进门店的销售，如图 1-66 所示。

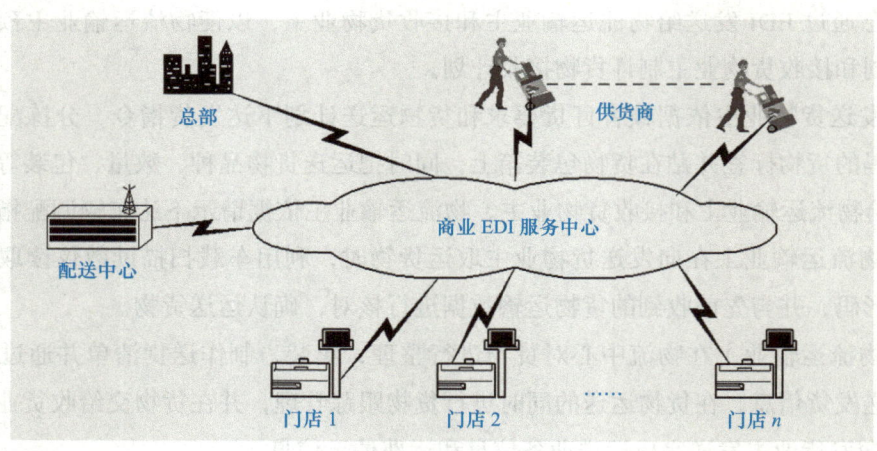

图 1-66　EDI 技术在连锁行业的应用

4. EDI 在运输行业中的应用

EDI 在运输行业中的应用，是指托运人、收货人及其他相关的单位之间，通过 EDI 系统进行物流数据交换，并以此为基础实施物流作业活动的方法，可实现所有权快速、准确地转移及可防冒领和避免误交。

运输企业以其强大的运输工具和遍布各地的营业点在流通业中扮演了重要的角色，选择低成本方式，先引入托运单，接收托运人传来的 EDI 托运单报文，将其转换成企业内部的托运单格式。执行派车收费、集货、配货送货、签收、对账收款回程等命令，实现托运人与收货人之间的贸易联系,具体应用如图 1-67 所示。

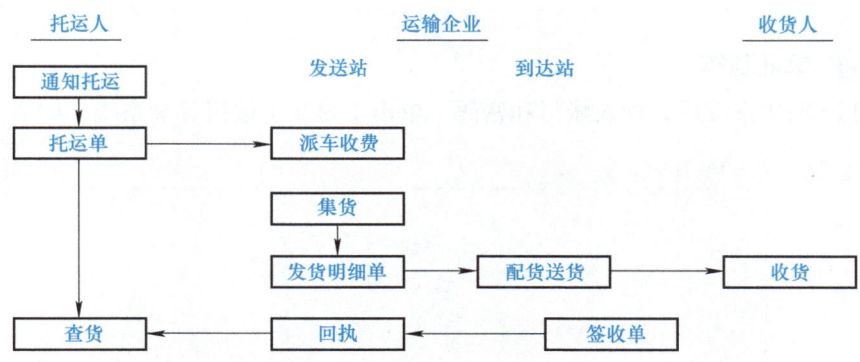

图 1-67　EDI 技术在运输企业中的应用流程

请阅读本书配套资源素材包中的案例"1-6　汽车制造业的 EDI 实施",并讨论以下问题:

(1)汽车行业物流 EDI 系统的参与对象有哪些?

(2)汽车行业是如何通过 EDI 系统帮助实现库存管理和控制的?

(3)从案例中总结物流 EDI 的优点。

任务发布

2019 年 9 月 5 日,上海红枫连锁超市集团进出口业务中心的信息员王宇收到业务主管发来的一份进口合同,合同中的关键信息见表 1-6。

表 1-6　进口合同主要内容

卖主编码	201	供货方	EAST AGENT CO.	贸易种类	进口
所属国家	日本	联系人	冯建军	交货时间	2019-09-14
传真	0081-21-1234567	电话	13800000003	订单版本	Original
公司地址	3-72, OHTAMACHI, NAK.KU, YOKOHAMA, JAPAN				
商品名称	三菱空调附件		商品类型		零件
商品数量	10		商品单价		500 RMB
包装尺寸	454 dm^3		价格基准(价格计量数)		441 RMB
每层装箱数	10		集装箱层数		10
交货地址	上海牡丹江路 1885		交货码头		上海宝山码头

接下来,王宇应当如何利用 EDI 系统生成并发送符合 EDI 标准的订购单呢?

任务操作

步骤一 单证制作

（1）打开 EDI 系统后，输入账号和密码，单击【提交】按钮登录系统，如图 1-68 所示。

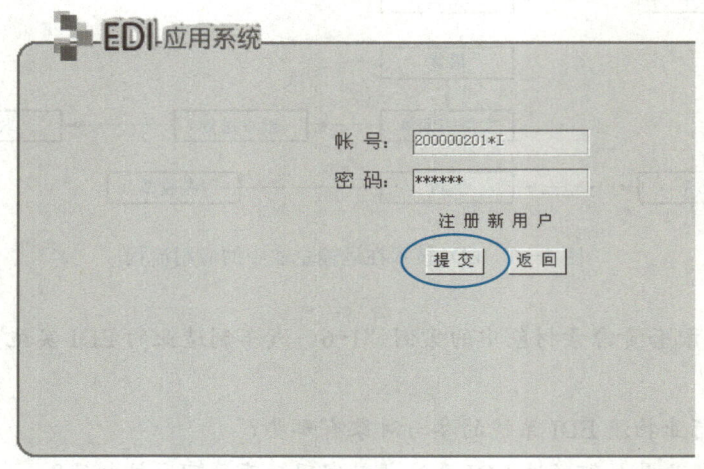

图 1-68　系统登录界面

（2）进入系统主界面后，单击左侧的【单证录入】，如图 1-69 所示。

（3）根据任务发布中提供的信息填写订购单证信息，核对无误后单击【添加商品】按钮，如图 1-70 所示。

（4）进入商品信息管理界面后，选择相应的商品，然后单击【添加商品】按钮，如图 1-71 所示。

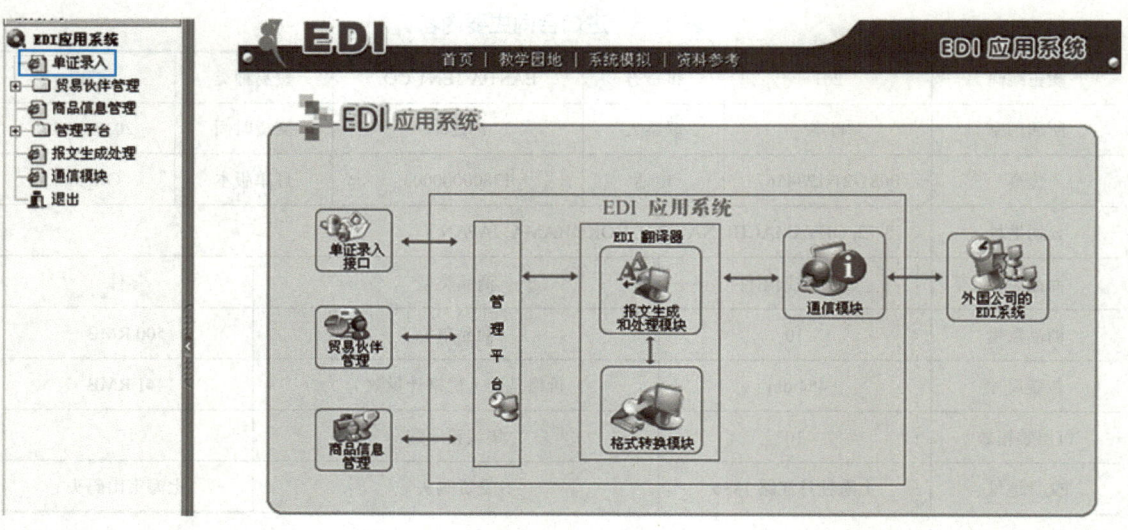

图 1-69　单证录入

项目一
智能物流信息技术

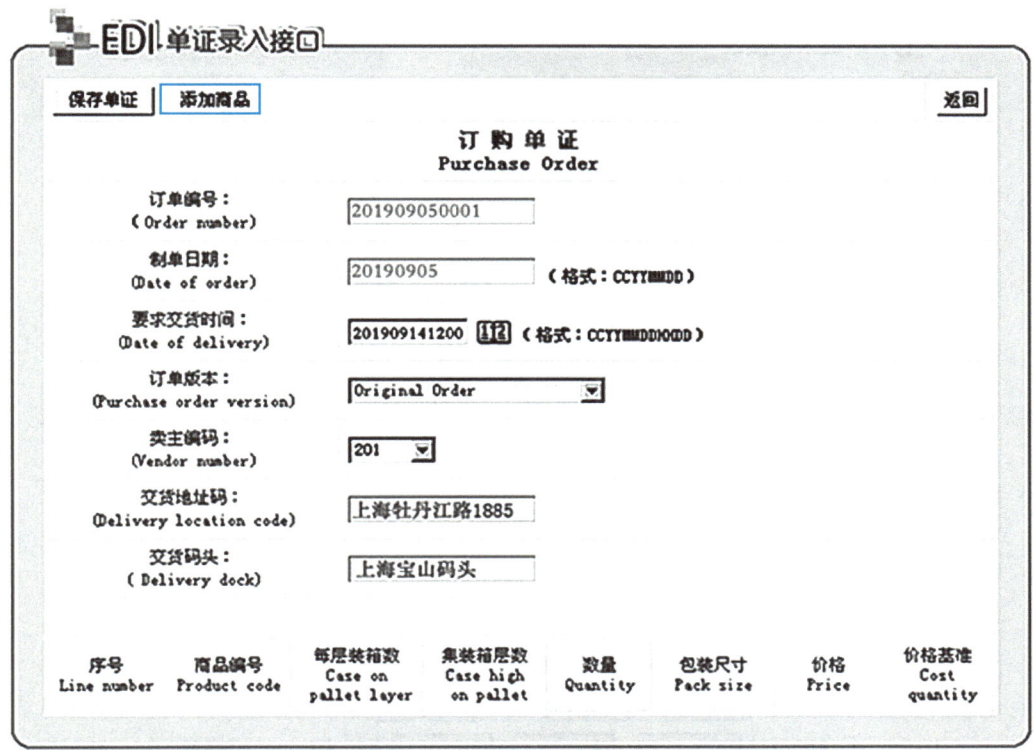

图 1-70　订单信息填写

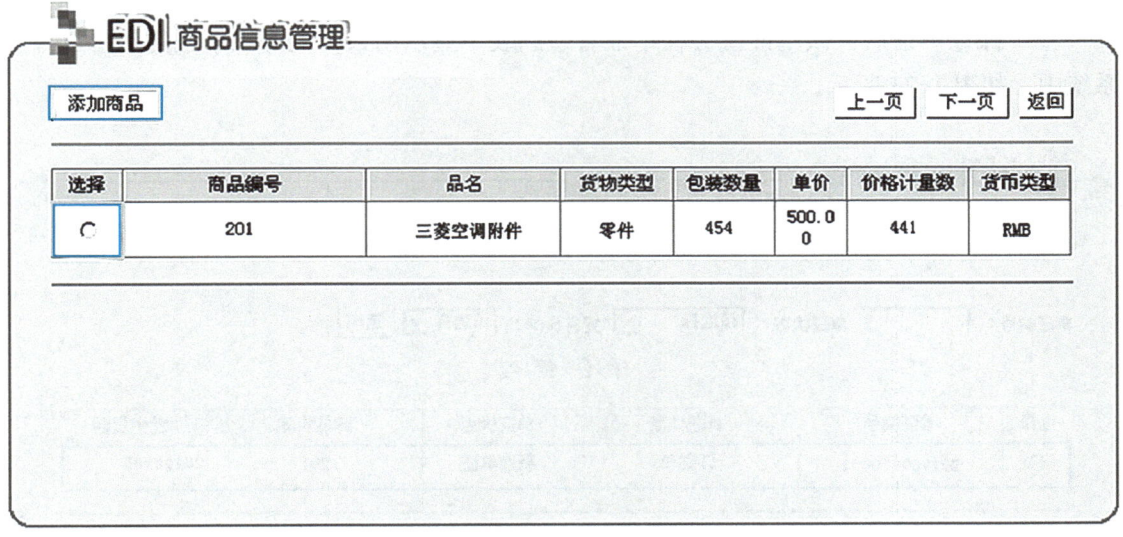

图 1-71　选择商品

（5）添加好商品后，在单证录入接口界面中填写商品信息，然后单击【保存单证】按钮，如图 1-72 所示。

43

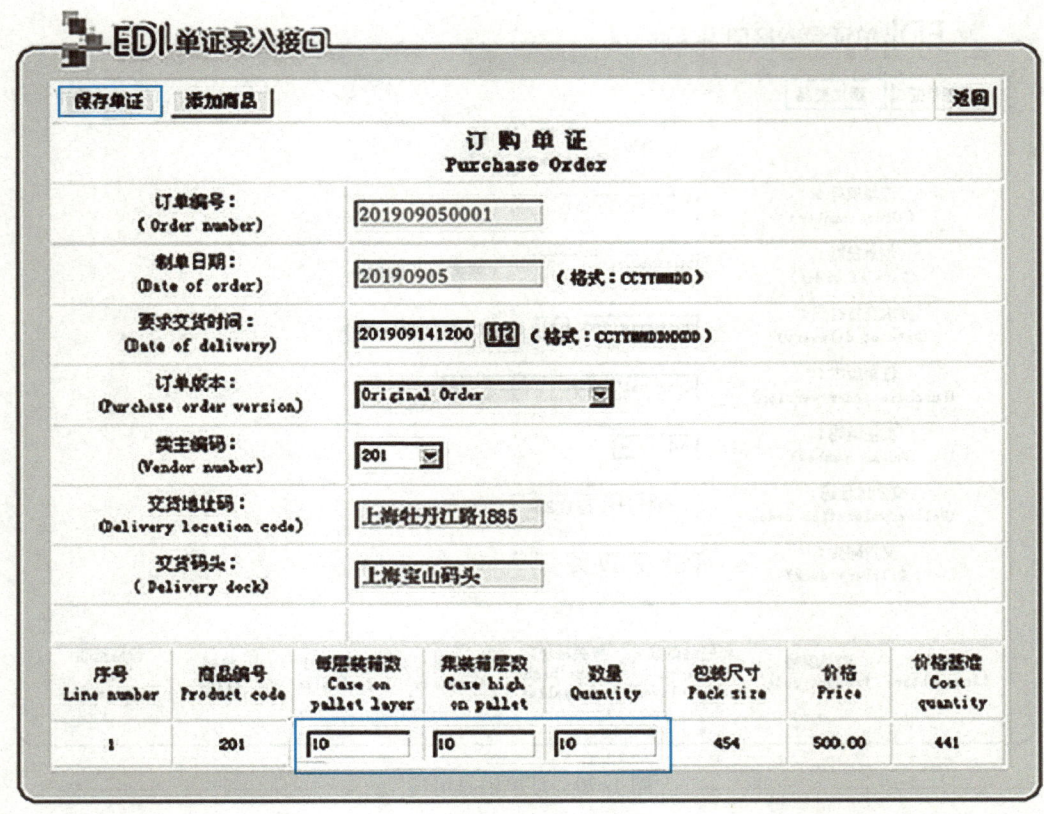

图 1-72　保存单证

（6）保存单证后，该单证就会在单证管理列表中显示出来，说明该单证的信息已存入系统中，如图 1-73 所示。

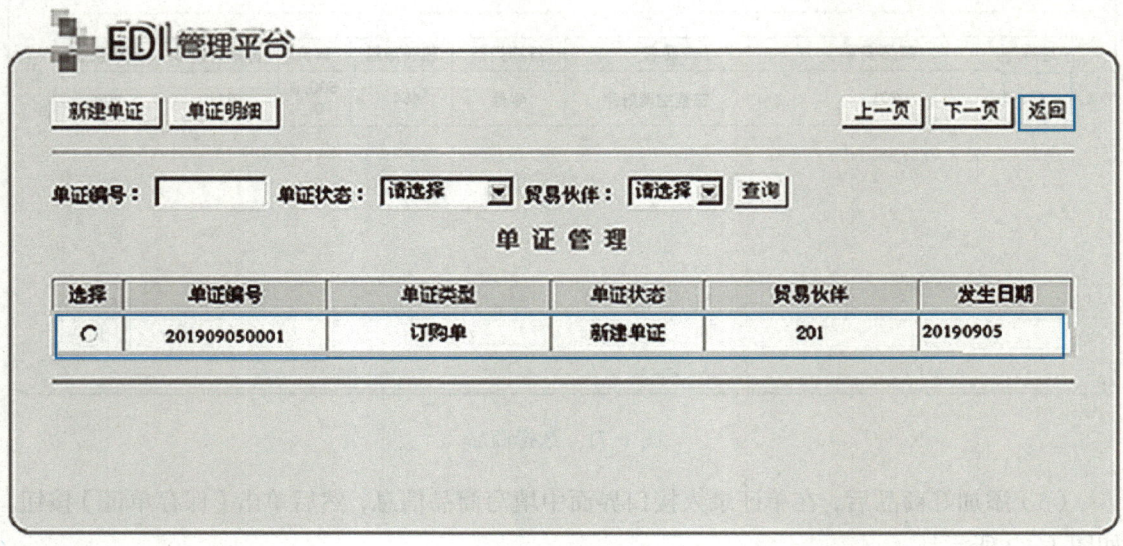

图 1-73　单证管理列表

步骤二 报文生成

(1)返回系统主界面,单击左侧的【管理平台】,如图 1-74 所示。

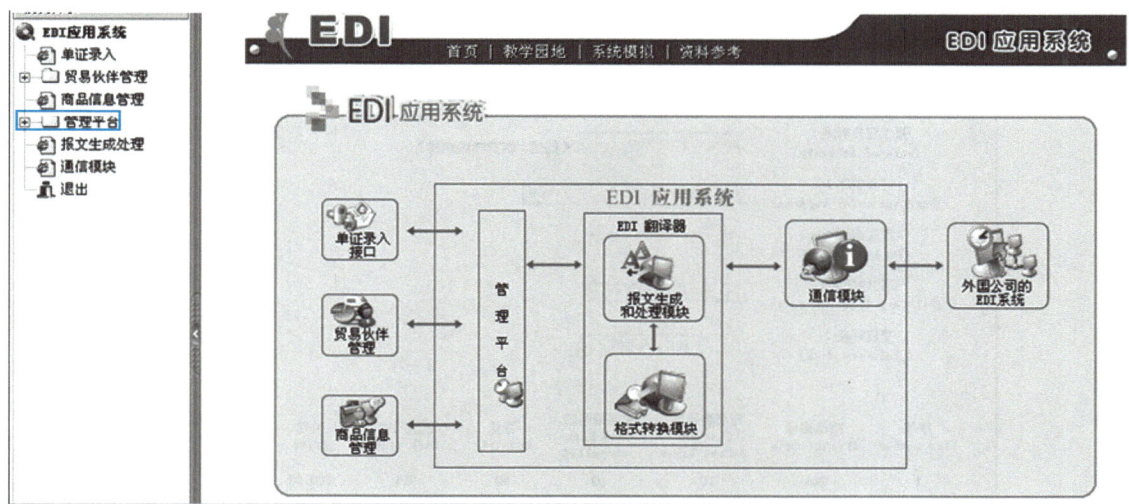

图 1-74　管理平台

(2)【管理平台】展开后,单击下面的【单证管理】按钮,如图 1-75 所示。

图 1-75　选择单证管理

(3)选择相应的订单后,单击【单证明细】,如图 1-76 所示。

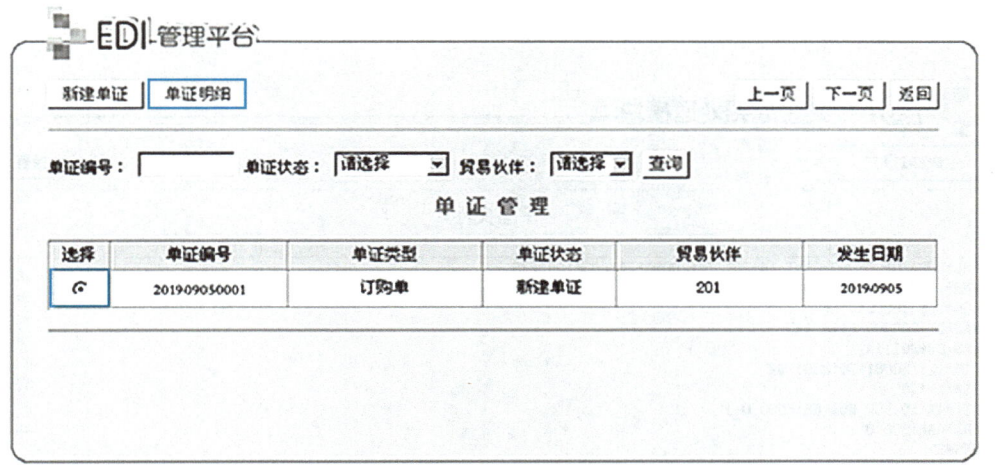

图 1-76　单证明细

(4)在单证明细的界面中单击【生成平面文件】,系统就会自动生成符合 EDI 规范的平面文件,如图 1-77 所示。

45

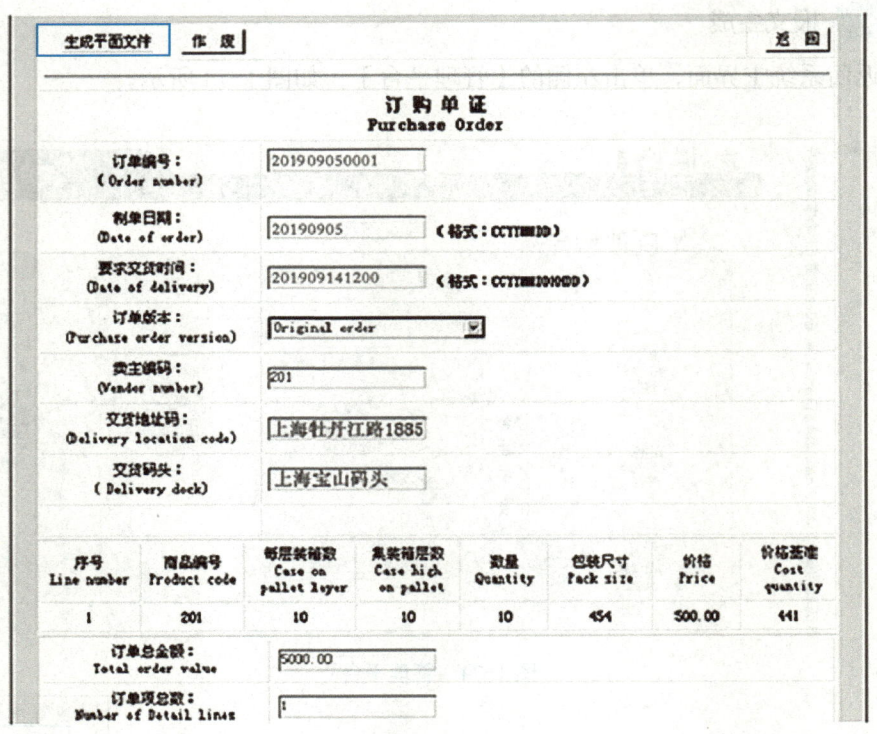

图 1-77　生成平面文件

（5）在平面文件的预览界面中单击【生成 EDI 报文】按钮，系统就会自动生成 EDI 报文，如图 1-78 所示。

图 1-78　生成 EDI 报文

步骤三 报文发送

（1）EDI报文生成后，我们只需要单击【发送】按钮，系统就会自动将相关数据传送至贸易伙伴的计算机中，如图1-79所示。

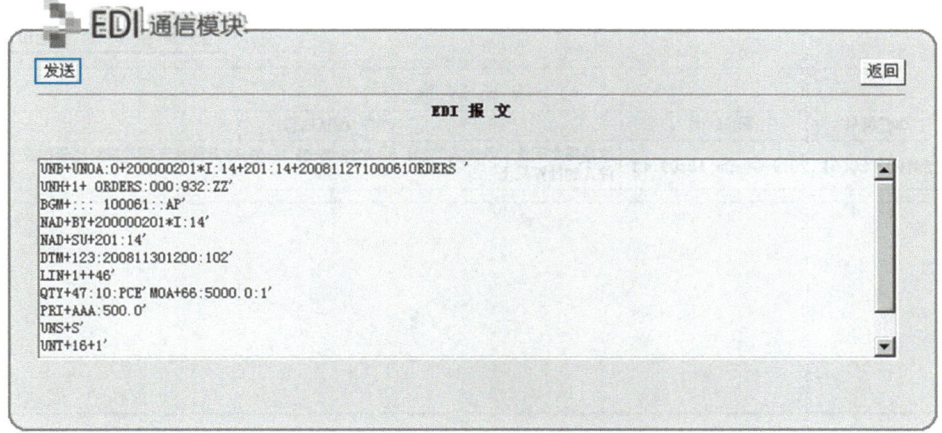

图1-79 发送EDI报文

（2）传输数据过程的界面，如图1-80所示。

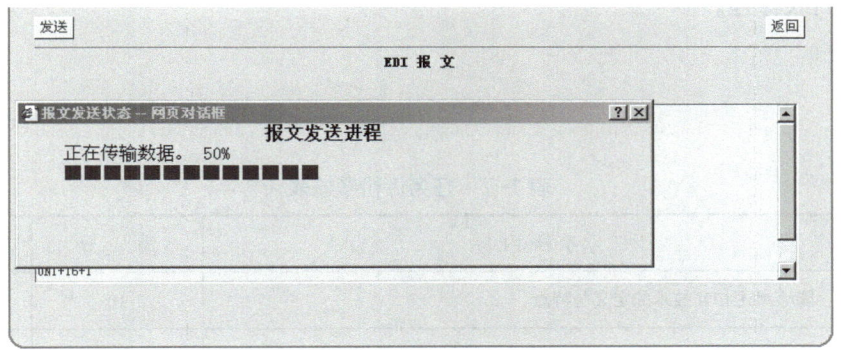

图1-80 报文发送进程

（3）传输完毕后，系统会提示"传输完毕"，单击【确定】按钮即可，如图1-81所示。

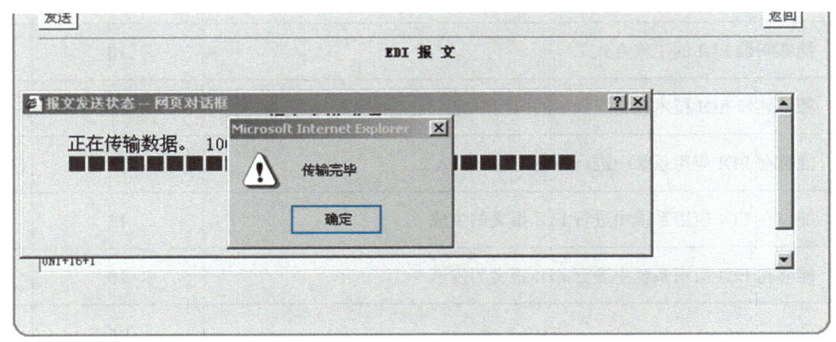

图1-81 传输完毕

（4）信息员在发送订购单后，需要在 EDI 系统的管理平台中查看单证回执的信息，如图 1-82 所示。

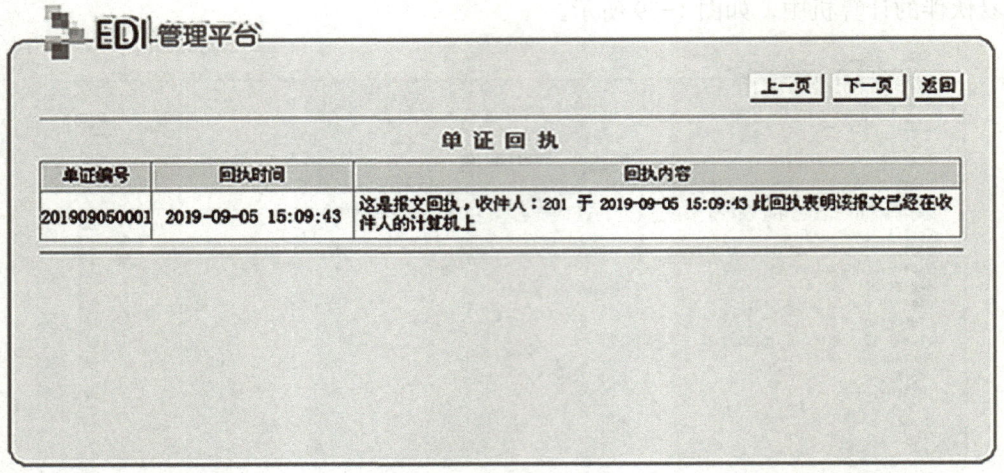

图 1-82　单证回执界面

确认贸易伙伴收到订购单后，信息员还需要在系统中完成订单信息反馈的操作，并将相关的单据回收保存。

任务评价

表 1-7　任务评价考核表

序　号	考 核 内 容	满　分	得　分
1	能够阐述 EDI 技术的定义与特点	10	
2	能够熟知 EDI 系统的结构	10	
3	能够对 EDI 系统进行分类	10	
4	能够掌握 EDI 的工作流程	10	
5	能够明确 EDI 的工作方式	10	
6	能够熟知 EDI 技术在物流领域的应用情况	10	
7	能够在 EDI 应用系统中进行单证信息的输入	15	
8	能够在 EDI 应用系统中进行 EDI 报文的生成	15	
9	能够在 EDI 应用系统中进行 EDI 报文的发送	10	
	合　　计	100	

项目一
智能物流信息技术

学习任务四 GIS 技术认知与实训

学习目标

- 能够阐述 GIS 的定义；
- 能够熟知 GIS 的组成；
- 能够掌握 GIS 的工作原理及作业流程；
- 能够熟知 GIS 技术在物流领域的应用情况；
- 能够利用 GIS 配送优化系统完成车辆路线选择。

知识储备

一、GIS 的概念

GIS（geographic information system，地理信息系统）是以地理空间数据为基础，采用地理模型分析方法，提供多种空间和动态的地理信息，为地理研究和地理决策服务的计算机技术系统，如图 1-83 所示。GIS 是一个能用于进行有效的搜集、存储、更新、处理、分析和显示所有形式地理信息的计算机硬件、软件、地理数据和有关人员（用户）的有机集合。

图 1-83　GIS

49

智能物流技术

请观看本书配套资源素材包中的视频"1-7 VR体验地理信息系统",并讨论以下问题:

(1) GIS 主要的工作原理是怎样的?

(2) 你觉得 GIS 怎么样?

GIS 是利用计算机存储、处理地理信息的一种技术与工具,是一种在计算机软、硬件支持下,把各种资源信息和环境参数按空间分布或地理坐标,以一定格式和分类编码输入、处理、存储、输出,以满足应用需要的人-机交互信息系统。它通过对多要素数据的操作和综合分析,方便快速地把所需要的信息以图形、图像、数字等多种形式输出,满足各应用领域或研究工作的需要,如图 1-84 所示。

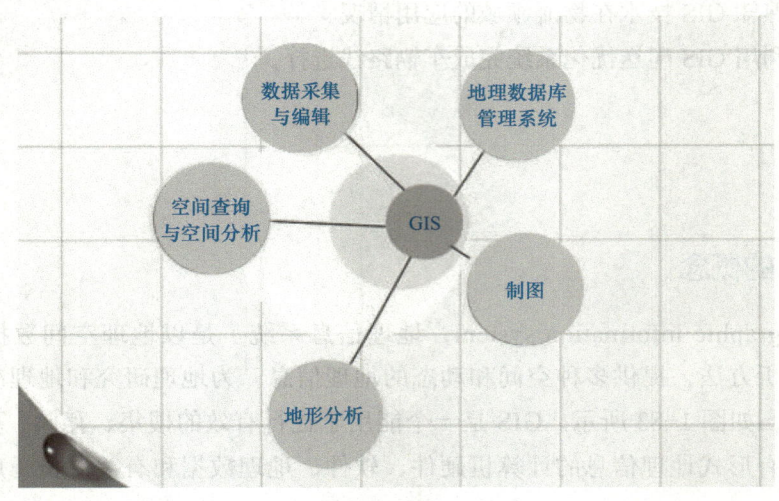

图 1-84 GIS 系统的功能

小贴士

GIS 技术的特征

根据 GIS 技术的定义,可知 GIS 技术的特征如下。

(1) GIS 具有采集、管理、分析和输出多种地理信息的能力,具有空间性和动态性。

(2) GIS 由计算机系统支持进行空间地理数据管理,并由计算机程序模拟常规的或专门的地理分析方法,作用于空间数据,产生有用信息。

(3) GIS 以地理研究和地理决策为目的,以地理模型方法为手段,具有空间分析、多要素综合分析和动态预测的能力,并能产生高层次的地理信息。

(4) GIS 在分析处理问题中使用了空间数据与属性数据,并通过数据库管理系统将两者联系在一起共同管理、分析和应用,从而提供了认识地理现象的一种新的思维方法。

(5) GIS 强调空间分析,通过利用空间解析式模型来分析空间数据,GIS 的成功应用依赖于空间分析模型的研究与设计。

二、GIS 的组成

GIS 的应用系统由 5 个主要的元素构成：硬件、软件、数据、人员和方法，如图 1-85 所示。

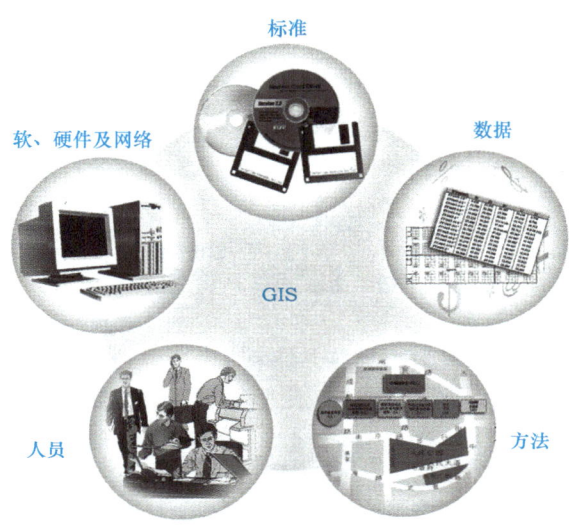

图 1-85　GIS 的构成

1. 硬件
硬件主要包括计算机和网络设备、存储设备、数据输入、显示和输出的外围设备等。

2. 软件
软件主要包括以下几类：操作系统软件、数据库管理软件、系统开发软件、GIS 软件等。GIS 软件的选型，直接影响其他软件的选择，影响系统解决方案，也影响着系统建设周期和效益。

3. 数据
一个 GIS 中最重要的部件就是数据。地理数据和相关的表格数据可以自己采集或从商业数据提供处购买。GIS 将空间数据和其他数据源的数据集成在一起，而且可以使用那些被大多数公司用来组织和保存数据的数据库管理系统来管理空间数据。

4. 人员
人员是 GIS 的能动部分。人员的技术水平和组织管理能力是决定系统建设成败的重要因素。系统人员按不同分工有项目经理、项目开发人员、项目数据人员、系统文档撰写和系统测试人员等。各个部分齐心协力、分工协作是 GIS 成功建设的重要保证。

5. 方法
这里的方法主要是指空间信息的综合分析方法，即常说的应用模型。GIS 应用就是利用这些模型对大量空间数据进行分析综合来解决实际问题的，如基于 GIS 的矿产资源评价模型、灾害评价模型等。

三、GIS 的工作原理及作业流程

GIS 卫星在空中连续发送带有时间和位置信息的无线电信号，供 GIS 天线系统接收，由交换机和天线控制器传送至卫星天线姿态控制，同时，卫星数据解调器将信息发送至卫星数据采集器，再通过交换机和路由器将信息传送给数据处理系统并储存在磁盘列阵中，最终将信息呈现在 GIS 工作站、客户终端、PC 等输出系统中，如图 1-86 所示。

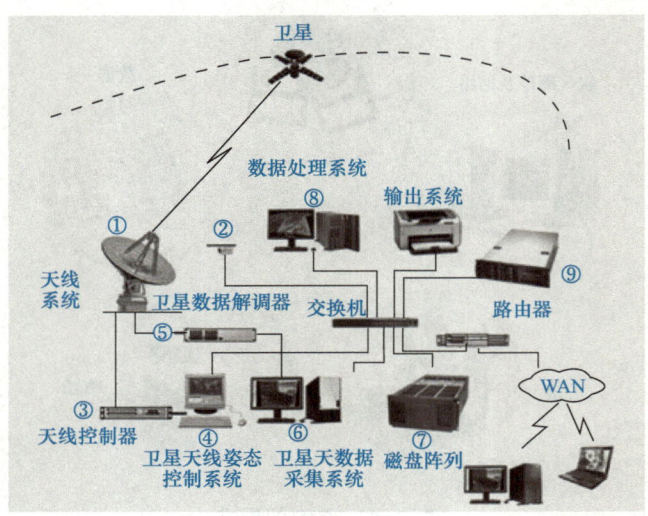

图 1-86　GIS 的工作原理

从横向上来看，其功能主要是在数据库中进行数据的存储与检索，并对这些信息进行编辑、查询、分析、可视化等展示与交互处理，最终实现制图。

从纵向上来看，其功能主要是通过对现实的文件和地图进行观察，从而获得原始数据，并对这些原始数据进行编辑，使其变成结构化的数据，方便后期的查询和分析，并转化成可视化的数据供用户使用，如图 1-87 所示。

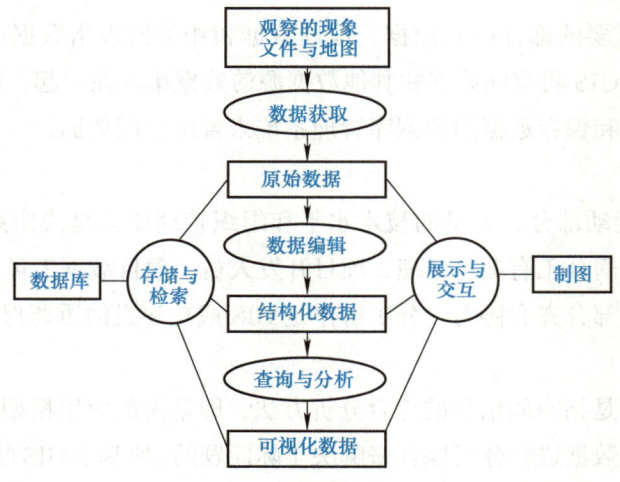

图 1-87　GIS 的功能框架

与之相对应的，GIS 的工作流程如图 1-88 所示。一般来说，需要完成以下 5 个任务或过程：数据采集与输入、数据编辑与处理、数据存储与管理、空间统计与分析、数据显示与输出。

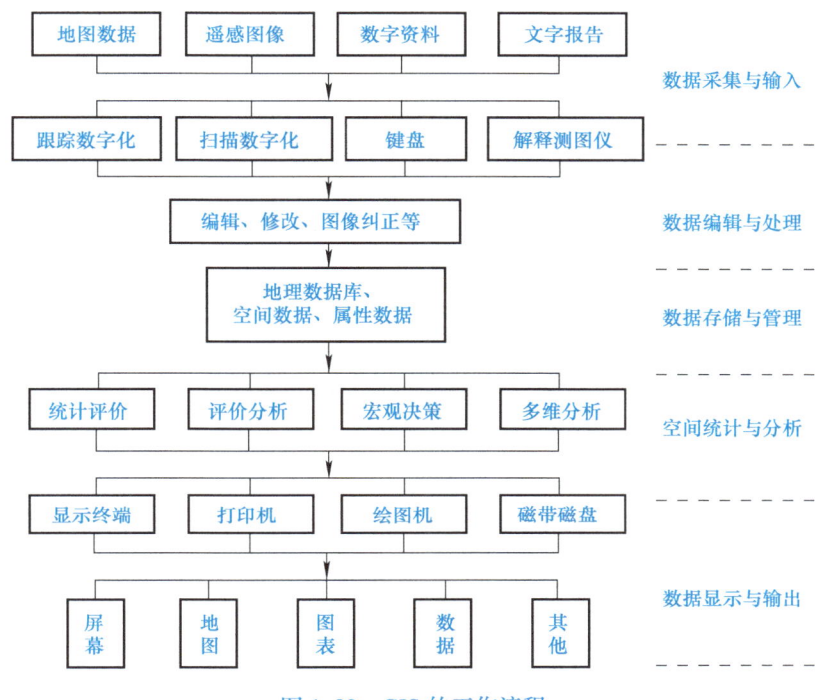

图 1-88　GIS 的工作流程

1. 数据采集与输入

地理空间数据是 GIS 的血液，构建和维护空间数据库是一项复杂、工作量巨大的工程。GIS 可用的数据非常广泛，包括现有的地图、以计算机图形图像文件形式存放的影像资料（卫片及航片等）和表格资料以及绘图软件（如 AutoCAD）绘制的图形等。对现有的地图，可利用数字化仪（digitizer）对需要的地理图形进行数字化，并输入相应的描述性信息。根据任务的需要，将各种系统外部的原始数据转化为 GIS 软件可以识别的格式并加以利用的过程称为数据采集。数据采集就是保证各层实体的地物要素按顺序转化为 X、Y 坐标及对应的代码输入计算机中。通常数据采集的方式以下几种：通过纸质地图的数字化获取数据；直接通过数字数据获取数据；通过 GPS 采集数据；直接获取坐标数据。数据输入的方法主要有图形数据输入（如管网图的输入）、栅格数据输入（如遥感图像的输入）、测量数据输入（如全球定位系统 GPS 数据的输入）和属性数据输入（如数字和文字的输入）。

2. 数据编辑与处理

由于 GIS 中的数据类型多种多样，同一种类型数据的质量也可能有很大的差异，为了保证系统数据的规范和统一，建立满足用户需求的数据文件，现代的 GIS 技术提供了许多工具来编辑和处理系统数据（见图 1-88）。数据处理的任务和操作内容有数据变换、数据重构和数据抽取。

3. 数据存储与管理

数据存储，即将数据以某种格式记录在计算机内部或外部存储介质上。属性数据管理一般直接利用商用关系数据库软件，如 Oracle、SQL Server、FoxBase、FoxPro 等进行管理。但是，当数据量很大而且是多个用户同时使用数据时，最好使用一个数据库管理系统（database management system, DBMS）来帮助存储、组织和管理空间数据。

4. 空间统计与分析

空间统计与分析是 GIS 的核心，是 GIS 最重要和最有价值的功能。其以地理事物的空间位置和形态特征为基础，以空间数据与属性数据的综合运算（如数据格式转换、矢量数据叠合、栅格数据叠加、算术运算、关系运算、逻辑运算、函数运算等）为特征，提取与产生空间的信息。

5. 数据显示与输出

GIS 并不以图形或图像文件的形式保存地图，而是存储着地图元件的空间信息数据库和描述性信息数据库。在显示数字地图时，GIS 能实时地访问空间信息数据库并读取其中的数据进行分析处理，然后在计算机屏幕上显示出相应的图形。数据显示是中间处理过程和最终结果的屏幕显示，通常以人-机交互方式来选择显示的对象与形式。对于图形数据，根据要素的信息量和密集程度，可选择放大或缩小显示，还可以按自己的爱好对版面重新安排，如标题字体、字号、颜色、图例大小、位置、比例尺的样式、位置等，甚至还可以添加或删除某些成分。GIS 不仅可以输出全要素地图，还可以根据用户需要，分层输出各种专题图、各类统计图、图表及数据等。

GIS 输出产品的类型通常有地图、图像、统计图表等形式。

请阅读本书配套资源素材包中的案例"1-8 与 GIS 融合，BIM 守望智慧城市"，并回答以下问题："BIM+GIS"的落地应用在短时间还难以覆盖城市级应用，主要有哪几方面的原因？

四、GIS 在物流中的应用

GIS 应用遍及金融、电信、交通、国土资源、电力、水利、农林、环境保护、地矿等国民经济各领域。

GIS 技术的应用很广泛，请阅读本书配套资源素材包中的案例"1-9 京东展示物流配送平台 GIS 应用为北斗支招"，并讨论以下问题：

（1）GIS 在京东是如何应用的？

（2）常见的 GIS 都有哪些分析模型？

GIS 在物流领域中的应用主要利用 GIS 强大的地理数据功能来完善物流分析技术，合理调整物流路线和流量，合理设置仓储设施，科学调配运力，提高物流作业的效率，目前已开发出了专门的物流分析软件用于物流分析。完整的 GIS 物流分析软件集成了车辆路线模型、网络物流模型、分配集合模型和设施定位模型等。

1. 车辆路线模型

车辆路线模型用于研究解决在一个起始点、多个终点的货物运输中，如何降低物流作业费用，并保证服务质量的问题，包括决定使用多少辆车、每辆车的行驶路线等，如图 1-89 所示。

图 1-89 车辆路线模型

2. 网络物流模型

网络物流模型用于解决寻求最有效的分配货物路径问题，也就是物流网点布局问题，如将货物从 n 个仓库运到 m 个商店，每个商店都有固定的需求量，因此需要确定由哪个仓库提货送给哪个商店，使运输代价最小。

3. 分配集合模型

分配集合模型可以根据各个要素的相似点把同一层上所有或部分要素分成几个组，用以解决确定服务范围和销售市场范围等问题，如某一公司要设立 x 个分销店，要求这些分销店要覆盖某一地区，而且要使每个分销店的顾客数目大致相等。

4. 设施定位模型

设施定位模型用于确定一个或多个设施的位置。在物流系统中，仓库和运输线共同组成了物流网络，仓库处于网络的节点上，节点决定着线路，如何根据供求的实际需要并结合经济效益的原则，在既定区域内设立多少仓库、每个仓库的位置、每个仓库的规模，以及仓库之间的物流关系等，运用此模型均能很容易地得到解决。

> **小贴士**
>
> GIS 的其他应用
>
> （1）**环境监测**：利用 GIS，建立全球环境变化监控系统，完成了全球热带雨林分布图、海岸线及海岸带资源与环境动态变化的监测，实现全球大气环流形势和海况预报。
>
> （2）**资源调查**：可以提供区域多条件下的资源统计和数据快速再现，为资源的合理利用、开发和科学管理提供依据。除此之外，还可用于不同层次和不同领域的资源调查与管理，如农业资源、林业资源和渔业资源等。
>
> （3）**监测预测**：使用 GIS 与卫星遥感相结合，对森林火灾、洪水灾情与环境污染等进行监控；使用数字统计方法，通过定量分析预测矿区分布。
>
> （4）**城市规划**：利用 GIS 实现多要素的分析和管理，可以实施城市和区域的多目标开发和规划，包括总体规划、建设用地适宜性评价、环境质量评价、道路交通规划和公共设施配置等。

任务发布

2019 年 3 月 27 日，上海义达物流有限公司武汉分公司的调度员陈超接到富通商贸发送过来的配送订单，要求将几批货物分别送到富通商贸的两个客户手中，具体的配送作业要求见表 1-8 和表 1-9（该客户的运费结算方式为月结，运力编号为 CY00020027）。陈超应当怎样利用公司的 GIS 配送优化系统完成车辆路线选择的任务呢？

表 1-8 配送作业通知单 1

编号：00121013080					
客户名称	富通商贸		是否有合约	是	是否取派 是 否√
发货人	李丽萍	联系电话 13800987660	收货人	王天强	联系电话 18944057839
发货地址	八达通仓库		收货地址	沃尔玛集团 - 武汉市东陵西路东区	
货物名称	批次	包装方式 数量（件）	总重量（kg） 总体积（m³）	发运日期 到货日期	备注
盒装牛奶	20190327	箱 30	60 1.2	20190327 20190327	优先配送
制单人：李天奇				制单时间：20190327	

表 1-9 配送作业通知单 2

编号：00121013081					
客户名称	富通商贸		是否有合约	是	是否取派 是 否√
发货人	李丽萍	联系电话 13800987660	收货人	瞿明	联系电话 18934307789
发货地址	八达通仓库		收货地址	大润发集团 - 武汉市沈水路 34 号	
货物名称	批次	包装方式 数量（件）	总重量（kg） 总体积（m³）	发运日期 到货日期	备注
矿泉水	20190327	箱 50	258 2.5	20190327 20190327	12:00 前送达
制单人：李天奇				制单时间：20190327	

任务操作

陈超利用上面所学的知识,完成了车辆路线选择的任务,具体操作步骤如下。

步骤一 配送订单处理

(1)登录配送优化系统界面,输入账号、密码,如图1-90所示,然后单击【确认】按钮。

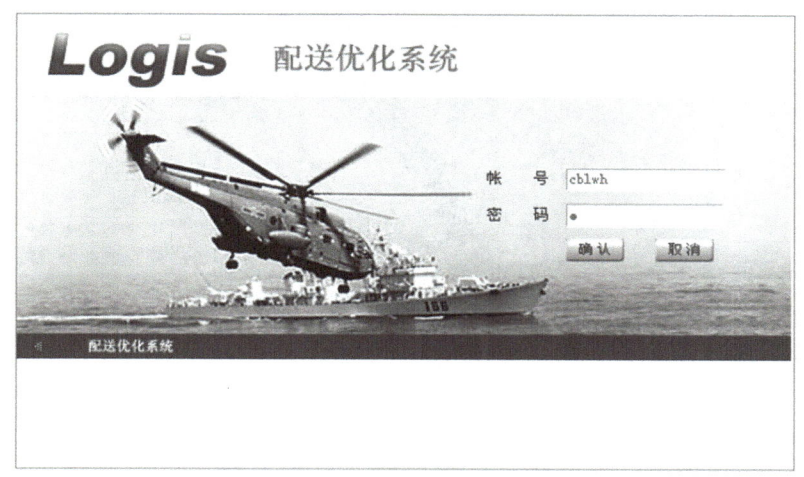

图1-90 系统登录界面

(2)进入到配送优化系统中。进入系统后,在操作界面中将直接展示地图信息,如图1-91所示。

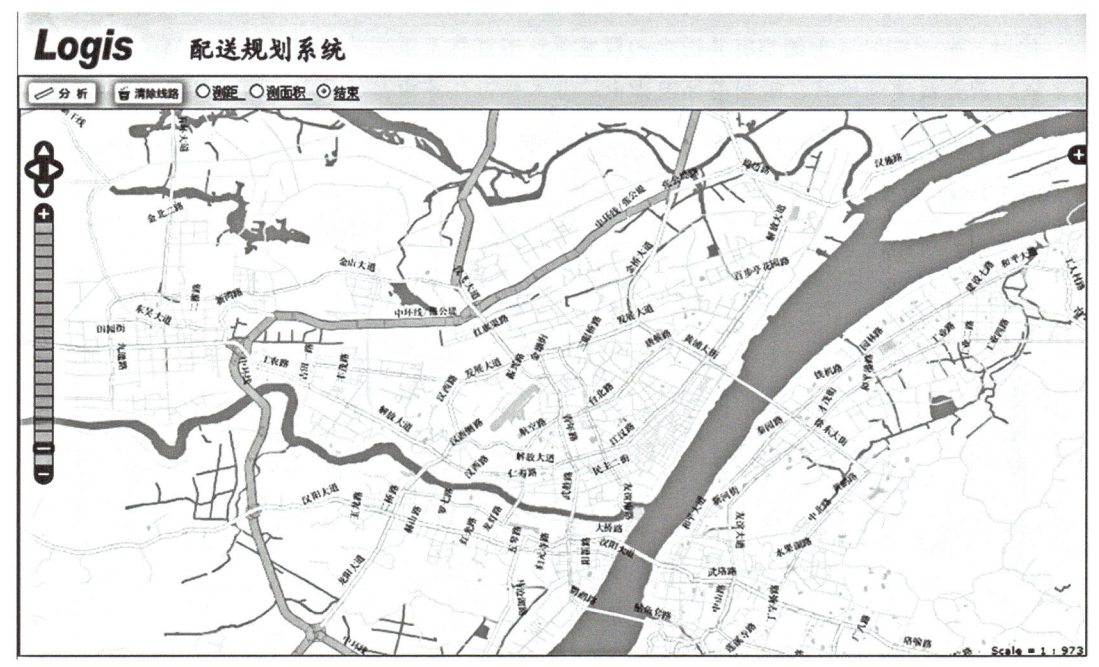

图1-91 系统主界面

(3)单击【分析】中的【配送调度】,进入到配送调度作业界面,如图1-92所示。

57

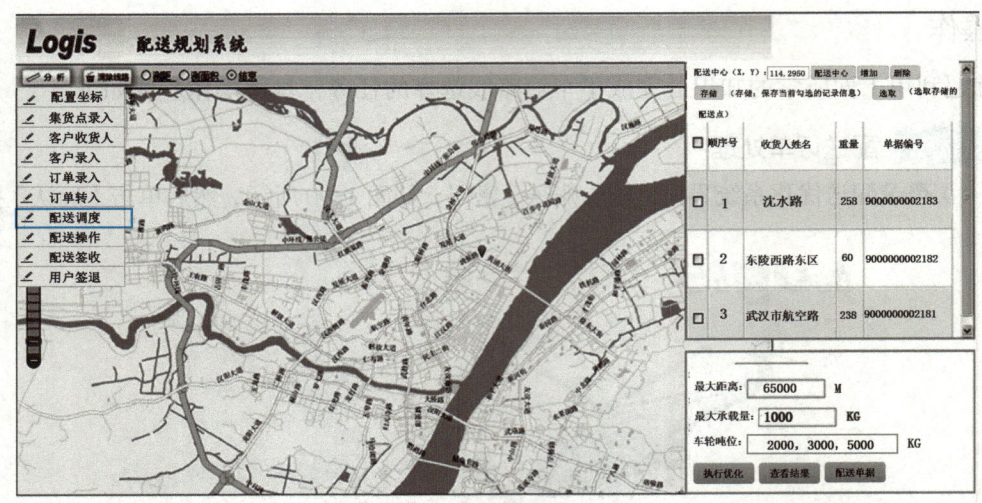

图 1-92 配送优化调度界面

（4）在配送调度界面的右侧，系统将配送中心的地理位置信息调出地图界面中，将最大距离设置为 65000m，最大承载量设置为 1000kg。

小贴士

物流企业在进行实际配送过程中，往往存在很多限制条件

为了保证司机有良好的工作状态，通常不会安排司机进行过长距离的配送操作。因此，我们通常会根据车辆的行驶速度和司机的最大工作时间，推算出一辆车当日最大行驶的千米数。在本学习任务中，将最大距离设置为 65000m。

同时，每一辆配送车辆都有其固定的载重量，不可能无限制地进行装载。因此，我们也需要将车辆的最大载重量填写在限制条件因素中。在本学习任务中，将最大承载量设置为 1000kg。

（5）选择待处理的配送订单 1，系统将会在地图中显示出该收货人的具体地理位置信息，如图 1-93 所示。

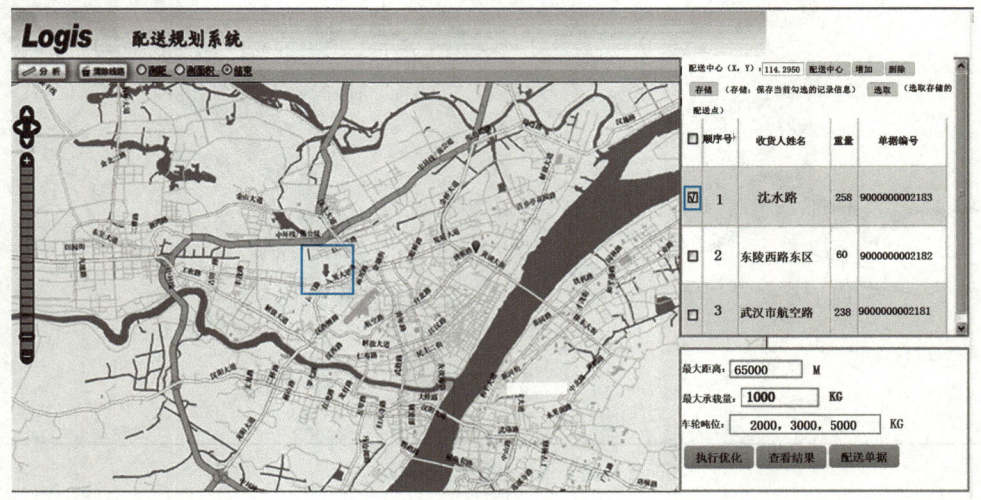

图 1-93 选择配送订单

（6）根据之前做出的优化调度选择，重复上面的操作，将配送订单2也选择出来，如图1-94所示。

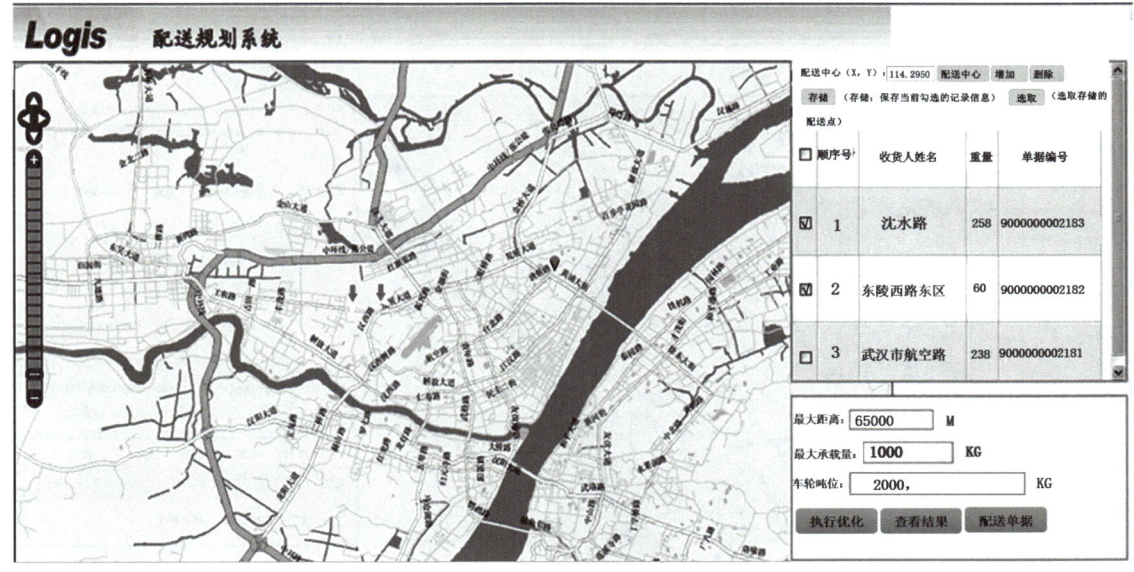

图1-94　订单位置显示

步骤二　配送路线优化

（1）单击【执行优化】按钮，系统将会按照最优路线优化算法，计算出此次配送的最优线路，如图1-95所示。

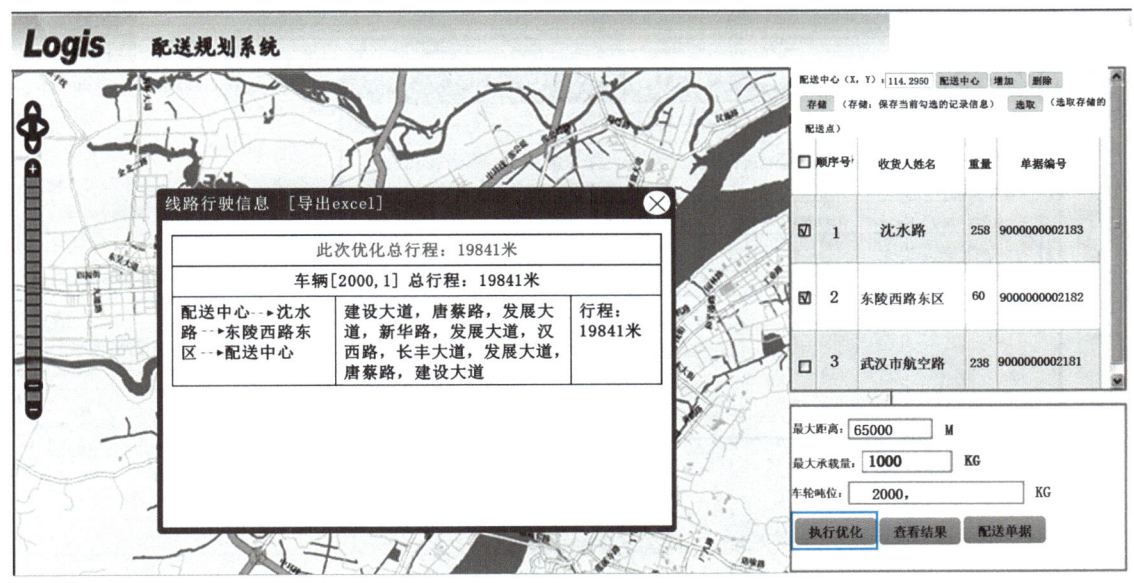

图1-95　配送优化路线信息

（2）在图 1-95 中，系统已经计算出此次配送的线路距离，同时还指出了车辆的整个行驶路程，单击【查看结果】按钮，就可以查看配送优化路线的信息，如图 1-96 所示。

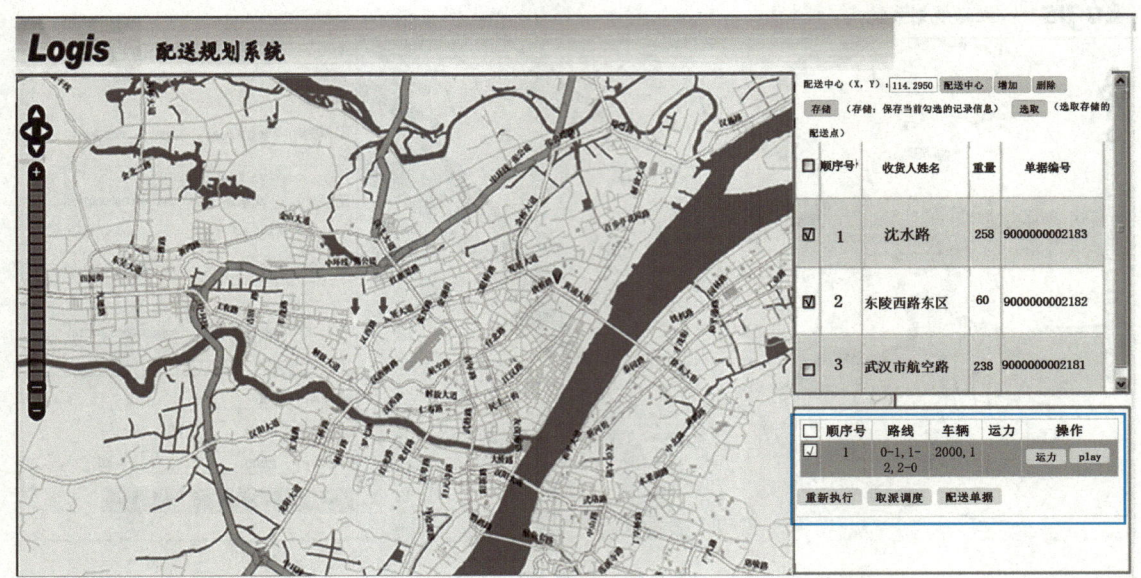

图 1-96　线路执行情况结果查询

（3）选择该条配送作业计划，单击【运力】按钮，系统将弹出配送车辆选择操作界面，如图 1-97 所示。

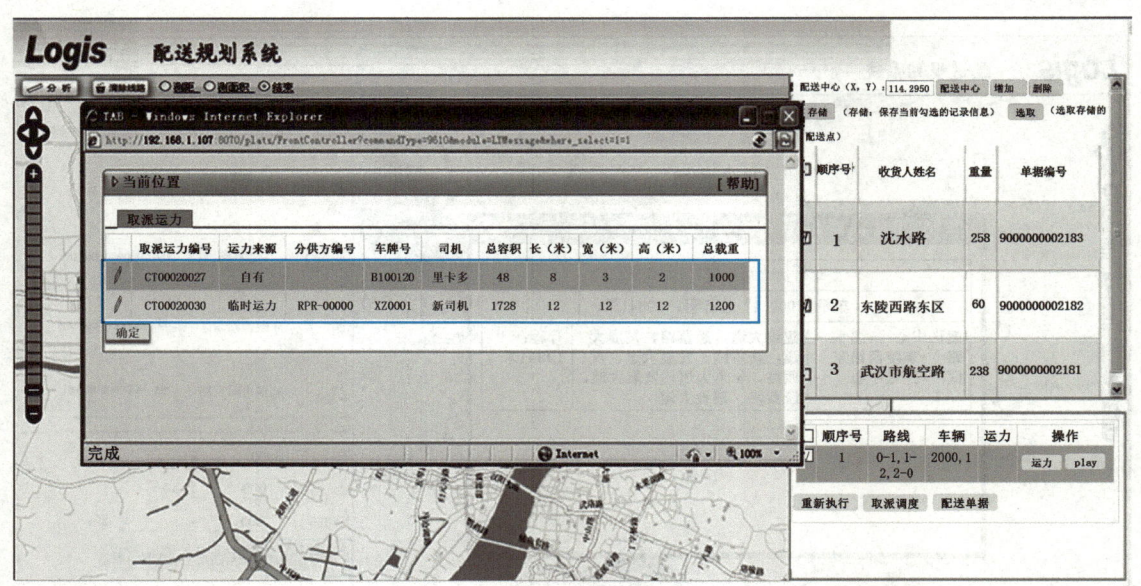

图 1-97　配送信息运力列表

（4）根据车辆的载重、容积特点，选择合适的配送运力，选择该条运力记录，如图1-98所示。

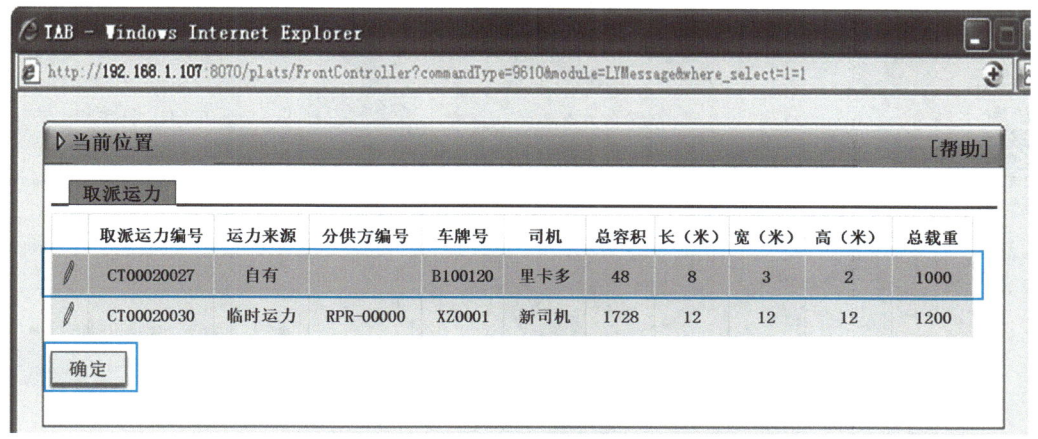

图1-98 运力选取操作

（5）单击【确定】按钮，此时返回到调度操作界面，系统将提取出运力的信息，如图1-99所示。

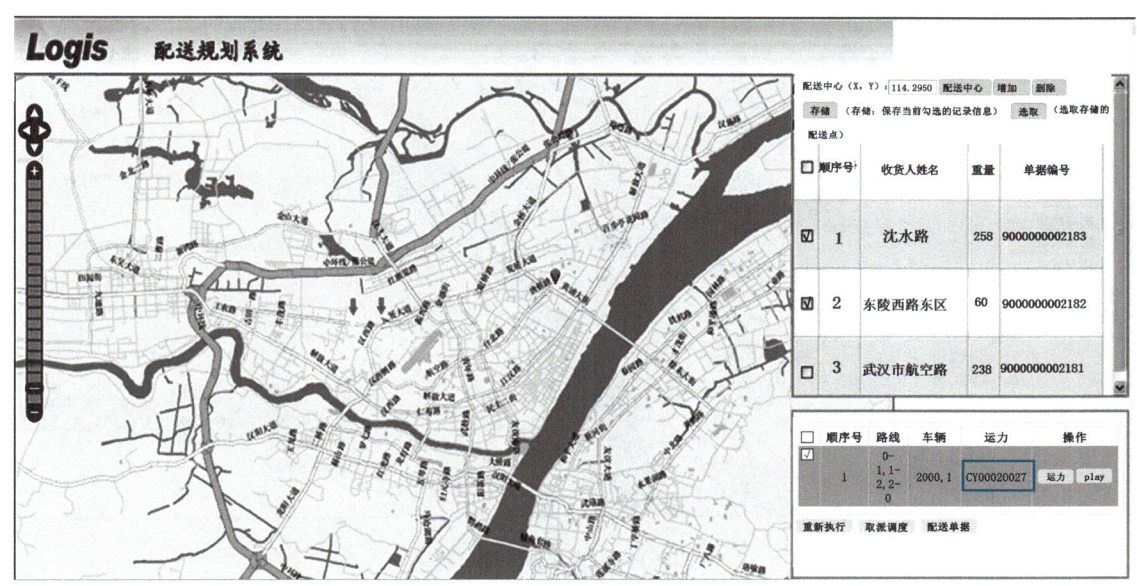

图1-99 运力信息提取结果

（6）单击【取派调度】按钮，系统将开始执行派送线路模拟操作，如图1-100所示。

（7）单击【发车】按钮，系统将在地图上显示具体的配送顺序和配送路线，如图1-101所示。

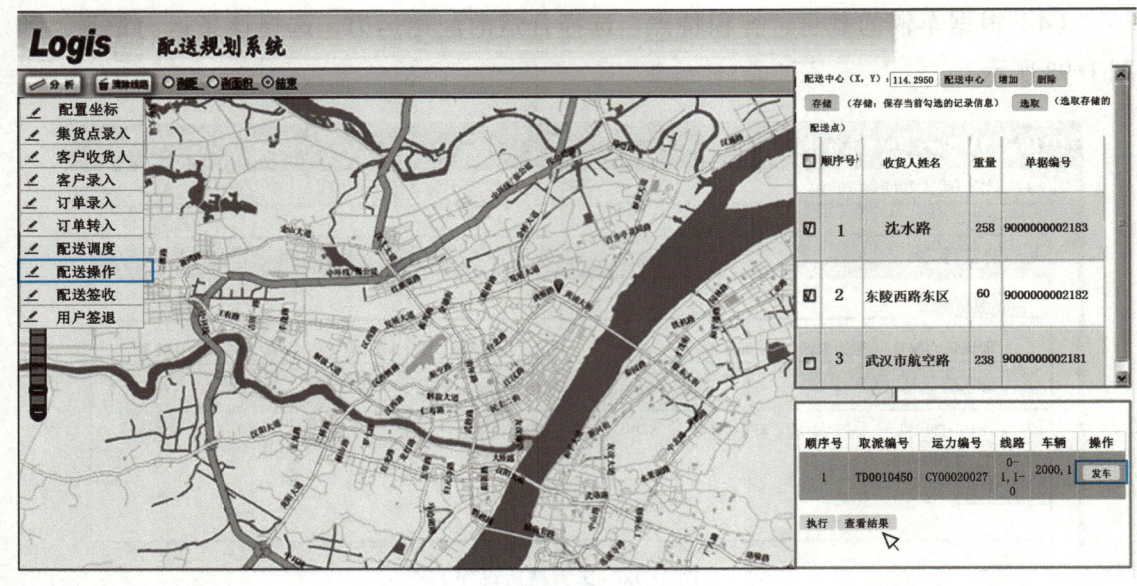

图 1-100　取派操作

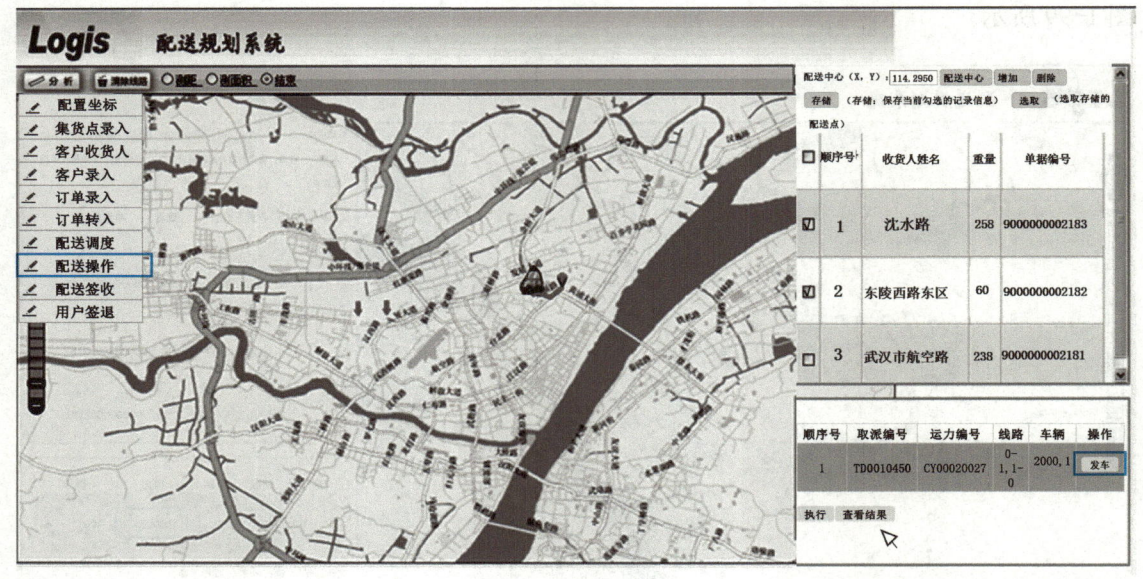

图 1-101　取派操作执行

小贴士

在一次路线优化操作结束后，下次路线优化操作前，为了避免之前的线路记录影响后续操作的视觉效果，可单击【清除线路】按钮，将已完成的运输结果数据清除，如图 1-102 所示，然后单击【确定】按钮即可。

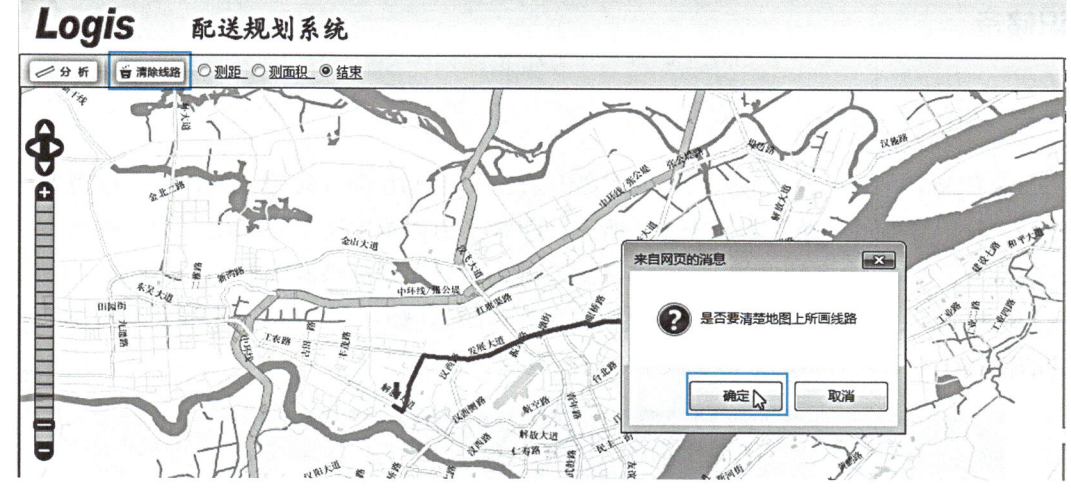

图 1-102　线路清除操作

任务评价

表 1-10　任务评价考核表

序　号	考　核　内　容	满　分	得　分
1	能够阐述 GIS 的定义	10	
2	能够理解 GIS 的特征	10	
3	能够熟知 GIS 的组成	10	
4	能够掌握 GIS 的工作原理	10	
5	能够明确 GIS 的作业流程	15	
6	能够熟知 GIS 技术在物流领域的应用情况	15	
7	能够利用 GIS 配送优化系统完成配送订单的处理	15	
8	能够利用 GIS 配送优化系统进行配送线路优化	15	
	合　　计	100	

学习任务五　GPS 技术认知与实训

学习目标

→ 能够阐述 GPS 的定义；
→ 能够熟知 GPS 的组成；
→ 能够掌握 GPS 的工作原理；
→ 能够熟知 GPS 技术在物流领域的应用情况；
→ 能够利用 GPS 完成车辆实时监控。

智能物流技术

知识储备

一、GPS 的概念

GPS（global positioning system，全球定位系统）是利用 GPS 定位卫星，在全球范围内实时进行定位、导航的系统，如图 1-103 所示。GPS 是由美国国防部研制建立的一种具有全方位、全天候、全时段、高精度的卫星导航系统，能为全球用户提供低成本、高精度的三维位置、速度和精确定时等导航信息，是卫星通信技术在导航领域的应用典范，它极大地提高了地球社会的信息化水平，有力地推动了数字经济的发展。

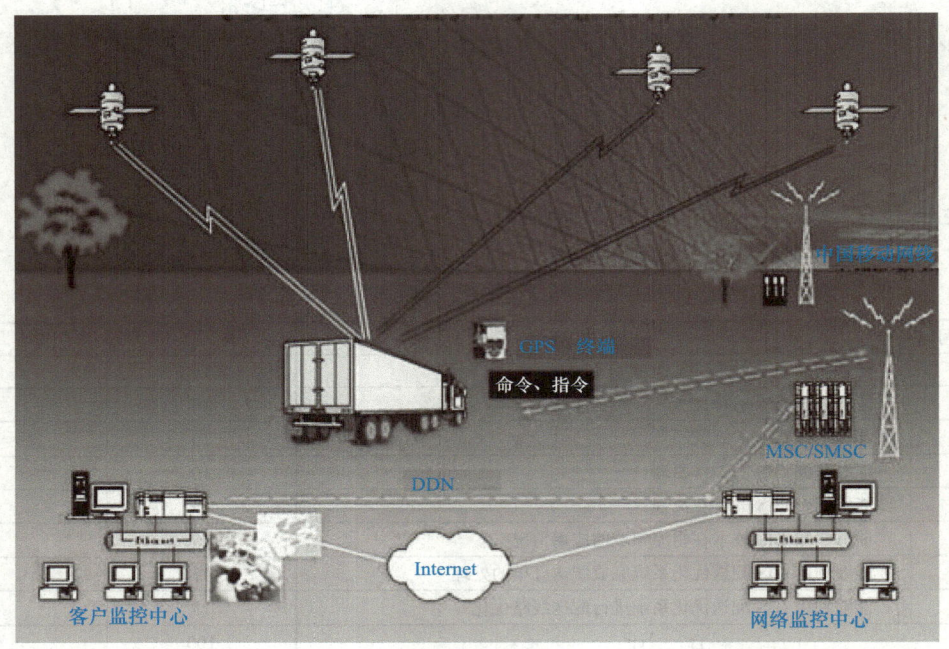

图 1-103 GPS

GPS 具有高精度、全天候、高效率、多功能、操作简便、应用广泛等特点。

1. 定位精度高

GPS 导航系统是以全球 24 颗定位人造卫星为基础，向全球各地全天候地提供三维位置、三维速度等信息的一种无线电导航定位系统。这 24 颗卫星（其中 4 颗备用）早已升空，分布在 6 条交点互隔 60°的轨道面上，距离地面约 20000km。已经实现单机导航精度约为 10m，综合定位精度可达厘米级和毫米级。但民用领域开放的精度约为 10m。

2. 观测时间短

随着 GPS 的不断完善，软件的不断更新，目前，20km 以内相对静态定位，仅需 15～20min；快速静态相对定位测量时，当每个流动站与基准站相距在 15km 以内时，流动站观测时间只需 1～2min，然后可随时定位，每站观测只需几秒。

二、GPS 的组成

整套 GPS 主要由空间部分、地面监控部分和用户设备部分组成，如图 1-104 所示。

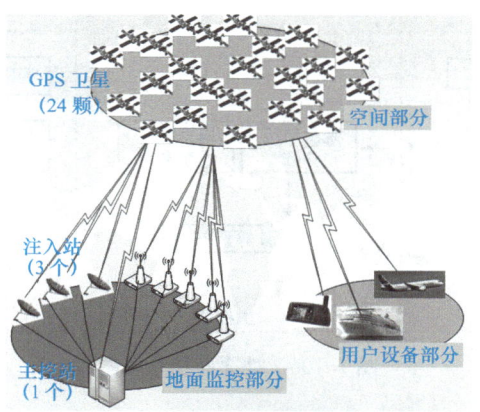

图 1-104　GPS 的组成

1. 空间部分

GPS 空间部分主要由 24 颗 GPS 卫星构成，其中 21 颗工作卫星，3 颗备用卫星，如图 1-105 所示。24 颗卫星运行在 6 个轨道平面上，运行周期为 12h。保证在任一时刻、任一地点高度角 15°以上都能够观测到 4 颗以上的卫星。

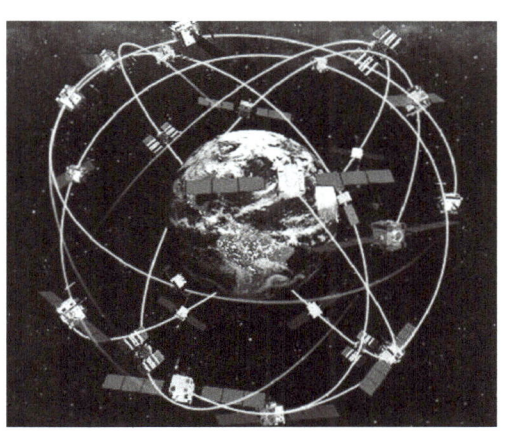

图 1-105　GPS 空间部分直观图

2. 地面监控部分

地面监控部分主要包括 1 个主控站、3 个注入站和 5 个监控站。主控站主要负责采集数据、编辑导航电文、调整卫星等功能。注入站主要负责将主控站计算出的卫星星历和卫星时钟的改正数等信息注入卫星中，同时注入站能够以一定的间隔时间向主控站报告自身的工作状态。监控站主要负责接收卫星信号、检测卫星运行状态、收集天气数据，并将这些信息传送给主控站，如图 1-106 所示。

智能物流技术

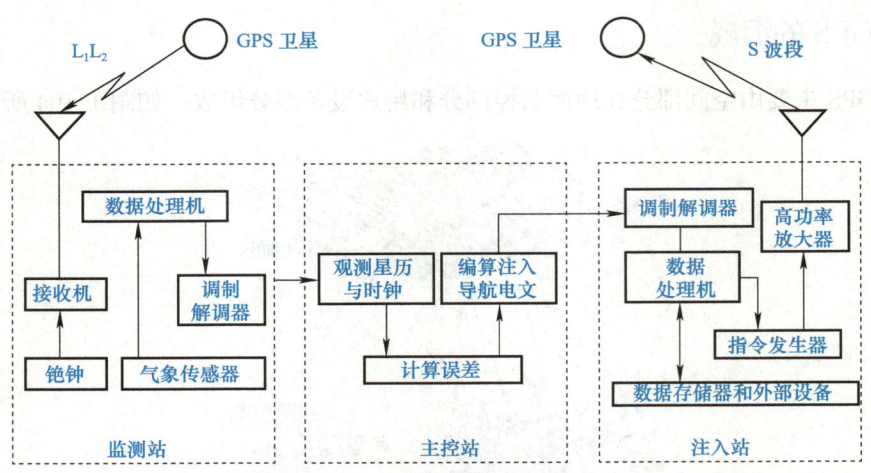

图 1-106 地面监控系统图

3. 用户设备部分

GPS 用户设备部分包含 GPS 接收器及相关设备。GPS 接收器主要由 GPS 芯片构成,如车载、船载 GPS 导航仪,内置 GPS 功能的移动设备,GPS 测绘设备等都属于 GPS 用户设备,这些设备主要负责接收、跟踪、变换和测量 GPS 信号,是 GPS 的消费者。

以上的 3 个部分共同构成了一套完整的 GPS,用户通过测量太空中各可视卫星的距离来计算他们当前的三维空间信息。

三、GPS 技术的工作原理

GPS 定位实际上就是通过 4 颗已知位置的卫星来确定 GPS 接收器的位置。GPS 导航系统的基本原理是测量出已知位置的卫星到用户接收机之间的距离,然后综合多颗卫星的数据就可知道接收机的具体位置,如图 1-107 所示。要达到这一目的,卫星的位置可以根据星载时钟所记录的时间在卫星星历中查出。

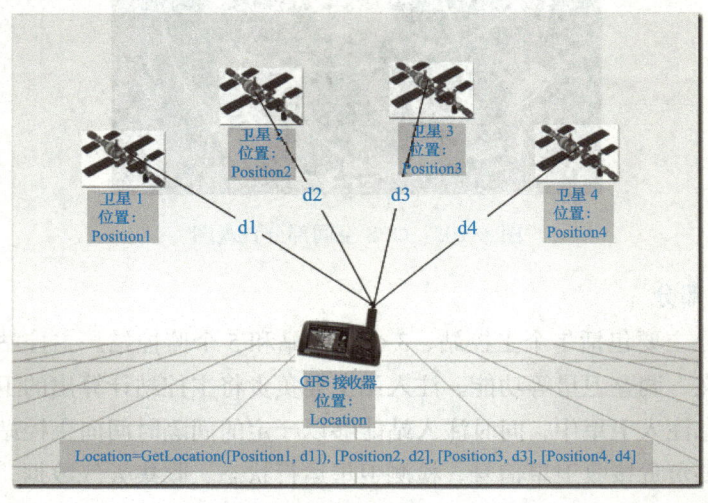

图 1-107 GPS 技术的工作原理

四、GPS 在物流中的应用

在物流管理中，GPS 是非常先进和实用的工具。GPS 技术在物流业中的应用主要有配送车辆的自定位、跟踪调度、陆地救援；内河及远洋轮船的最佳航程和安全航线的测定，航向的实时调度、监测及水上救援；航空的空中交通管理、精密进场着陆、航路导航和监视等。

具体来看，目前 GPS 在货物配送中主要发挥着如下的作用。

1. 用于汽车自定位，跟踪调度

利用 GPS 的计算机管理信息系统，可以通过 GPS 和计算机网络实时收集公路汽车所运货物的动态信息，可实现汽车、货物追踪管理。并及时地进行汽车的调度管理，如图 1-108 所示。

图 1-108　车载导航系统

GPS 用于导航的应用十分广泛，但你具体有了解过它吗？请观看本书配套资源素材包中的视频"1-10　GPS 导航介绍"，并讨论以下问题：

（1）GPS 的导航到底是什么原理呢？

（2）生活中你会使用它来导航吗？

2. 用于铁路运输管理

我国铁路开发的基于 GPS 的计算机管理信息系统，可以通过 GPS 和计算机网络随时收集全路列车、机车、车辆、集装箱及所运货物的动态信息，可实现列车、货物追踪管理。只要知道货车的车种、车型、车号，就可以立即从近 10 万千米的铁路网上流动着的几十万辆货车中找到该货车，还能得知这辆货车现在在何处运行或停在何处以及所有的车载货物发货信息。铁路部门运用这项技术可大大提高其路网及其运营的透明度，为货主提供更高质量的服务。

3. 用于物流配送

GPS 的建立给导航和定位技术带来了巨大的变化，它从根本上解决了人类在地球上的导航和定位问题，可以满足不同用户的需要。目前，GPS 技术备受人们关注，其中一个重要的原因是 GPS 的诸多功能在物流领域的运用已被证明是卓有成效的，尤其是在货物配送领域中。由于货物配送过程是实物的空间位置转移过程，因此对可能涉及的货物的运输、仓储、装卸、配送等处理环节的问题如运输路线的选择、仓库位置的选择、仓库的容量设备、合理装卸策略、运输车辆的调度和投递路线的选择都可以通过运用 GPS 进行有效的管理和决策分析，这无疑

智能物流技术

将有助于配送企业有效地利用现有资源降低消耗、提高效率，如图 1-109 所示。

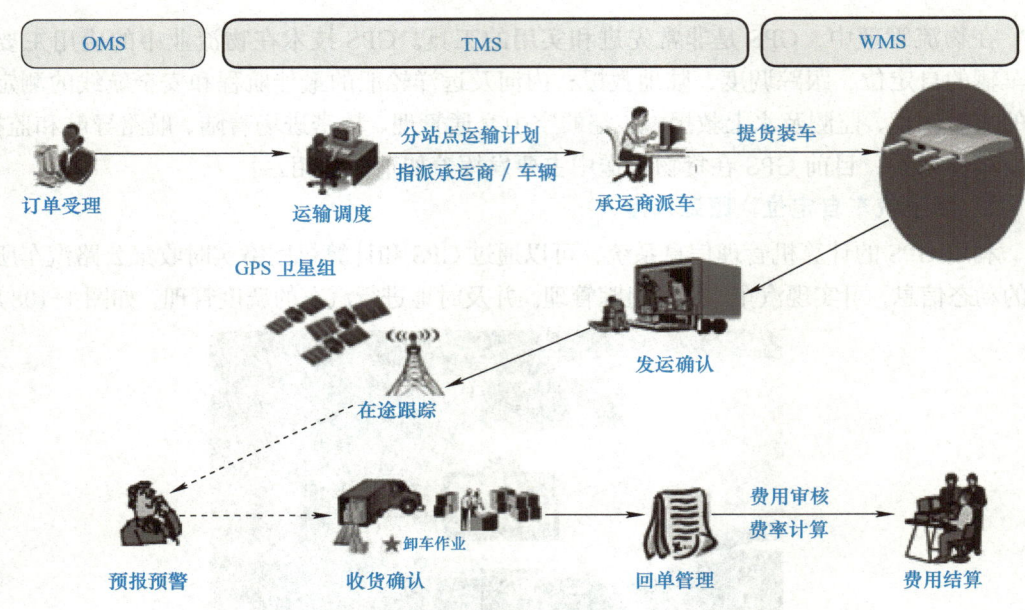

图 1-109　GPS 与其他系统的关系

4. 用于军事物流

GPS 首先是因为军事目的而建立的，在军事物流中，如后勤装备的保障等方面，应用相当普遍，尤其是在美国，其在世界各地驻扎的大量军队无论是在战时还是在平时都对后勤补给提出很高的需求，在战争中，如果不依赖 GPS，美军的后勤补给就会变得混乱不堪，如图 1-110 所示。

图 1-110　GPS 用于军事物流

任务发布

在企业实际的配送过程中，运输车辆发车后，客服员需要对车辆进行实时监控，以便掌握车辆的实时信息，及时向客户反馈或调整运输计划。2019 年 3 月 27 日，北京长风物流有限公司为富通商贸的配送订单发车后，由客服王婷婷负责对该订单的执行情况进行监控，订单的相关信息见表1-11和表1-12。王婷婷应当怎样利用公司的GPS完成车辆实时监控的任务呢？

表1-11 配送作业通知单1

编号：00121013080							
客户名称	富通商贸		是否有合约	是	是否取派	是 否√	
发货人	李丽萍	联系电话	13800987660	收货人	王天强	联系电话	18944057839
发货地址	八达通仓库			收货地址	沃尔玛集团-武汉市东陵西路东区		
货物名称	批次	包装方式	数量（件）	总重量（kg）	总体积（m³）	发运日期	到货日期	备注
盒装牛奶	20190327	箱	30	60	1.2	20190327	20190327	优先配送
制单人：李天奇				制单时间：20190327			

表1-12 配送作业通知单2

编号：00121013081							
客户名称	富通商贸		是否有合约	是	是否取派	是 否√	
发货人	李丽萍	联系电话	13800987660	收货人	瞿明	联系电话	18934307789
发货地址	八达通仓库			收货地址	大润发集团-武汉市沈水路34号		
货物名称	批次	包装方式	数量（件）	总重量（kg）	总体积（m³）	发运日期	到货日期	备注
矿泉水	20190327	箱	50	258	2.5	20190327	20190327	12:00前送达
制单人：李天奇				制单时间：20170327			

任务操作

王婷婷利用上面学到的知识，完成了车辆实时监控的任务，具体操作步骤如下。

步骤一 实时查询

（1）打开系统，输入用户名和密码，如图 1-111 所示，单击【登录】按钮登录系统。

图 1-111 系统登录页面

（2）在登录后的界面右上角单击【位置查询】按钮，屏幕左侧的车辆列表框中就会显示出所有车辆的列表信息，如图 1-112 所示。

图 1-112 车辆列表

（3）单击需查询车辆（B100120-里卡多）左侧的"小眼睛"图标，地图上就会显示当前车辆所在的地理位置，并能显示出车辆行驶经过的轨迹，如图 1-113 所示。

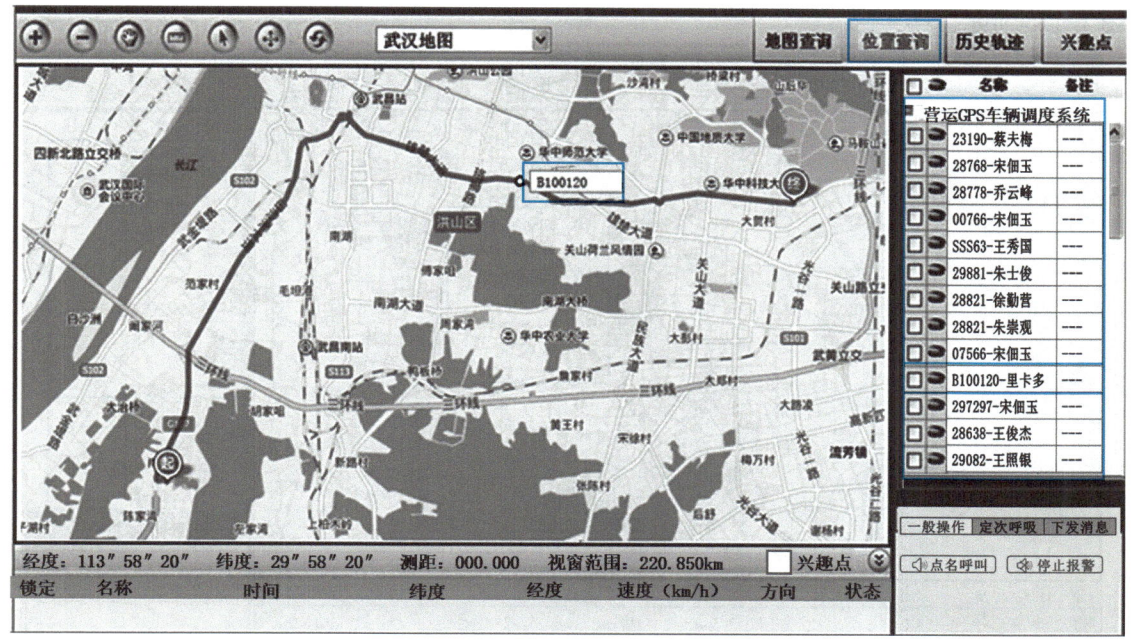

图 1-113　车辆行驶轨迹

（4）当鼠标指针移动到地图上的车辆位置时，可显示出车辆的详细信息，包括车辆资料、车辆位置信息、速度信息、状态信息、冷藏车温度、载重情况等，如图 1-114 所示。

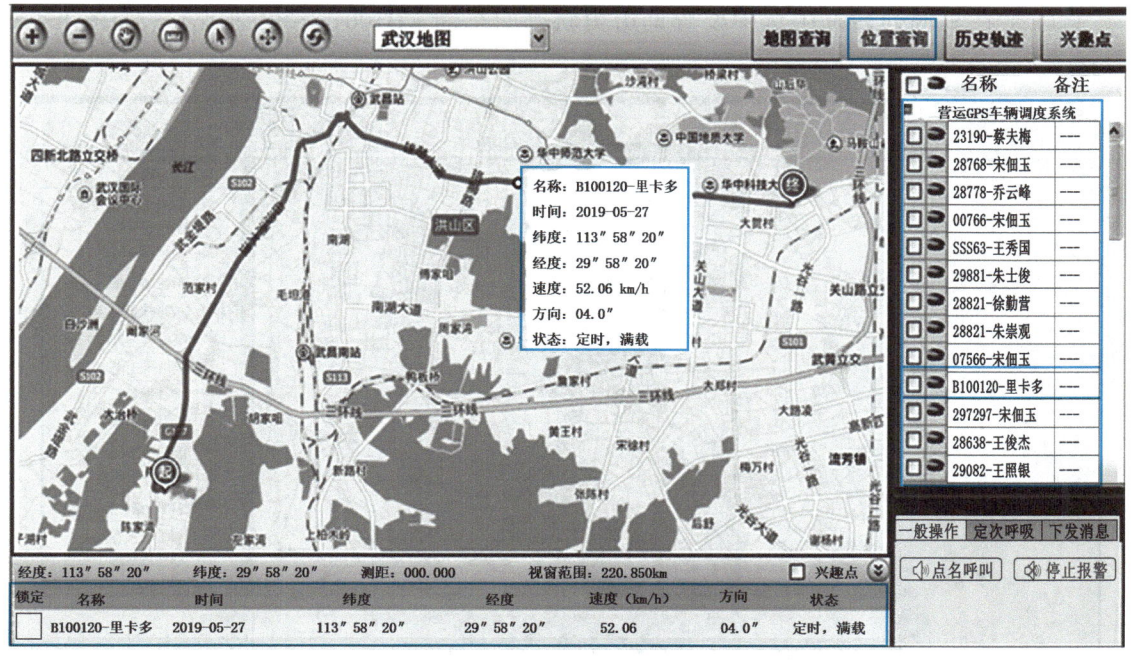

图 1-114　车辆实时信息

（5）当选中车辆位置信息列表框中车辆信息左侧的复选框时，可以锁定车辆，实施锁定后系统会根据车载终端上报的信息，实时刷新当前显示，以便查看当前车辆运行情况，如

图 1-115 所示。

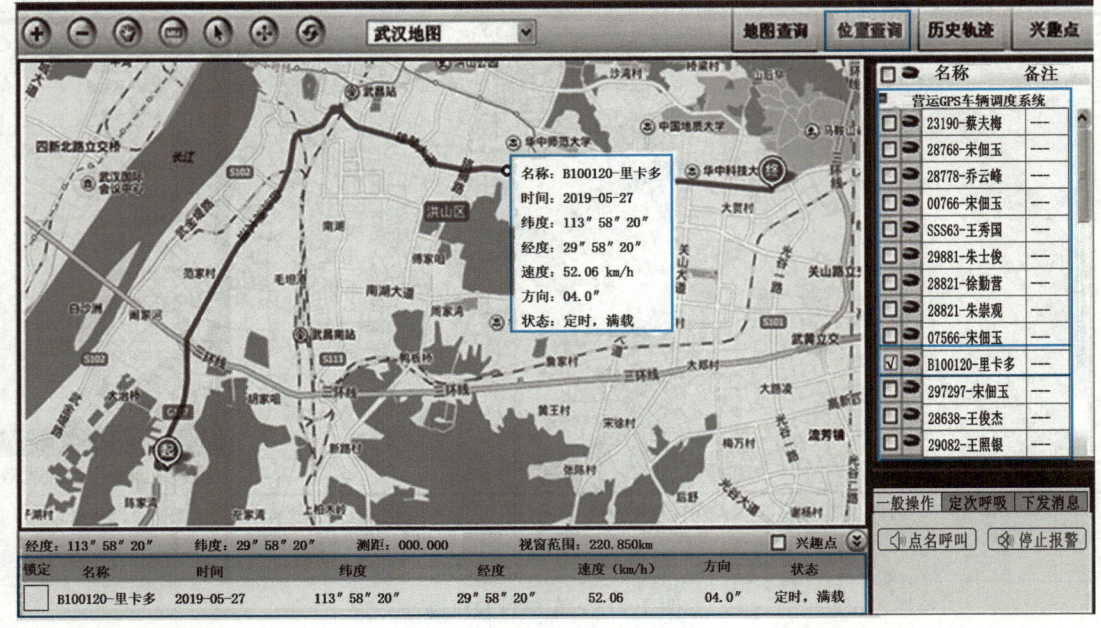

图 1-115 锁定车辆

步骤二 历史查询

（1）在车辆列表框中选中要查询历史轨迹的车辆（B100120-里卡多），如图 1-116 所示。

图 1-116 选中查询车辆

（2）选择起止时间段和轨迹数量，单击【查询】按钮开始查询，如图1-117所示。

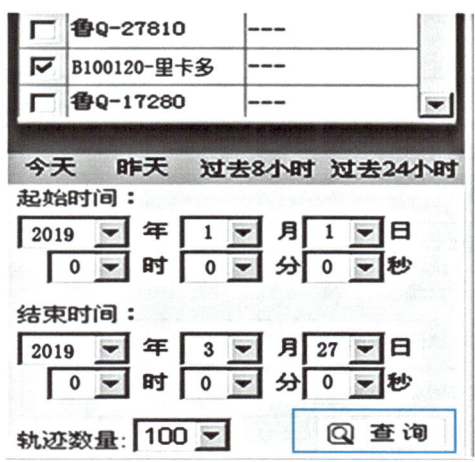

图1-117　查询历史轨迹

（3）查询出的轨迹信息会以轨迹点列表的方式显示出来。单击列表中的某一项，会在地图上加亮显示该轨迹点；各点相连就可以动态回放车辆的运行轨迹，如图1-118所示。

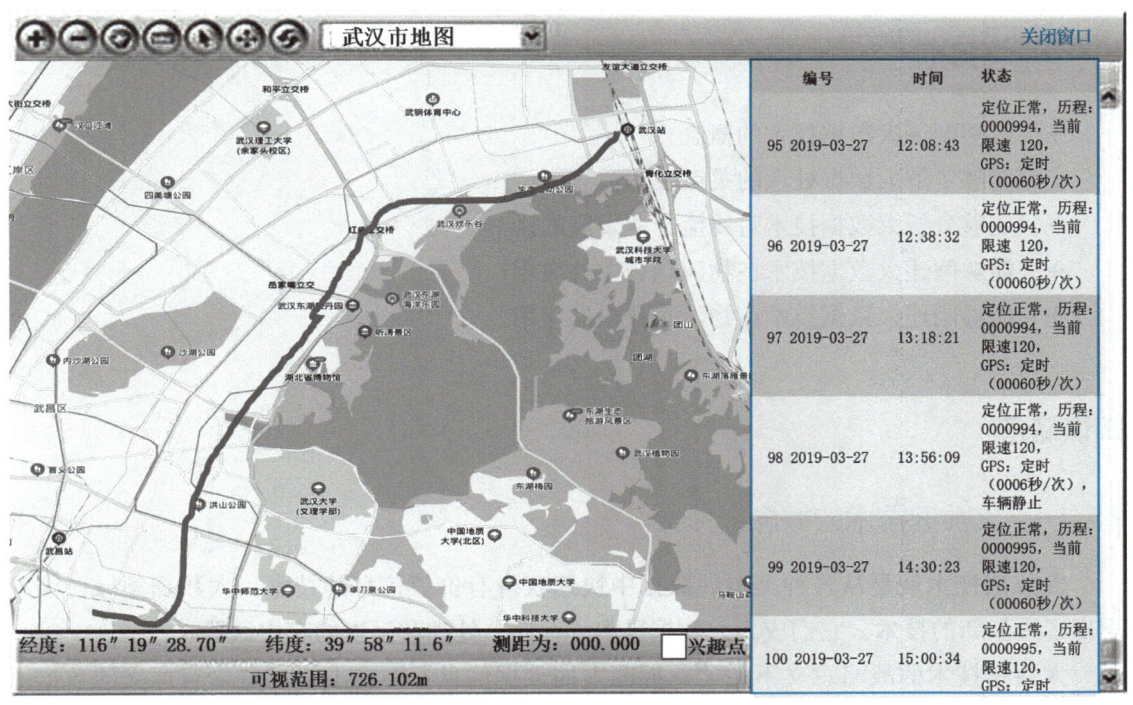

图1-118　历史轨迹重放

任务评价

表 1-13 任务评价考核表

序 号	考 核 内 容	满 分	得 分
1	能够阐述 GPS 的定义	10	
2	能够说出 GPS 的特点	10	
3	能够熟知 GPS 的组成	10	
4	能够掌握 GPS 的工作原理	10	
5	能够熟知 GPS 技术在物流领域的应用情况	15	
6	能够利用 GPS 完成车辆实时监控	15	
7	能够利用 GPS 完成车辆的实时查询	15	
8	能够利用 GPS 进行车辆历史轨迹查询	15	
	合　计	100	

学习任务六　大数据技术认知与讨论

学习目标

- 能够阐述大数据技术的概念；
- 能够了解大数据处理的关键技术；
- 能够分析大数据技术对物流企业发展的影响；
- 能够阐述大数据技术在物流领域中的应用；
- 能够阐述大数据技术在物流企业中的应用。

知识储备

一、大数据技术的概念

大数据技术就是从各种类型的数据中快速获得有价值信息的技术。大数据领域已经涌现出了大量新的技术，它们成为大数据采集、存储、处理和呈现的有力武器。

大数据技术的战略意义不在于掌握庞大的数据信息，而在于对这些含有意义的数据进行专业化处理。换而言之，如果把大数据比作一种产业，那么这种产业实现盈利的关键，在于提高对数据的"加工能力"，通过"加工"实现数据的"增值"。

小贴士

物流大数据的概念

所谓物流的大数据，即运输、仓储、搬运装卸、包装及流通加工等物流环节中涉及的数据、信息等。通过大数据分析可以提高运输与配送效率、减少物流成本、更有效地满足客户服务要求。将所有货物流通的数据、物流快递公司、供求双方有效结合，形成一个巨大的即时信息平台，从而实现快速、高效、经济的物流。信息平台不是简单地为企业客户的物流活动提供管理服务，而是通过对企业客户所处供应链的整个系统或行业物流的整个系统进行详细分析后，提出具有指导意义的解决方案。许多专业从事物流数据信息平台的企业形成了物流大数据行业。

大数据技术已无处不在，对于大数据技术你了解多少呢？请观看本书配套资源素材包中的视频"1-11　什么是大数据"，并讨论以下问题：

（1）什么是大数据？

（2）大数据有什么用呢？

二、大数据的发展阶段

大数据的发展可以分为 3 个阶段。

第一阶段是数的产生，早在公元前 4000 年，两河流域的苏美尔人将各种形状的小的黏土记号像珠子一样串在一起，保留记数实物来记数信息。

第二阶段是产生于近代的数据科学，是以统计学作为基础，一个重要的假设就是采样遵守独立同分布，其中很大的原因就是当时的技术对于巨量的数据无法进行计算，或者成本高昂无法承受。2014 年，随着技术的发展，特别是云计算等技术的成熟，巨量数据的计算存储都不再是问题，并且大数据应用显现出巨大价值。

第三阶段，大数据时代就到来了。大数据时代的显著特征之一就是可以利用数据的相关性来解决问题，而不只是依赖因果关系，创新的数据应用开始层出不穷。而基于大数据技术的深度学习等人工智能的发展，特别是 AlphaGo 的成功，是个标志性事件，让我们更加认识到大数据技术可以突破人的认知能力极限，因此，一个真正革新的时代来临了。

三、大数据处理的关键技术

大数据处理关键技术一般包括大数据采集、大数据预处理、大数据存储及管理、大数据分析及挖掘、大数据展现和应用（大数据检索、大数据可视化、大数据应用、大数据安全等），如图 1-119 所示。

1. 大数据采集技术

数据是指通过 RFID 射频数据、传感器数据、社交网络交互数据及移动互联网数据等方式获得的各种类型的结构化、半结构化（或称之为弱结构化）及非结构化的海量数据，是大数据知识服务模型的根本。其重点是要突破分布式高速高可靠数据爬取或采集、高速数据全映像等大数据收集技术；突破高速数据解析、转换与装载等大数据整合技术；设计质量评估模型，开发数据质量技术。

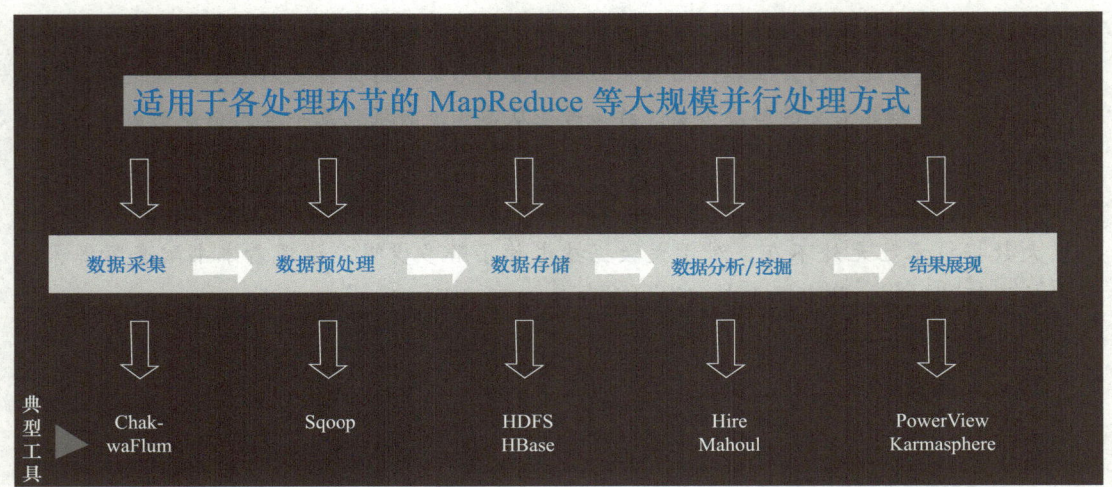

图 1-119　大数据处理的关键技术

大数据采集一般分为大数据智能感知层，主要包括数据传感体系、网络通信体系、传感适配体系、智能识别体系及软硬件资源接入系统，实现对结构化、半结构化、非结构化的海量数据的智能化识别、定位、跟踪、接入、传输、信号转换、监控、初步处理和管理等；其必须着重攻克针对大数据源的智能识别、感知、适配、传输、接入等技术。基础支撑层，提供大数据服务平台所需的虚拟服务器，结构化、半结构化及非结构化数据的数据库及物联网络资源等基础支撑环境；其重点攻克分布式虚拟存储技术，大数据获取、存储、组织、分析和决策操作的可视化接口技术，大数据的网络传输与压缩技术，大数据隐私保护技术等。

2. 大数据预处理技术

大数据预处理技术主要完成对已接收数据的辨析、抽取、清洗等操作。

（1）抽取。因获取的数据可能具有多种结构和类型，数据抽取过程可以帮助我们将这些复杂的数据转化为单一的或便于处理的构型，以达到快速分析处理的目的。

（2）清洗。对于大数据，并不全是有价值的，有些数据并不是我们所关心的内容，而另一些数据则是完全错误的干扰项，因此要对数据通过过滤"去噪"从而提取出有效数据。

3. 大数据存储及管理技术

大数据存储与管理要用存储器把采集到的数据存储起来，建立相应的数据库，并进行管理和调用。其重点解决复杂结构化、半结构化和非结构化大数据管理与处理技术；主要解决大数据的可存储、可表示、可处理、可靠性及有效传输等几个关键问题。

要实现大数据存储与管理，就需要：

（1）开发可靠的分布式文件。系统（distributed file system，DFS）、能效优化的存储、计算融入存储、大数据的去冗余及高效低成本的大数据存储技术；突破分布式非关系型大数据管理与处理技术，异构数据的数据融合技术，数据组织技术，研究大数据建模技术；突破大数据索引技术；突破大数据移动、备份、复制等技术；开发大数据可视化技术。

（2）开发新型数据库技术。数据库分为关系型数据库、非关系型数据库及数据库缓存系统。其中，非关系型数据库主要指的是 NoSQL 数据库，分为键值数据库、列存数据库、图存数据库及文档数据库等类型。关系型数据库包含了传统关系数据库系统及 NewSQL 数据库。

（3）开发大数据安全技术。改进数据销毁、透明加解密、分布式访问控制、数据审计等技术；突破隐私保护和推理控制、数据真伪识别和取证、数据持有完整性验证等技术。

4. 大数据分析及挖掘技术

大数据分析技术，改进已有数据挖掘和机器学习技术；开发数据网络挖掘、特异群组挖掘、图挖掘等新型数据挖掘技术；突破基于对象的数据连接、相似性连接等大数据融合技术；突破用户兴趣分析、网络行为分析、情感语义分析等面向领域的大数据挖掘技术。

数据挖掘就是从大量的、不完全的、有噪声的、模糊的、随机的实际应用数据中，提取隐含在其中的、人们事先不知道的、但又是潜在有用的信息和知识的过程。数据挖掘涉及的技术方法很多，有多种分类法。根据挖掘任务可分为分类或预测模型发现、数据总结、聚类、关联规则发现、序列模式发现、依赖关系或依赖模型发现、异常和趋势发现等；根据挖掘对象可分为关系数据库、面向对象数据库、空间数据库、时态数据库、文本数据源、多媒体数据库、异质数据库、遗产数据库及环球网 Web；根据挖掘方法分，可粗分为机器学习方法、统计方法、神经网络方法和数据库方法。机器学习中，可细分为归纳学习方法（决策树、规则归纳等）、基于范例学习、遗传算法等。统计方法中，可细分为回归分析（多元回归、自回归等）、判别分析（贝叶斯判别、费歇尔判别、非参数判别等）、聚类分析（系统聚类、动态聚类等）、探索性分析（主元分析法、相关分析法等）等。神经网络方法中，可细分为前向神经网络（BP 算法等）、自组织神经网络（自组织特征映射、竞争学习等）等。数据库方法主要是多维数据分析或 OLAP 方法，另外还有面向属性的归纳方法。

从挖掘任务和挖掘方法的角度，着重突破以下几方面。

（1）可视化分析。数据可视化无论对于普通用户或是数据分析专家，都是最基本的功能。数据图像化可以让数据自己说话，让用户直观地感受到结果。

（2）数据挖掘算法。图像化是将机器语言翻译给人看，而数据挖掘就是机器的母语。分割、集群、孤立点分析还有各种各样的算法让我们精炼数据，挖掘价值。

（3）预测性分析。预测性分析可以让分析师根据图像化分析和数据挖掘的结果做出一些前瞻性判断。

（4）语义引擎。语义引擎需要设计到有足够的人工智能以足以从数据中主动地提取信息。语言处理技术包括机器翻译、情感分析、舆情分析、智能输入、问答系统等。

（5）数据质量和数据管理。数据质量与管理是管理的最佳实践，透过标准化流程和机器对数据进行处理可以确保获得一个预设质量的分析结果。

5. 大数据展现和应用技术

大数据技术能够将隐藏于海量数据中的信息和知识挖掘出来，为人类的社会经济活动提供依据，从而提高各个领域的运行效率，大大提高整个社会经济的集约化程度。在我国，大数据将重点应用于以下三大领域：商业智能、政府决策、公共服务。例如，商业智能技术、政府决策技术、电信数据信息处理与挖掘技术、电网数据信息处理与挖掘技术、气象信息分析技术、环境监测技术、警务云应用系统（道路监控、视频监控、网络监控、智能交通、反电信诈骗、指挥调度等公安信息系统）、大规模基因序列分析比对技术、Web信息挖掘技术、多媒体数据并行化处理技术、影视制作渲染技术及其他各种行业的云计算和海量数据处理应用技术等。

四、大数据对物流企业发展的影响

1. 信息对接，掌握企业运作信息

在信息化时代，网购呈现出一种不断增长的趋势，规模已经达到了空前巨大的地步，这给网购之后的物流带来了沉重的负担，对每一个节点的信息需求也越来越多。每一个环节产生的数据都是海量的，过去传统数据收集、分析处理方式已经不能满足物流企业对每一个节点的信息需求，这就需要通过大数据把信息对接起来，将每个节点的数据收集并且整合，通过数据中心分析、处理转化为有价值的信息，从而掌握物流企业的整体运作情况。

2. 提供依据，帮助物流企业做出正确的决策

传统的根据市场调研和个人经验来进行决策已经不能适应这个数据化的时代，只有真实的、海量的数据才能真正反映市场的需求变化。通过对市场数据的收集、分析处理，物流企业可以了解到具体的业务运作情况，能够清楚地判断出哪些业务带来的利润率高、增长速度较快等，把主要精力放在真正能够给企业带来高额利润的业务上，避免无端的浪费。同时，通过对数据的实时掌控，物流企业还可以随时对业务进行调整，确保每个业务都可以带来盈利，从而实现高效的运营。

3. 培养客户黏性，避免客户流失

网购人群的急剧膨胀，使客户越来越重视物流服务的体验，希望物流企业能够提供最好的服务，甚至掌控物流业务运作过程中商品配送的所有信息。这就需要物流企业以数据中

心为支撑，通过对数据挖掘和分析，合理地运用这些分析成果，进一步巩固和客户之间的关系，增加客户的信赖，培养客户的黏性，避免客户流失。

4. 数据"加工"从而实现数据"增值"

在物流企业运营的每个环节中，只有一小部分结构化数据是可以直接分析利用的，绝大部分非结构化数据必须要转化为结构化数据才能储存分析。这就造成了并不是所有的数据都是准确的、有效的，很大一部分数据都是延迟、无效、甚至是错误的。物流企业的数据中心必须要对这些数据进行"加工"，从而筛选出有价值的信息，实现数据的"增值"。

五、大数据在物流领域中的应用

1. 大数据在物流决策中的应用

在物流决策中，大数据技术应用涉及竞争环境的分析与决策、物流供给与需求匹配、物流资源优化与配置等。

在竞争环境分析中，为了达到利益的最大化，需要与合适的物流或电商等企业合作，对竞争对手进行全面的分析，预测其行为和动向，从而了解在某个区域或是在某个特殊时期，应该选择的合作伙伴。

物流的供给与需求匹配方面，需要分析特定时期、特定区域的物流供给与需求情况，从而进行合理的配送管理。供需情况也需要采用大数据技术，从大量的半结构化网络数据，或企业已有的结构化数据，即二维表类型的数据中获得。

物流资源的配置与优化方面，主要涉及运输资源、存储资源等。物流市场有很强的动态性和随机性，需要实时分析市场变化情况，从海量的数据中提取当前的物流需求信息，同时对已配置和将要配置的资源进行优化，从而实现对物流资源的合理利用。

2. 大数据在物流企业行政管理中的应用

在企业行政管理中也同样可以应用大数据相关技术。例如，在人力资源方面，在招聘人才时，需要选择合适的人才，对人才进行个性分析、行为分析、岗位匹配度分析；对在职人员同样也需要进行忠诚度、工作满意度等分析。

3. 大数据在物流客户管理中的应用

大数据在物流客户管理中的应用主要表现在客户对物流服务的满意度分析、老客户的忠诚度分析、客户的需求分析、潜在客户分析、客户的评价与反馈分析等方面。

4. 大数据在物流智能预警中的应用

物流业务具有突发性、随机性、不均衡性等特点，通过大数据分析，可以有效了解消费者偏好，预判消费者的消费可能，提前做好货品调配，合理规划物流路线方案等，从而提高物流高峰期间物流的运送效率。

大数据的应用多种多样，但只有我们给予足够重视，而且通过不断挖掘，提高效率才能让大数据发挥作用，助我们一臂之力。

智能物流技术

请观看本书配套资源素材包中的视频"1-12 大数据在物流供应链中的应用",并讨论以下问题:
(1)大数据如何支持供应链管理?
(2)大数据能给供应链带来什么?

小贴士

"智慧物流"的时代已经开启,各个物流和电商巨头都在人工智能和大数据方面进行了自己的尝试,并且有很多企业已经开始使用"智能仓储"了。

距离我们最近的一个事件就是:京东快递利用无人物流机器人成功地为高校大学生快递包裹;申通快递全自动分拣系统已在义乌、天津、临沂三地启用;京东物流对无人仓、无人机、无人车等新技术都在积极的尝试之中;菜鸟物流则成立了"E.T.物流实验室",研发仓内智能搬运机器人、分拨机器人;顺丰推出了"数据灯塔",让整个物流过程变得数字化、可视化;苏宁物流则积极开发全自动仓储系统,充分利用仓储信息,优化订单管理。

这些事件都说明"智慧物流"离我们的生活近在咫尺,或者可以说你就是"智慧物流"的受益者。

任务发布

大数据已经渗透到物流领域的各个环节之中,其作为一种新兴技术,它给物流的发展带来了更多的机遇。对物流企业而言,合理地运用大数据技术,对企业的管理、客户关系维护、资源配置等方面都将起到积极的作用,使物流决策更加高效与准确。

请同学们以小组为单位,讨论目前大数据在物流企业中的应用体现在哪些方面。

任务操作

步骤一 市场预测

大部分企业产品都是有产品生命周期的,产品根据生命周期曲线的推移而出现需求和销售情况的不断波动。以往,可以根据市场调研,或者走访客户来获取信息,但往往这个过程比较漫长,当企业根据信息做出反应时可能市场已经呈现出另一种态势。而使用大数据能及时让企业了解客户想法及需求趋势,及时对产品处于生命周期不同阶段做出预测,物流企业再合理控制物流企业库存和安排运输方案。

步骤二 物流中心的选址

以往很多物流中心选址都是通过管理人员的经验或 GIS 技术及其他技术来实现,但往往很难充分考虑企业自身经验特点及产品的产品特性及目标市场的分布和交通情况,从而导致物流配送成本等居高不下,针对这个问题用大数据就能很好地解决。

步骤三 整合销售预测与库存

电子商务技术使生产者到消费者这样传统的商业模式有了颠覆式的改变,这种改变为物流开拓了巨大的市场。在这样的背景下，物流企业可以利用大数据不断优化库存从而达到降低库存的目的，并结合这种新型销售方式所提供的商品销售信息，对商品销售情况进行分析，对比目前库存情况与销售情况，及时调整库存，从而为企业提高资金利用率。

步骤四　物流线路优化

物流线路的规划是影响物流运输成本高低的直接因素，物流企业可以改变以往直接用物流软件直接制定线路的办法，通过大数据来分析产品的特性及客户的个性化需求，从而快速地对客户需求做出响应，进行最合理的物流路线。而且物流企业的运输或配送人员还能通过大数据指导城市的合理建设规划并对物流线路的拥堵路段做出预测，使线路的安排能结合实际情况，使之更人性化。通过运用大数据，物流运输效率将得到大幅提高，大数据为物流企业间搭建起沟通的桥梁，物流车辆行车路径也将被最短化、最优化定制。

步骤五　仓库仓位优化

选择合适的仓位对于仓库的合理利用、仓储成本、装卸搬运次数都至关重要。特别是对于配送中心或出入库频率较高的仓库，优化仓位就意味效率及效益的提升。可以通过大数据分析，依照货物的出入库频率来为其分配仓库位置。

任务评价

表1-14　任务评价考核表

序　号	考　核　内　容	满　分	得　分
1	能够阐述大数据技术的概念	15	
2	能够阐述物流大数据的概念	10	
3	能够理解大数据技术的发展阶段	15	
4	能够了解大数据处理的关键技术	15	
5	能够分析大数据技术对物流企业发展的影响	15	
6	能够叙述大数据技术在物流领域中的应用	15	
7	能够阐述大数据技术在物流企业中的应用	15	
	合　　计	100	

学习任务七　物联网技术认知与调研

学习目标

- 能够阐述物联网的概念和特征；
- 能够掌握物联网技术的构成；
- 能够描述物联网的关键技术；
- 能够阐述物联网技术在物流行业中的应用情况。

智能物流技术

知识储备

一、物联网的概念

物联网是新一代信息技术的重要组成部分,也是"信息化"时代的重要发展阶段。其英文名称是 internet of things(IoT)。顾名思义,物联网就是物物相连的互联网。这有两层意思:其一,物联网的核心和基础仍然是互联网,是在互联网基础上的延伸和扩展的网络;其二,其用户端延伸和扩展到了任何物品与物品之间,进行信息交换和通信,也就是物物相息。物联网通过智能感知、识别技术与普适计算等通信感知技术,广泛应用于网络的融合中,也因此被称为继计算机、互联网之后世界信息产业发展的第三次浪潮。物联网是互联网的应用拓展,与其说物联网是网络,不如说物联网是业务和应用。因此,应用创新是物联网发展的核心,以用户体验为核心的创新 2.0 是物联网发展的灵魂。

二、物联网的特征

它是各种感知技术的广泛应用。物联网上部署了海量的各种类型传感器,每个传感器都是一个信息源,不同类别的传感器所捕获的信息内容和信息格式不同。传感器获得的数据具有实时性,按一定的频率周期性地采集环境信息,不断更新数据。

它是一种建立在互联网上的泛在网络。物联网技术的重要基础和核心仍旧是互联网,通过各种有线和无线网络与互联网融合,将物体的信息实时准确地传递出去。在物联网上的传感器定时采集的信息需要通过网络传输,由于其数量极其庞大,形成了海量信息,在传输过程中,为了保障数据的正确性和及时性,必须适应各种异构网络和协议。

物联网不仅提供了传感器的连接,其本身也具有智能处理的能力,能够对物体实施智能控制。物联网将传感器和智能处理相结合,利用云计算、模式识别等各种智能技术,扩充其应用领域。从传感器获得的海量信息中分析、加工和处理出有意义的数据,以适应不同用户的不同需求,发现新的应用领域和应用模式。

物联网的精神实质是提供不拘泥于任何场合、任何时间的应用场景与用户自由地互动,它依托云服务平台和互通互联的嵌入式处理软件,弱化技术色彩,强化与用户之间的良性互动,更佳的用户体验,更及时的数据采集和分析建议,更自如的工作和生活,是通往智能生活的物理支撑。

小贴士

物联网和互联网的区别

物联网和互联网最大的区别,就在于互联网是人与人之间的信息交互,是一个虚拟世界,以有线 TCP/IP 网络为主要载体。物联网则是对现实物理世界的感知和互联,是从产业和用户角度来阐释问题的,它的很多应用更依赖于无线网络技术,各种短距离 RF

（包括 RFID 和 Mesh 等）和长距离（GSM 和各种 CDMA 等）的无线通信技术。

如果从技术角度来说，物联网也可叫传感网，和现有的互联网相比，物联网实际上是多了一个底层的数据采集环节（目前，大致是四类数据的采集：电子标签显示身份、传感器捕捉状态、摄像头记录图像、GPS 进行跟踪定位），再往上则是像移动网络、互联网等比较成熟的技术。

对于同一个商品，互联网是由人去收集相关信息，然后放到网上供人浏览；物联网则是通过网络知道世界发生了什么。可以说，物联网时代，人们在家里就能感知到世界发生了什么。

三、物联网的构成

按照传统物联网 3 层架构划分，物联网可分为感知层、网络层和应用层，如图 1-120 所示。

其中，感知层可以实现物联网全面智能化感知，网络层将实现接入信息管理和由计算机网络及通信网络构成的承载网络，应用层实现应用支撑服务和用户应用服务。

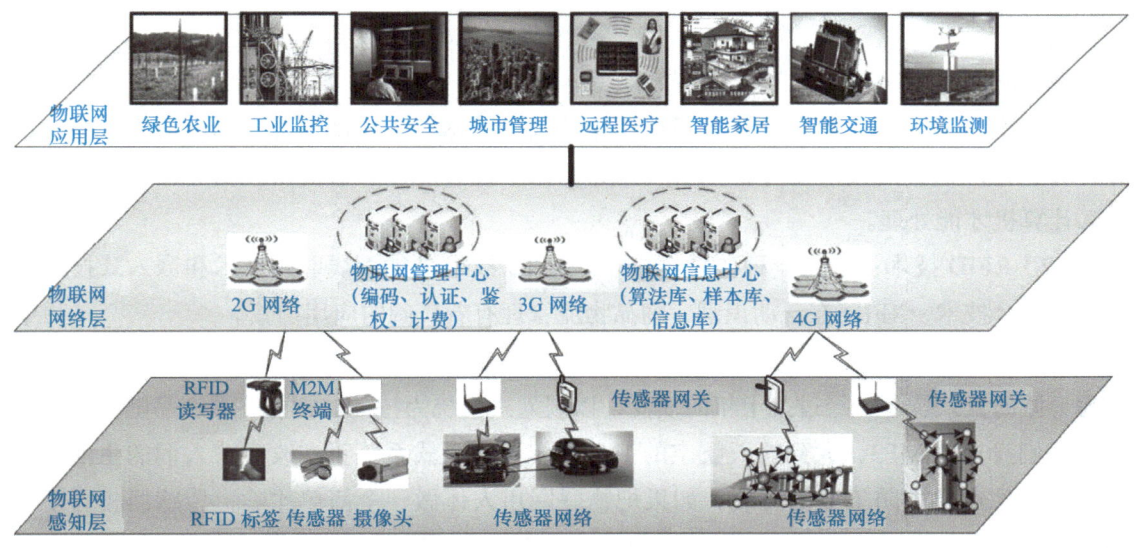

图 1-120　物联网的 3 层架构

1. 感知层

感知层位于物联网 3 层体系架构的最底层，是物联网系统的数据来源。顾名思义，感知层主要用来感知物体信息，物联网是万物互联形成的网络，物体信息是物联网的基础。感知层是由各种传感器组成的网络，现实的物联网系统中，传感器种类众多，如摄像头、温湿度、光感、烟感、压力等，传感器所使用的通信协议也各不相同，有无线个域网、无线局域网、有线局域网、计算机外部接口协议等。目前，很多物联网系统使用定制的传感器，定制的通信协议，系统专用性强。

2. 网络层

网络层在物联网 3 层架构中是承上启下的一层，通过物联网网关等技术管理传感器接入，将采集到的数据可靠、稳定地传输到应用层。网络层的通信协议也有很多，有移动互联网、移动通信网、无线传感网、有线和无线局域网等网络协议，有时也使用专用网络进行传输。网络层不仅要应付庞杂的传感器通信协议，自身也使用不同协议与应用层进行数据交互，往往需要具有网络通信相关知识的专业人员进行设计与管理。

3. 应用层

应用层位于物联网 3 层架构体系的顶端，是物联网系统应用价值的体现。不管物联网系统多么复杂，归根到底还是要形成具体应用才具有价值。应用层针对网络层传输的数据进行分析与处理，对结果进行存储与展示。物联网应用根据功能和用途，遍布工业、医疗、环境、安全、交通等不同行业，应用范围广，涉及学科多。因此，物联网系统呈现出功能风格多样、专业性强的特点。

四、物联网的关键技术

在物联网应用中有以下 3 项关键技术。

（1）传感器技术：这也是计算机应用中的关键技术。大家都知道，到目前为止绝大部分计算机处理的都是数字信号。自从有计算机以来就需要传感器把模拟信号转换成数字信号，计算机才能处理。

（2）RFID 技术：也是一种传感器技术，RFID 技术是集无线射频技术和嵌入式技术为一体的综合技术，RFID 在自动识别、物品物流管理有着广阔的应用前景。

（3）嵌入式系统技术：是集计算机软硬件、传感器技术、集成电路技术、电子应用技术为一体的复杂技术。经过几十年的演变，以嵌入式系统为特征的智能终端产品随处可见，小到人们身边的 MP3，大到航天航空的卫星系统。嵌入式系统正在改变着人们的生活，推动着工业生产及国防工业的发展。如果把物联网用人体做一个简单比喻，传感器相当于人的眼睛、鼻子、皮肤等感官，网络就是神经系统用来传递信息，嵌入式系统则是人的大脑，在接收到信息后要进行分类处理。这个例子很形象地描述了传感器、嵌入式系统在物联网中的位置与作用。

请观看本书配套资源素材包中的视频 "1-13 物联网智能时代：未来的一天居然是这样的"，并讨论以下问题：

（1）视频向我们传递了什么概念？它的概念和特征是什么？

（2）从架构来说，物联网有什么样的结构？

（3）你了解物联网的产业链吗？

（4）结合自己的生活，举例谈谈物联网的应用。

五、物联网技术在物流行业中的应用

物联网带来技术的创新和业务模式的创新，势必为传统的物流业务流程带来新的变化。

1. 运输环节

这一环节涉及的因素有很多，如人、货、运输工具及路径等。这些因素其实是物流环节中最为复杂的因素，比如人，在运输环节中很重要的人就是司机，司机可以说是物流环节中最难管理的一部分。所谓将在外军令有所不受，从目前的状况来看物流公司很难去监管司机的行为，只能使用比较粗放的管理方式。除了司机，货、运输工具、运输路径一样存在监管的困难。货的状况如何，一些药品是否按照规定的温度来存放，这些都得不到有效的管理。因此将造成很多不必要的损失，带来安全性问题。物联网技术的引入，将一定程度上改善上述谈到的这些问题。例如，可以在车辆上安装 GPS 定位装置，安装各种各样的传感器，这些标签和传感器可以在运输途中将相关信息传回数据中心，再根据这些信息来判断整个运输过程是否正常，如车辆的位置信息、货物的温度信息、车辆的油压信息，一些公司甚至可以支持查询货物状态的实时视频。这样运输车辆就可以在数据中心的关注下按照合理的路径完成运输环节，传感设备除了与中心通信外，还可以实时和司机互动，如车速过高的提醒、货物有异常状态的提醒等。通过这些智能化手段，上述提到的一些问题可以得到有效的解决，保证运输环节更加有效地执行。

2. 库存环节

货物的存放保管也是物流过程中很重要的环节。大量的物流公司、生产企业都有自己的仓储中心，来实现货物的存放。通常有一些货物的存放条件比较特殊，如药品对温度和湿度有要求，而玻璃制品则对挤压等有相关要求。在物联网时代，我们可以通过一些传感芯片来感知这些信息，如在货物上贴上电子标签，当物品在入库的时候，货架上的识读设备会自动地将出入库信息传送到数据中心；在货物存放的时候，传感器和电子芯片就负责将各种中心关注的货物的状态和数据上送，如货物的温度、有效期等。而这些信息都可以通过数据中心进行处理，从而实现智能的管控，也可以作为一种信息服务，帮助将货物托管在仓库里的商户更为准确地了解货物的相关信息。

3. 装卸环节

传统装卸环节往往通过人工的方式来清点装卸货物的数量与种类，这样造成人工操作效率比较低。而通过电子标签的方式可以实现自动化的装卸，如当货物从流水线送到车辆上时，流水线上的识读设备可以实时地记录相关货物的装卸信息。而这些信息又会实时地汇总到数据中心，管理者将利用这些信息实现更好的管理，同时掌握库存的情况。

4. 产品增值环节

产品增值环节通常包括包装、加工和信息服务等。有些货物具有特殊的属性，如易爆、易燃等；有些货物对存放环境要求较高，如冷冻食品等。这些产品在流通和加工过程中如果处理不当往往会带来巨大的安全事故，造成人员伤亡与财产损失，同时影响到环境。目前，

智能物流技术

国内在这块的监管措施还比较单一,通过引进物联网技术可以有效地改善这些问题,装配工人可以通过物联网获取到产品的相关属性及安装和加工的注意事项,减少安全事故的发生同时提高工作的效率。

> **小贴士**
>
> **物联网在分拣作业中的应用**
>
> 为了不断强化自建物流优势,京东对物流的投入始终不遗余力,并取得了显著成效。截至2017年6月30日,京东在全国范围内拥有7大物流中心,运营335个大型仓库,物流网络覆盖2691个区县。
>
> 在智慧仓储方面,自2010年正式启动的"亚洲一号"项目已成为京东自建物流的典范,2014年首个"亚洲一号"正式投入使用,通过在存储、拣选、包装、输送、分拣等环节大规模应用自动化设备、智能管理系统降低物流成本和提升运作效率。目前,"亚洲一号"从单体规模和处理能力上都已成为中国电商行业现代化运营中心的代表,并已扩展到上海、广州、武汉等八大城市,现有9个"亚洲一号"全部投入使用。未来京东物流还将在全国30多个核心城市陆续建造"亚洲一号",实现智能化仓储运营网络对全国七大区域的全面覆盖。

任务发布

物联网是智慧物流体系中不可或缺的重要内容,在物流的仓储、运输、配送各个环节都有所应用。请同学们以小组为单位,分工合作,选取某个或某几个物流企业,通过网络和实地调研的方式,搜集其在物流企业的实际应用情况,并形成调研报告,针对其物联网应用水平、发展趋势等问题进行演讲汇报。

任务操作

步骤一 确定调研内容和对象

1. **确定调研对象的条件**

   (1)选择附近的、有条件进行实地调研的物流企业。
   (2)选择注重物流新技术应用的物流企业。
   (3)选择同时经营仓储和配送业务的物流企业。

2. **确定需要调研搜集的内容**

   (1)搜集物联网在入库、分拣作业中的应用情况。
   (2)搜集物联网在物流运输作业中的应用情况。
   (3)搜集物联网在终端配送中的应用情况。

步骤二 编写调研报告

1. 分类整理调研资料

按文字、图片、视频、数据等类别，汇总整理调研资料。

2. 拟定调研报告大纲

按任务要求，拟定调研报告大纲，大致包括以下内容。

（1）展示企业物联网实际应用的情况。

（2）分析调研企业在物流不同环节中物联网的应用效果。

（3）与当前物联网的平均应用水平进行对比。

（4）阐述物联网未来的发展前景。

3. 编写调研报告

根据调研所得资料及拟定的大纲，完成调研报告的编写。

步骤三 进行汇报演讲

1. 制作汇报 PPT

根据调研报告内容，制作演讲汇报 PPT，适当添加图文视频素材，使 PPT 展示清晰、丰富。

2. 分配组员工作

根据组员在整个调研工作中的工作情况，分配演讲汇报的不同部分。

任务评价

表 1-15 任务评价考核表

序 号	考 核 内 容	满 分	得 分
1	能够阐述物联网的概念	15	
2	能够阐述物联网的特征	15	
3	能够分析物联网和互联网的区别	15	
4	能够掌握物联网技术的构成	15	
5	能够描述物联网的关键技术	20	
6	能够阐述物联网技术在物流行业中的应用情况	20	
	合　　计	100	

项目二

智能物流设备

学习任务一　AGV 认知与实训

学习目标

- 能够描述 AGV 的概念和构成；
- 能够区分不同导引方式的 AGV；
- 能够掌握叉车 AGV 的特点、功能；
- 能够掌握搬运 AGV 的特点、功能；
- 能够掌握拣选 AGV 的特点、功能；
- 能够掌握分拣 AGV 的特点、功能；
- 能够梳理货到人拣选 AGV 的工作流程。

知识储备

一、AGV 概述

1. AGV 的概念

AGV（automated guided vehicle 自动导引车）是指装备有电磁或光学等自动导引装置，能够沿规定的导引路径行驶，具有安全保护及各种移载功能的运输车，如图 2-1 所示。AGV 是现代工业自动化物流系统中的关键设备之一，它是以电池为动力，装备有电磁或光学等自动导航装置，能够独立自动寻址，并通过计算机系统控制，完成无人驾驶的搬运作业的设备。

图 2-1　AGV

2. AGV 的构成

AGV 通常由以下几个部件组成。

（1）车体。车体由车架和相应的机械装置组成，是 AGV 的基础部分，也是其他总成部件的安装基础。

（2）蓄电和充电装置。蓄电和充电装置由充电站及自动充电机组成，AGV 可以完成自动在线充电，由中央控制系统集中管理，实现 24 小时连续生产。

（3）驱动装置。驱动装置由车轮、减速器、制动器、驱动电动机及速度控制器等部分组成，是控制 AGV 正常运行的装置。其运行指令由计算机或人工控制发出，运行速度、方向、制动的调节由计算机控制，为了安全，在断电时制动装置则靠机械制动方式实现。

（4）导向装置。导向装置可接收导引系统的方向信息，保证 AGV 小车沿正确路径行走。

（5）通信装置。通信装置实现 AGV 与控制台及监控设备之间的信息交换。

（6）安全与辅助装置。为了避免 AGV 在系统出故障或有人员经过 AGV 工作路线时出现碰撞，AGV 一般带有障碍物探测及避撞、警音、警视、紧急停止等安全与辅助装置。

（7）移载装置。移载装置是指与所搬运货物直接接触，实现货物转载的装置。不同的任务和场地环境下，可以选用不同的移载系统，常用的有滚道式、叉车式、机械手式等。

（8）中央控制系统。中央控制系统由计算机、任务采集系统、报警系统及相关的软件组成，主要分为地面（上位）控制系统及车载（下位）控制系统。其中，地面控制系统指 AGV 系统的固定设备，主要负责任务分配、车辆调度、路径（线）管理、交通管理、自动充电等功能；车载控制系统在收到地面控制系统的指令后，负责 AGV 的导航计算、导引实现、车辆行走、装卸操作等功能。

3. AGV 的分类

AGV 根据不同的分类标准，可以分为不同的类型，如图 2-2 所示。其常用的分类方式是按导引方式进行分类。

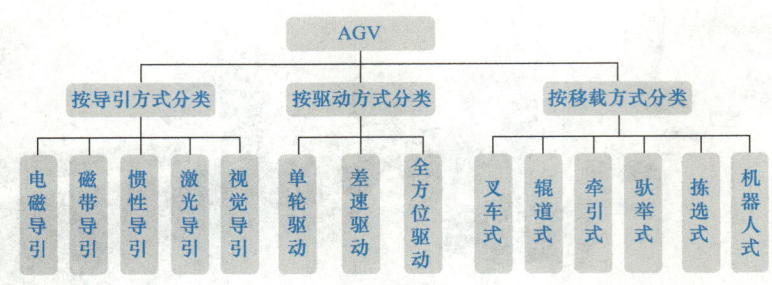

图 2-2　AGV 的分类

（1）电磁导引。电磁导引是较为传统的导引方式之一，目前仍被许多系统采用，它是在 AGV 的行驶路径上埋设金属线，并在金属线加载导引频率，通过对导引频率的识别来实现 AGV 的导引，如图 2-3 所示。

电磁导引的主要优点是引线隐蔽，不容易污染和破坏，导引原理简单而可靠，便于控制和通信，对声光无干扰，制造成本较低。

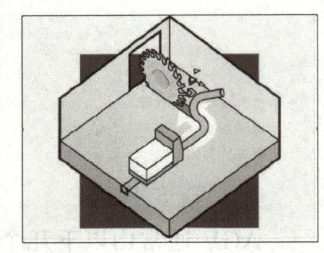

图 2-3　电磁导引

（2）磁带导引。磁带导引技术与电磁导引相近，用在路面上贴磁带替代在地面下埋设金属线，通过磁感应信号实现导引，如图 2-4 和图 2-5 所示。

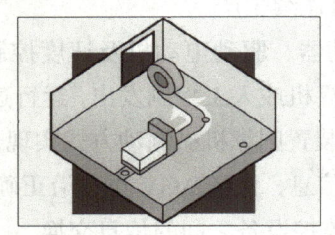

图 2-4　磁带导引

图 2-5　磁带导引的应用

磁带导引灵活性比较好，改变或扩充路径比较容易，磁带铺设也相对简单，但此导引方式易受环路周围金属物质的干扰，由于磁带外露，易被污染、难以避免机械损伤，因此导引的可靠性受外界因素影响较大，适合环境条件较好、地面无金属物质干扰的场合。

（3）惯性导引。惯性导引是在 AGV 上安装陀螺仪，在行驶区域的地面上安装定位块，AGV 可通过对陀螺仪偏差信号与行走距离编码器的综合计算以及地面定位块信号的比较校正来正确定自身的位置和方向，从而实现导引，如图 2-6 所示。

此项技术在航天和军事上较早运用，其主要优点是技术先进，定位准确性高，灵活性强，便于组合和兼容，适用领域广。

（4）激光导引。激光导引有两种模式：一种是在 AGV 行驶路径的周围安装位置精确的激光发射板，AGV 通过发射激光束，同时采集由反射板反射的激光束，来确定其当前的位置和方向，并通过连续的三角几何运算来实现 AGV 的导引，如图 2-7 所示。

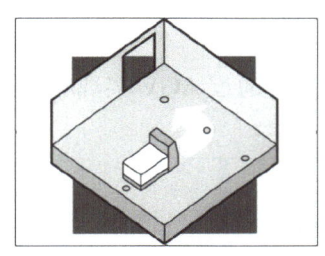
图2-6 惯性导引

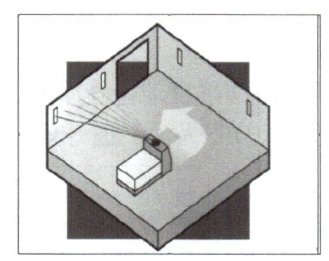
图2-7 激光反射板导引

这种模式主要是依靠激光头（见图2-8）和反射板（见图2-9），将反射板安装在墙上或设备上，呈扁平或圆形，激光头用于探测反射板及测定角度和距离。

另一种是自然导引，自然导引是通过激光测距结合SLAM算法建立小车的整套行驶路径地图，不需要任何的辅助材料，柔性化程度更高，适用于全局部署，如图2-10所示。

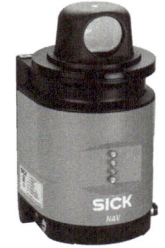
图2-8 激光头

图2-9 反射板

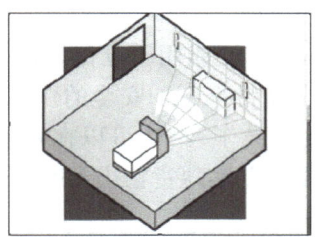
图2-10 自然导引

激光导引最大的优点是AGV定位精确，地面无须其他定位设施，行驶路径可灵活多变，能够适合多种现场环境，是目前许多AGV生产厂家优先采用的先进导引方式。

激光导航的缺点：制造成本高，对环境要求相对较高（外界光线、地面要求、能见度要求等）。

（5）视觉导引。视觉导引有两种：一种是利用摄像头实时采集行驶路径周围环境的图像信息，并与已建立的运行路径周围环境图像数据库中的信息进行比较，实现对AGV的控制，如图2-11所示；另一种是基于二维码的图像识别方法，利用摄像头扫描地面二维码，通过扫码定位技术实现路径导航，如图2-12所示。

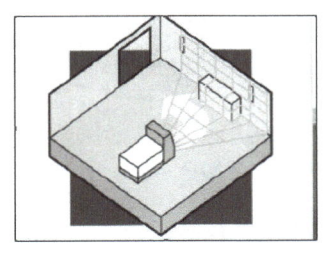
图2-11 视觉导引

图2-12 视觉导引的应用

二、AGV 在仓库中的应用

AGV 是自动化 / 半自动化仓库的重要基础设施之一，通过 AGV 实现库内搬运、分拣等作业的自动化，以节省人力、提升效率，如图 2-13 所示。

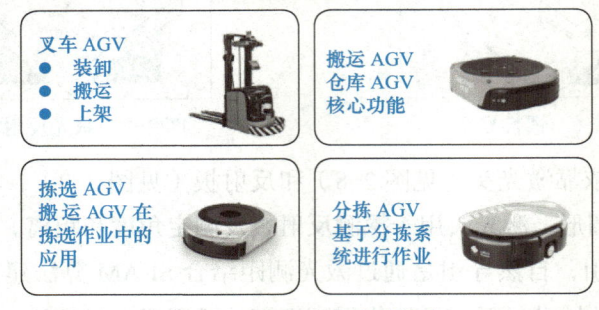

图 2-13　AGV 在仓库中的应用

1. 叉车 AGV

叉车是广泛应用于仓储、运输、生产等行业的一种搬运工具。与传统人工叉车相比，AGV 叉车能带来更加安全的作业环境、更好的人力管理、更长的作业时间、更快的效率等诸多益处；叉车 AGV 可以在寒冷、高温、没有光线等人工无法作业的环境下作业。叉车 AGV 主要用于实现货物出入库、装卸、上架等操作，如图 2-14 所示。

> 请阅读本书配套资源素材包中的案例"2-1　叉车 AGV，改变仓库运营效率"，了解叉车 AGV 的构成、工作方式等内容。

2. 搬运 AGV

搬运 AGV 是仓库内应用最广泛、发展最快的物流机器人类型之一，拣选、分拣 AGV 主要是在搬运 AGV 基础上的、在不同场景的深度应用。

2012 年亚马逊斥资 7.75 亿美元收购 Kiva，其后在各地仓库大规模部署 Kiva，将普通订单交付成本降低 20%～40%，为亚马逊节省约 20% 的运营费用。国内电商的快速发展，带动搬运 AGV 产业的迅速崛起，目前主流电商仓库均陆续实现搬运 AGV 的应用，如图 2-15 所示。

图 2-14　叉车 AGV

图 2-15　搬运 AGV

> 请阅读本书配套资源素材包中的案例"2-2　走进亚马逊物流中心"，了解亚马逊物流中心的工作流程，并回答搬运 AGV 主要应用在哪个作业环节。

3. 拣选 AGV

拣选 AGV 是搬运机器人的"升级"以及在"货到人"自动化（半自动化）拣选作业中的应用。一般通过搬运标准化拣选货架至拣选工位，结合人工拣选，实现货到人操作，减少人工走动，并提升拣选准确率，如图 2-16 所示。因此基于 AGV 的半自动化拣选系统，一般配有拣选 AGV、AGV 调度系统、拣选工位及 AGV 充电站等设备。

图 2-16　拣选 AGV

拣选 AGV 需要有举升功能，实现货架搬运。根据 Geek+ 数据，通过 AGV 的使用，可实现人工 50%～70% 的缩减。

请阅读本书配套资源素材包中的案例"2-3　Kiva 自动化系统在医药配送中心的应用分析"，并回答以下问题：

（1）Kiva 自动化系统的构成包括哪些？

（2）Kiva 自动化系统的工作流程是怎样的？

4. 分拣 AGV

基于智能机器人与分拣平台的自动化分拣系统，逐渐在小件电商分拣中心被广泛应用，相对传统流水线分拣系统，其占地面积更小、成本更低，且机器人之间为并联，不会出现单一设备损坏导致系统崩溃的情形，可极大提高分拣效率，如图 2-17 所示。

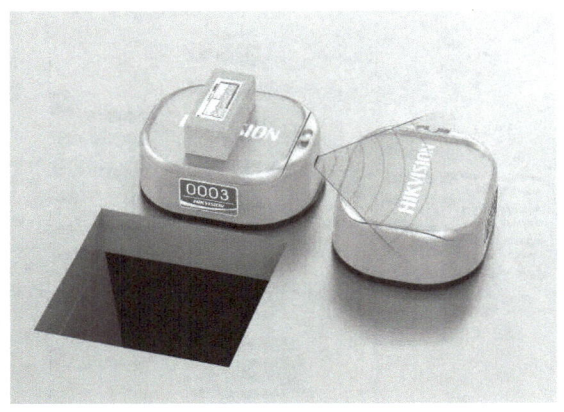

图 2-17　分拣 AGV

智能物流技术

请观看本书配套资源素材包中的视频"2-4 立镖AGV分拣机器人",并回答问题:拣选AGV和分拣AGV的区别是什么?

任务发布

请观看本书配套资源素材包中的视频"2-5 菜鸟'货到人'拣选",并总结归纳菜鸟"货到人"拣选的工作流程。

任务操作

步骤一 订单分批

系统通过收集客户下达的订单,确定当前要处理的订单数量及其信息,对这些订单进行分批,将大量的订单分为不同的批次,如图2-18所示。

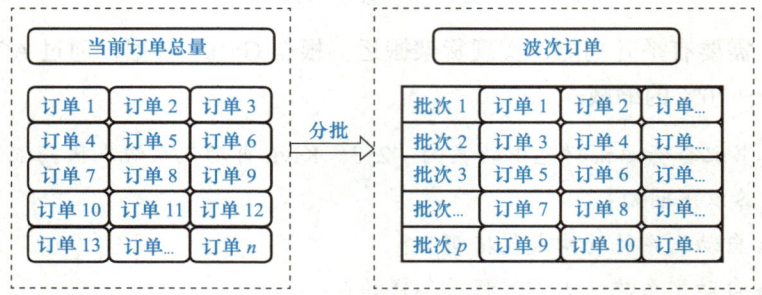

图2-18 订单分批

步骤二 订单分配及路径规划

针对每一批所包含的订单确定其所在的货架位置,将所需搬运的货架分配给不同的AGV小车,并为其安排搬运路径以及安排订单拣选所在的拣选台,如图2-19所示。

图2-19 AGV小车搬运

步骤三 订单拣选

AGV 小车将计算机分配给它的货架搬起，按照预先设定的路径，将货架搬运到拣选台前，拣选人员拣取所需的品项，将其放置在后面的周转货架的相应储位中，拣取完毕后，AGV 小车将货架搬运回其原来的位置，并前往下一个需要搬运的货架，如图 2-20 所示。

图 2-20 订单拣选

任务评价

表 2-1 任务评价考核表

序 号	考 核 内 容	满 分	得 分
1	能够描述 AGV 的概念和构成	10	
2	能够区分不同导引方式的 AGV	10	
3	能够掌握叉车 AGV 的特点、功能	15	
4	能够掌握搬运 AGV 的特点、功能	15	
5	能够掌握拣选 AGV 的特点、功能	15	
6	能够掌握分拣 AGV 的特点、功能	15	
7	能够梳理货到人拣选 AGV 的工作流程	20	
	合　　计	100	

学习任务二　自动分拣系统认知与实训

学习目标

- 能够描述自动分拣系统的概念；
- 能够描述自动分拣系统的特点；
- 能够区分自动分拣系统的各部分构成；

- 能够区分不同类型的自动分拣机；
- 能够分析 AGV 分拣系统与传统分拣系统的特点；
- 能够掌握不同分拣系统的适用范围；
- 能够梳理 AGV 分拣系统的工作流程。

知识储备

一、自动分拣系统介绍

1. 自动分拣系统的概念

自动分拣系统是先进配送中心必备设施条件之一，具有很高的分拣效率，通常每小时可分拣商品 6000～12000 箱，广泛应用于各个行业的生产物流系统或物流配送中心。自动分拣机是自动分拣系统的一个主要设备，如图 2-21 所示。它本身需要建设短则 40～50m、长则 150～200m 的机械传输线，自动分拣系统，还有配套的机电一体化控制系统，计算机网络及通信系统等，而且还要建 3～4 层楼高的立体仓库和各种自动化的搬运设施（如叉车）与之相匹配。

图 2-21　自动分拣系统

2. 自动分拣系统的特点

自动分拣系统主要具有以下特点。

（1）能连续、大批量地分拣货物。由于采用大生产中使用的流水线自动作业方式，自动分拣系统不受气候、时间、人的体力等限制，可以连续运行，同时由于自动分拣系统单位时间分拣件数多，因此自动分拣系统的分拣能力是连续运行 100 小时以上，每小时可分拣 7000 件包装商品，如用人工则每小时只能分拣 150 件左右，同时分拣人员也不能在这种劳动强度下连续工作 8 小时。

（2）分拣误差率极低。自动分拣系统的分拣误差率大小主要取决于所输入分拣信息的准确性大小，这又取决于分拣信息的输入机制，如果采用人工键盘或语音识别方式输入，则误差率在 3% 以上，如采用条形码扫描输入，除非条形码的印刷本身有差错，否则不会出错。因此，目前自动分拣系统主要采用条形码技术来识别货物。

（3）分拣作业基本实现无人化。国外建立自动分拣系统的目的之一就是为了减少人员的使用，减轻员工的劳动强度，提高人员的使用效率，因此自动分拣系统能最大限度地减少人员的使用，基本做到无人化。分拣作业本身并不需要使用人员，人员的使用仅局限于以下工作。

1）送货车辆抵达自动分拣线的进货端时，由人工接货。

2）由人工控制分拣系统的运行。

3）分拣线末端由人工将分拣出来的货物进行集载、装车。

4）自动分拣系统的经营、管理与维护。

3. 自动分拣系统的构成

自动分拣系统一般由控制装置、分类装置、输送装置及分拣道口组成，是对物品进行自动分类、整理的关键设备之一，如图 2-22 所示。

（1）控制装置的作用是识别、接收和处理分拣信号，根据分拣信号的要求指示分类装置按商品品种、按商品送达地点或按货主的类别对商品进行自动分类。这些分拣需求可以通过不同方式，如可通过条形码扫描、色码扫描、键盘输入、重量检测、语音识别、高度检测及形状识别等方式，输入分拣控制系统中，根据对这些分拣信号的判断，来决定某一种商品该进入哪一个分拣道口。

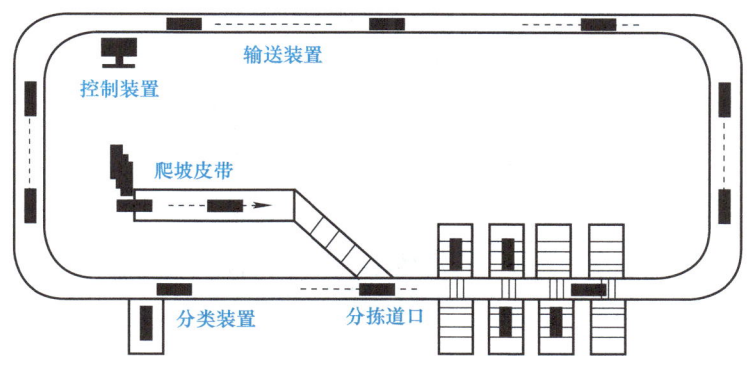

图 2-22　自动分拣系统的构成

（2）分类装置的作用是根据控制装置发出的分拣指示，当具有相同分拣信号的商品经过该装置时，该装置动作，改变其在输送装置上的运行方向使其进入其他输送机或进入分拣道口。分类装置的种类很多，一般有推出式、浮出式、倾斜式和分支式几种，不同的装置对分拣货物的包装材料、包装质量、包装物底面的平滑程度等有不完全相同的要求。

（3）输送装置主要由传送带或输送机组成，其主要作用是使待分拣商品通过控制装置、分类装置进行传送。输送装置的两侧，一般要连接若干分拣道口，使分好类的商品滑下主输送机（或主传送带）以便进行后续作业。

（4）分拣道口是已分拣商品脱离主输送机（或主传送带）进入集货区域的通道，一般由钢带、皮带、滚筒等组成滑道，使商品从主输送装置滑向集货站台，在那里由工作人员将该道口的所有商品集中后或是入库储存，或是组配装车并进行配送作业。

以上4部分装置通过计算机网络连接在一起，配合人工控制及相应的人工处理环节构成一个完整的自动分拣系统。

二、自动分拣机的分类

按照分类装置的结构进行划分，常见的自动分拣机主要包括交叉带分拣机、翻盘式分拣机、滑块式分拣机、挡板式分拣机、胶带浮出式分拣机、条板倾斜式分拣机等类型。此外，近年来出现了柔性化程度更高的AGV分拣系统。

1. 交叉带分拣机

交叉带分拣机是利用直线动力驱动的小车队沿着环形轨道高速运动，将贴有标签的货物经过扫描器读码进行分拣，适用于电商、服装、快递等行业的大中型场地，如图2-23所示。结构上，交叉带分拣机主要由控制装置、分类装置、输送装置及分拣道口4个部分组成。

交叉带分拣机采用传统机械式设计，原理简单，结构比较坚固，分拣动作轻柔、准确。优点是在订单量足够大的时候，分拣效率最高，因而受到电商、快递客户青睐，成为近年来分拣设备中的主流。但该产品也有缺点：占地面积大，且对地面的平整度要求较高；造价成本高昂，输送模块易损坏，维修成本也较高。

图2-23　交叉带分拣机

> 请阅读本书配套资源素材包中的案例"2-6　AGV能否替代传统分拣线？"，并回答以下问题：
> （1）你认为AGV分拣系统和交叉带分拣系统相比，有哪些优势？
> （2）AGV能否替代传统分拣线？为什么？

2. 翻盘式分拣机

翻盘式分拣机是通过托盘倾翻的方式将包裹分拣出去的，该分拣机在快递行业也有应用，但更多的是应用在机场行李分拣领域。其最大能力可以达到12000件/小时。标准翻盘式分拣机由木托盘、倾翻装置、底部框架组成，倾翻分为机械倾翻及电动倾翻两种。

3. 滑块式分拣机

滑块式分拣机是一种特殊形式的条板输送机。输送机的表面用金属条板或管子构成，如竹席状，而在每个条板或管子上有一枚用硬质材料制成的导向滑块，能沿条板做横向滑动，如图2-24所示。平时滑块停止在输送机的侧边，滑块的下部有销子与条板下导向杆连接，通过计算机控制，当被分拣的货物到达指定道口时，控制器使导向滑块有序地自动向输送机的对面一侧滑动，把货物推入分拣道口，从而商品就被引出主输送机。这种方式是将商品侧向逐渐推出，并不冲击商品，故不容易损伤商品，它对分拣商品的形状和大小适用范围较广。

图2-24　滑块式分拣机

4. 挡板式分拣机

挡板式分拣机是利用一个挡板（挡杆）挡住在输送机上向前移动的商品，将商品引导到一侧的滑道排出。挡板的另一种形式是挡板一端作为支点，可做旋转。挡板动作时，像一堵墙似的挡住商品向前移动，利用输送机对商品的摩擦力推动，使商品沿着挡板表面而移动，从主输送机上排出至滑道。平时挡板处于主输送机一侧，可让商品继续前移；如挡板做横向移动或旋转，则商品就排向滑道。

5. 胶带浮出式分拣机

这种分拣结构用于辊筒式主输送机上，将有动力驱动的两条或多条胶带或单个链条横向安装在主输送辊筒之间的下方。当分拣机结构接收指令起动时，胶带或链条向上提升，接触商品底部把商品托起，并将其向主输送机一侧移出。

6. 条板倾斜式分拣机

这是一种特殊型的条板输送机，商品装载在输送机的条板上，当商品行走到需要分拣的位置时，条板的一端自动升起，使条板倾斜，从而将商品移离主输送机。商品占用的条板数量随不同商品的长度而定，经占用的条板数如同一个单元，同时倾斜，因此，这种分拣机对商品的长度在一定范围内不受限制。

三、自动分拣系统的适用范围

目前，自动化输送分拣技术主要分为两大流派：一个是以输送线、分拣机构成的传统自动化分拣系统，尽管在产品细节设计、性能等方面还不断发展，如结合最新的信息技术、物联网技术，向智能化方向发展，但其工作原理和模式并未产生大的变化。

智能物流技术

而另一个流派就是自 Kiva 机器人开始兴起的 AGV 分拣系统，因其柔性化程度高而越来越受到市场关注。

每种设备和技术都有其最适用的领域，针对自动分拣系统可处理货物的质量，简单划分了不同类型设备的适用范围，如表 2-2 所示。目前，交叉带分拣系统和 AGV 分拣系统是近两年市场应用非常火热的自动化物流装备。

表 2-2 自动分拣系统的适用范围

货 物 种 类	自动分拣系统
小件（5kg 以下）	环形交叉带分拣、AGV 分拣系统
中大件（6～35kg）	圆柱式分拣、摆臂式分拣、摆轮式分拣、直线交叉带分拣、滑块式分拣、滚珠模组带分拣
大件（35kg 以上）	以人工分拣为主

请观看本书配套资源素材包中的视频"2-7 圆通自动化分拣设备"，并回答以下问题：

（1）圆通自动化分拣中心都应用了哪些分拣设备？

（2）这些分拣设备都有什么特点？

任务发布

请观看本书配套资源素材包中的视频"2-8 京东 AGV 分拣系统"，并总结归纳 AGV 分拣系统的工作流程。

任务操作

步骤一 接单

每个供包台旁都有派件员驻守，派件员只要将包裹面单朝上放在分拣机器人托盘上。在机器人成功领到包裹后，会托顶包裹穿过配有工业照相机和电子秤等外围设备的龙门架。该设备会快速识别快递面单信息，完成包裹的扫码和称重，见图 2-25，并根据包裹目的地规划出机器人的最优运行路径，调度机器人进行包裹分拣投递。

图 2-25 自动扫描

项目二
智能物流设备

步骤二 自动分拣

分拣机器人接收运行指令后，根据底部的摄像头扫描平台上的二维码来识别选择准确的运行路径，如图 2-26 所示，将货物倒入指定落袋格口，如图 2-27 所示。

图 2-26　二维码扫描识别路径

图 2-27　到达目的地格口自动卸货

步骤三 货物打包

每个投递口对应不同的目的地，下面有个斜坡，包裹被机器人投递下去后直接落入集装袋。货物落入集装袋后，分拣信息自动回写到京东青龙系统，系统检测满袋后，集包生成箱号，向青龙系统回写集包信息。待集装袋装满打包后集中等待被运往下一站，如图 2-28 所示。

图 2-28　货物打包

任务评价

表 2-3 任务评价考核表

序 号	考 核 内 容	满 分	得 分
1	能够描述自动分拣系统的概念	10	
2	能够描述自动分拣系统的特点	10	
3	能够区分自动分拣系统的各部分构成	10	
4	能够区分不同类型的自动分拣机	15	
5	能够分析 AGV 分拣系统与传统分拣系统的特点	15	
6	能够掌握不同分拣系统的适用范围	15	
7	能够梳理 AGV 分拣系统的工作流程	25	
	合　　计	100	

学习任务三　拆码垛机器人认知与实训

学习目标

- 能够描述拆码垛机器人的概念；
- 能够理解拆码垛机器人的优点；
- 能够了解机器人码垛生产线；
- 能够列举常见的码垛机器人手爪；
- 能够阐述不同码垛机器人手爪的适用范围；
- 能够阐述码垛机器人的运动轨迹；
- 能够绘制码垛机器人的作业示教流程图；
- 能够总结归纳拆码垛机器人在物流仓库中的应用。

知识储备

一、拆码垛机器人介绍

1. 拆码垛机器人的概念

近年来，物流机器人得到了长足的发展，应用场合也在不断扩大。从作业环节和技术角度来分，仓储物流领域使用的机器人主要有两大类：一类是用于搬运、分拣环节的轮式移动机器人，即 AGV；另一类是应用于物品码垛、拆垛、分拣包装等环节的工业机器人。

码垛机器人在物流系统中负责完成物料在托盘上的码垛作业，如图 2-29 所示。码垛机器人不仅能够长时间连续作业，其码垛速度、精度及负重能力都要超过人工作业方式。近年来，通过可靠的整层抓取夹具，码垛机器人实现了整层码垛，单台作业效率超过了 2500 件/小时。

拆垛机器人的作用是将托盘上的货物拆成单件。相比机器人码垛，拆垛的技术难度更大。由于挤压造成的货物外形变化、由于运输造成的货物位置变化等因素，都会影响拆垛的成功率。与码垛机器人一样，相对成熟的是机器人本体，更多的关注点在于夹具的设计。

图 2-29　码垛机器人

请观看本书配套资源素材包中的视频"2-9　拆码垛演示"，了解码垛机器人的工作过程。

2. 拆码垛机器人的优点

拆码垛机器人具有以下优点。

（1）码垛机器人的码垛能力比传统码垛机、人工码垛都要高得多。

（2）结构非常简单，故障率低，易于保养及维修。

（3）主要构成零配件少，维持费用很低。

（4）码垛机械手臂可以设置在狭窄的空间，场地使用效率高，应用灵活。

（5）全部操作可在控制柜屏幕上手触式完成，操作非常简单。

（6）码垛机械手臂的应用非常灵活，一台机器手臂可以同时处理最多 6 条生产线的不同产品。产品更新时，只需输入新数据，重新计算后即可进行运行，无须硬件、设备上的改造与设置。

（7）垛型及码垛层数可任意设置，垛型整齐，方便储存及运输。

请观看本书配套资源素材包中的视频"2-10　京东无人仓设备介绍"，并回答以下问题：

（1）该视频中都介绍了哪些设备？

（2）请描述每种设备的功能和主要工作内容。

二、拆码垛机器人的应用

1. 机器人码垛生产线

工业机器人码垛生产线是一个整合度较高的项目，包含的设备也比较多，如输送单元、折边单元、封口单元、倒包压包单元、金属检测单元、质量检测单元、喷码打印单元、工业机器人码垛单元，如图 2-30 和图 2-31 所示。

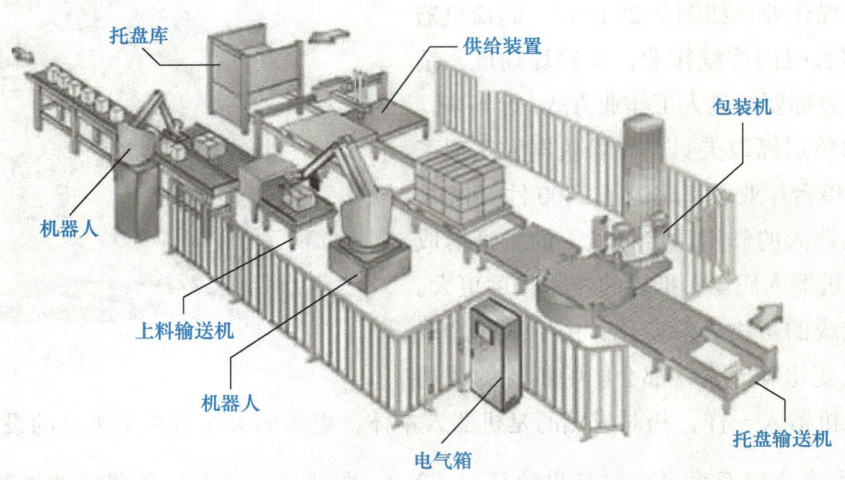

图 2-30 机器人码垛生产线示意图

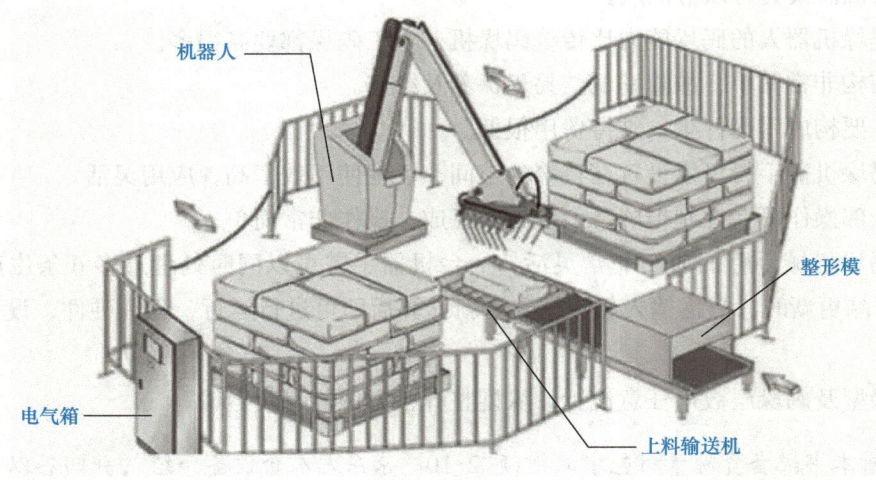

图 2-31 机器人码垛单元示意图

2. 常用的码垛机械手（手爪或抓手）

作为码垛机器人的重要组成部分之一，码垛机械手（也称手爪或抓手）的工作性能包括高可靠性、结构简单新颖、质量小等参数，其对码垛机器人的整体工作性能具有非常重要的意义。可根据不同的产品，设计不同类型的机械手爪，使码垛机器人具有效率高、质量好、适用范围广、成本低等优势，并能很好地完成码垛工作。

常用的码垛机械手爪，见表2-4。

表 2-4 常用的码垛机械手爪

类 型	适 用 范 围	图 例
夹抓式机械手爪	主要用于高速码袋，如面粉、饲料、水泥、化肥等等	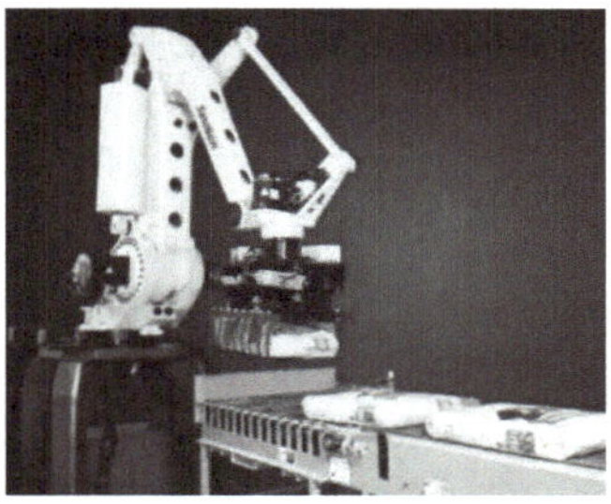
夹板式机械手爪	主要适用于箱盒码垛，可用于各种行业，可以一次码一箱（盒）或多箱（盒）	
真空吸取式机械手爪	主要适用于可吸取的码放物，如覆膜包装盒、听装啤酒箱、塑料箱、纸箱等	
组合式机械手爪	适用于几个工位的协作抓放，是前3种手爪的灵活组合，同时满足多个工位码放	 吸盘 真空吸取式+抓取式组合机械手爪

请观看本书配套资源素材包中的视频"2-11 全自动码垛仓储物流中心"，了解码垛机器人在仓储物流中心的应用。

3. 码垛机器人的运动轨迹及作业示教

（1）码垛机器人的运动轨迹。选择关节式（四轴）码垛机器人，末端执行器为抓取式，采用在线示教方式为机器人输入码垛作业程序，以 A 垛 I 位置码垛为例，阐述码垛作业编程，A 垛的 Ⅱ、Ⅲ、Ⅳ、Ⅴ 位置可按照 I 位置操作类似进行，如图 2-32 所示。

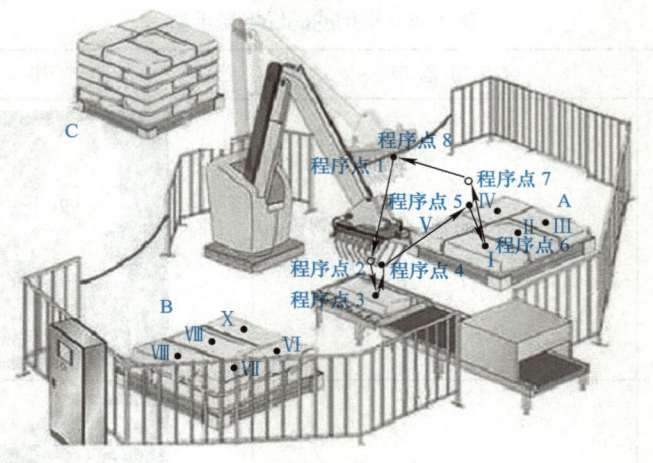

图 2-32 码垛机器人运动轨迹示意图

（2）码垛机器人的作业示教。码垛机器人程序设置前，需要先确定程序点，明确每个程序点的位置及手爪动作，见表 2-5。

表 2-5 码垛机器人程序点说明

程 序 点	说　　明	手 爪 动 作
程序点 1	机器人原点	
程序点 2	码垛临近点	
程序点 3	码垛作业点	抓取
程序点 4	码垛中间点	抓取
程序点 5	码垛中间点	抓取
程序点 6	码垛作业点	放置
程序点 7	码垛规避点	
程序点 8	机器人原点	

码垛机器人的作业示教流程，如图 2-33 所示。

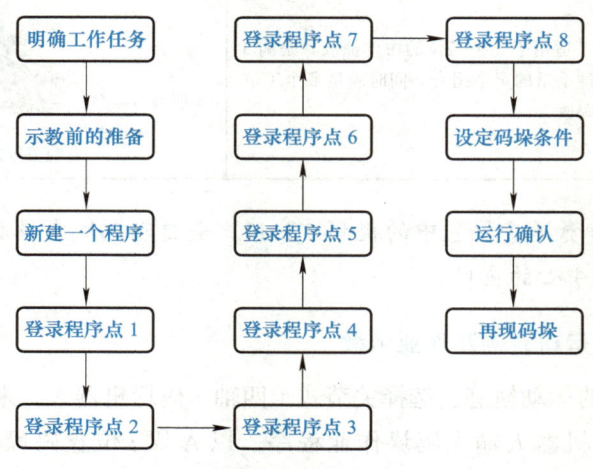

图 2-33 码垛机器人的作业示教流程

每个程序点的具体操作方法，见表2-6。

表2-6 码垛机器人作业示教步骤

程　序　点	示　教　方　法
程序点1 （机器人原点）	① 按手动操作机器人要领移动机器人到码垛原点； ② 插补方式选择"PTP"； ③ 确认并保存程序点1为码垛机器人原点
程序点2 （码垛临近点）	① 手动操作码垛机器人到码垛作业临近点，并调整手爪姿态； ② 插补方式选择"PTP"； ③ 确认并保存程序点2为码垛机器人作业临近点
程序点3 （码垛作业点）	① 手动操作码垛机器人移动到码垛起始点且保持手爪位姿不变； ② 插补方式选择"直线插补"； ③ 再次确认程序点，保证其为作业起始点； ④ 若有需要可直接输入码垛作业命令
程序点4 （码垛中间点）	① 手动操作码垛机器人到码垛中间点，并适度调整手爪姿态； ② 插补方式选择"直线插补"； ③ 确认并保存程序点4为码垛机器人作业中间点
程序点5 （码垛中间点）	① 手动操作码垛机器人到码垛中间点，并适度调整手爪姿态； ② 插补方式选择"PTP"； ③ 确认并保存程序点5为码垛机器人作业中间点
程序点6 （码垛作业点）	① 手动操作码垛机器人移动到码垛终止点，并调整手爪位姿以适合安放工件； ② 插补方式选择"直线插补"； ③ 再次确认程序点，保证其为作业终止点； ④ 若有需要可直接输入码垛作业命令
程序点7 （码垛规避点）	① 手动操作码垛机器人到码垛作业规避点； ② 插补方式选择"直线插补"； ③ 确认并保存程序点7为码垛机器人码垛规避点
程序点8 （机器人原点）	① 手动操作码垛机器人到机器人原点； ② 插补方式选择"PTP"； ③ 确认并保存程序点8为码垛机器人原点

任务发布

请观看本书配套资源素材包中的视频"2-12　走进京东无人仓"，并总结归纳拆码垛机器人主要应用在京东无人仓中的哪些环节。

任务操作

观看《走进京东无人仓》视频，拆码垛机器人主要应用于收货、包装、分拣发货的环节，在不同环节拆码垛机器人的功能有所差异。

步骤一　收货

进入无人仓后的第一站是入库区域，所有进入仓库的商品都会率先经过六轴机器人和视觉检测仪器的检测。由于该无人仓主要存储3C产品，所以入库机器人不仅会对产品的体积（见图2-34）、质量进行测量，还会对商品的条形码进行扫描以及对数码产品的识别码进行监测。通过监测的商品会由六轴机器人将其按体积大小整齐地码至存储箱中。在该环节拆码垛机器人的主要功能是拆垛及码放，如图2-35～图2-37所示。

图2-34 体积测定

图2-35 拆垛

图2-36 视觉检验

项目二
智能物流设备

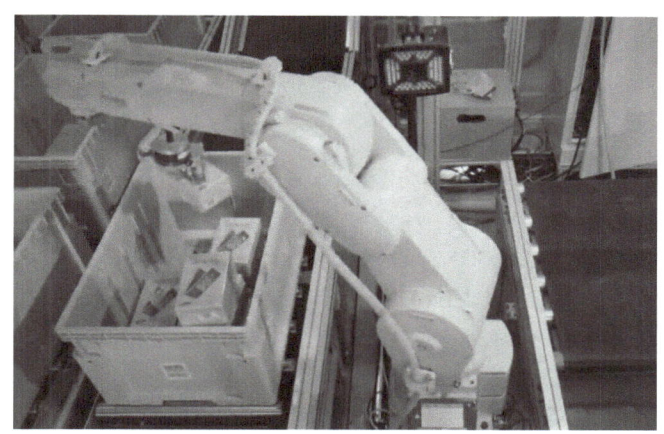

图 2-37　码放

步骤二　存储

入库之后，商品会被运至无人仓后部的仓储区域，如图 2-38 所示。无人仓内的立体货架高耸至屋顶，穿梭车在其中可以上、下、左、右任意移动，并根据订单选取出符合所需商品数量的存储箱。该环节没有使用拆码垛机器人。

图 2-38　存储

步骤三　包装

当有订单传至无人仓，智能控制系统便会根据订单要求将产品由传送带运至包装区域。无人包装区应用了六轴机器人、自动供包机器人、视觉检测仪器等多种设备。从存储区输送过来的商品，经六轴机器人机械手臂智能抓取的同时（见图 2-39），也经视觉检测仪器检测（特征、缺陷检测）、测量（品规）、识别（条形码等）。它们会根据商品本身的条形码、订单信息条形码来判断如何对商品进行排列组合和输送。分好类别的商品随后经传送带输送到自动供包机器人处自动打包，如图 2-40 所示。在该环节，拆码垛机器人的主要功能是拆垛及搬运。

图 2-39 机器人抓取货物

图 2-40 自动打包

步骤四 分拣发货

经过包装的货物,由供件机器人将货物放置到小型分拣机器人上(见图 2-41),小型分拣机器人负责将每个订单小包裹按照订单地址投放到不同的转运袋中。在该环节,拆码垛机器人的主要功能是搬运。

图 2-41 供件机器人

任务评价

表 2-7 任务评价考核表

序 号	考 核 内 容	满 分	得 分
1	能够描述拆码垛机器人的概念	10	
2	能够理解拆码垛机器人的优点	10	
3	能够了解机器人码垛生产线	10	
4	能够列举常见的码垛机械手爪	10	
5	能够阐述不同码垛机械手爪的适用范围	10	
6	能够阐述码垛机器人的运动轨迹	10	
7	能够绘制码垛机器人的作业示教流程图	20	
8	能够总结归纳拆码垛机器人在物流仓库中的应用	20	
	合　　计	100	

学习任务四　了解无人机在物流行业中的应用

学习目标

- 能够描述无人机的发展历程；
- 能够区分不同类型的无人机；
- 能够阐述不同类型无人机的优缺点；
- 能够列举无人机的组成；
- 能够了解无人机行业的应用现状；
- 能够利用 SWOT 分析无人机在快递物流行业中的应用；
- 能够总结归纳无人机在典型物流企业中的应用。

知识储备

一、无人机介绍

1. 无人机的发展历程

无人机是指通过利用无线电遥控设备和自备的程序控制装置操纵的、无人驾驶的低空飞行器。无人机最直接的应用目的和发展驱动力最初来源于军事领域，用于在战争中替代有人机，减少伤亡及应对极端情况。随着应用领域的扩大，开始出现了行业应用、消费级无人机，直到现在应用领域百花齐放，标志着对于 1000m 以下的空域，无人机大规模使用指日可待。无人机的发展历程如图 2-42 所示。

智能物流技术

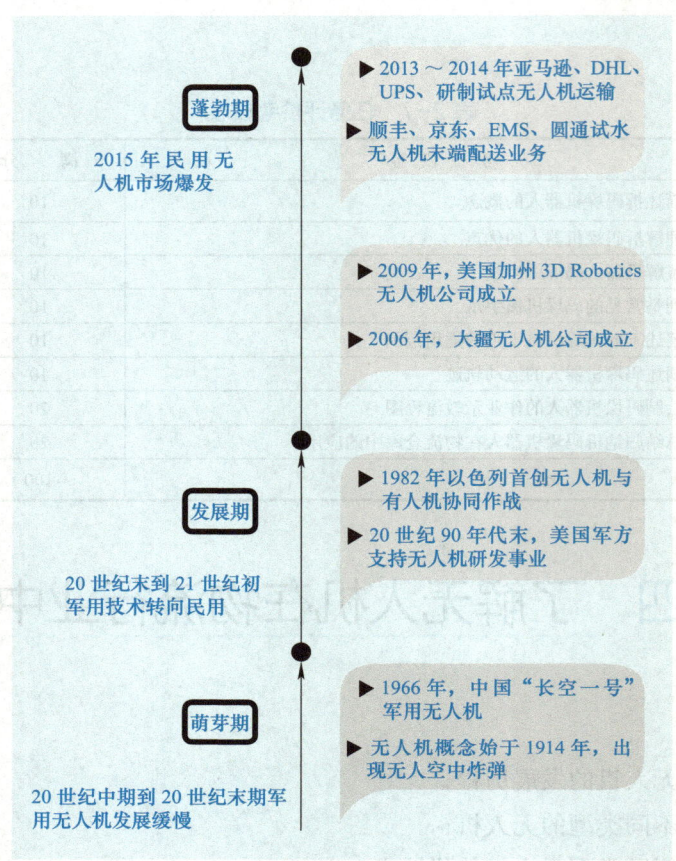

图 2-42 无人机的发展历程

2. 无人机的类型

按照机身结构不同,无人机主要分为固定翼、旋转翼、直升机和多旋翼 4 种;随着技术逐渐成熟,零配件成本降低,并且开发了航拍、电力巡检等应用场景,以多旋翼无人机为主的小型民用无人机成为市场热点。无人机的分类见表 2-8。

表 2-8 无人机的分类

无人机类型	固定翼	旋转翼	直升机	多旋翼
优势	大航程 续航能力强	综合了固定翼和垂直起降的优势	可垂直起降,高机动性,较高的有效荷载	价格低廉,易于推广,质量较小
劣势	水平起降需要较大的空间,比垂直起降机动性差	技术复杂,价格较贵	价格较贵,需要相对较高的维护要求	有效荷载有限,由于质量小,抗风性较弱
图例				

3. 无人机的组成

当前，无人机主要由飞机机壳、飞行控制系统、导航系统、动力系统、通信数据系统等组成。

（1）飞机机壳。无人机外壳材料要自重轻、耐腐蚀、抗应力开裂，常用的有碳纤维和复合材料。目前，市场上的无人机外壳选用的复合材料多是工程塑料，其性能好、成本较低。

（2）飞行控制系统。飞行控制系统是无人机最重要的控制系统，是其可以实现完全自主飞行的核心。当前，飞行控制系统包括飞行传感器、机载计算机、伺服动作设备三个部分，主要实现飞机由起飞、飞行、执行任务、返场全流程的飞行过程，功能以姿态稳定、飞行操控、任务管理、应急控制为主。作为保证飞机控制精度的关键，飞机传感器经常包括角速度、姿态、位置、加速度、高度和速度等方面，作为军事用途的无人机则有更高的要求，配备类似于光谱成像、雷达等设备。

（3）导航系统。导航系统可以实现无人机自主路线规划，为无人机提供参考坐标，包括位置、速度、姿态等信息。当前导航系统主要分为两种：非自主导航系统（GPS、北斗、蜂窝网等）和自主导航系统（惯性指导），需要正视的问题是导航精度、抗干扰能力，其仍是当前两种系统的主要缺陷，如图2-43所示。

图2-43　导航系统

（4）动力系统。针对不同的需求无人机的动力系统也有区分，但从当前的发展趋势来看，动力系统都向小体积、低成本、高可靠3个方面演进。当前低空无人直升机一般使用轻量化的涡轴发动机，无人机在这一点和传统的有人机基本相同。对于小型无人机（多以多旋翼类型为主）则一般以电力驱动为主，起飞质量较小、续航能力相比传统动力方式有较大差距。但是，随着科技的发展，未来可能出现太阳能等新能源作为动力来源，为无人机提供更为持久的动力，来改善小型无人机当前的缺陷。

（5）通信数据系统。数据通信系统是无人机实现数据传输、实时控制的关键接口。数据通信系统主要负责无人机上各类系统的传输服务，包括远程遥控、跟踪定位、传感器数据等。

无人机的主要技术及功能，见表2-9。

表 2-9 无人机的主要技术及功能

序 号	主 要 技 术	实 现 功 能
1	飞控系统	环境感知和判断： 自主避障、自动寻路
2	导航系统	导航精度： 抗干扰能力、自主路径规划
3	动力系统	轻量可靠： 小体积、低成本、高可靠、持久性
4	通信数据系统	数据传输： 远程遥控、跟踪定位

二、无人机的应用

1. 无人机行业的应用现状

尽管无人机最初以军事用途为主，但现在已经在民用市场逐渐发挥出了重要的价值，当前，民用无人机主要应用在农林、物流、航拍、安防、电力等领域。根据市场容量与技术成熟度两个维度进行考量，对无人机应用场景进行了分类，如图 2-44 所示。物流配送市场巨大，但各方应用成熟度还尚未达到大规模应用的水平。

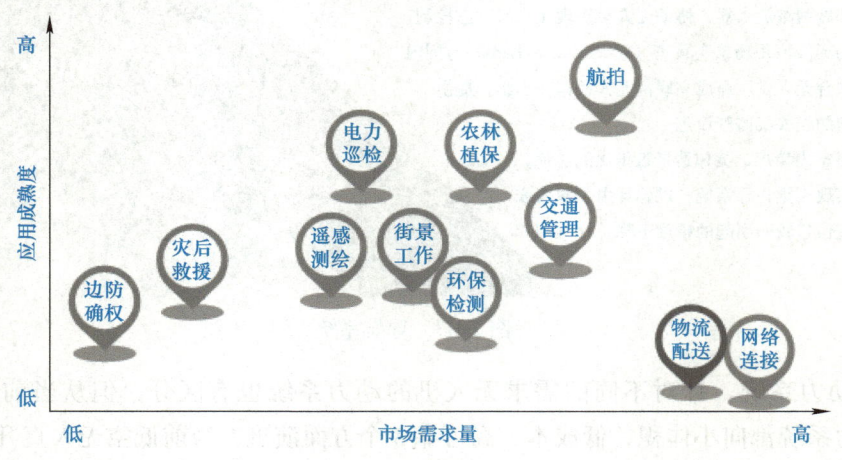

图 2-44 无人机行业应用现状

2. 无人机在快递物流行业中的应用

无人机配送不仅能大幅降低配送成本，还可提高效率、解决偏远地区的配送难题。目前，包括亚马逊、DHL、顺丰在内的企业均在大量测试无人机配送快件，如图 2-45 所示。目前企业测试用的无人机主要为四旋翼或八旋翼式，飞行高度在 1000m 以下，飞行半径在 10km 左右，承重在 10kg 以内。无人机非常适用于偏远地区和紧急件的派送，同时能有效提高配送效率，减少人力、运力成本。

图 2-45 快递无人机

3. 无人机在快递物流行业应用的 SWOT 分析

近年来,无人机以其独特优势,抓住快递物流行业应用大发展的机会,迅速发展壮大,然而也以其自身显著的缺点存在着一定的劣势,面临着不少威胁。无人机在快递物流行业应用的 SWOT 分析,如图 2-46 所示。

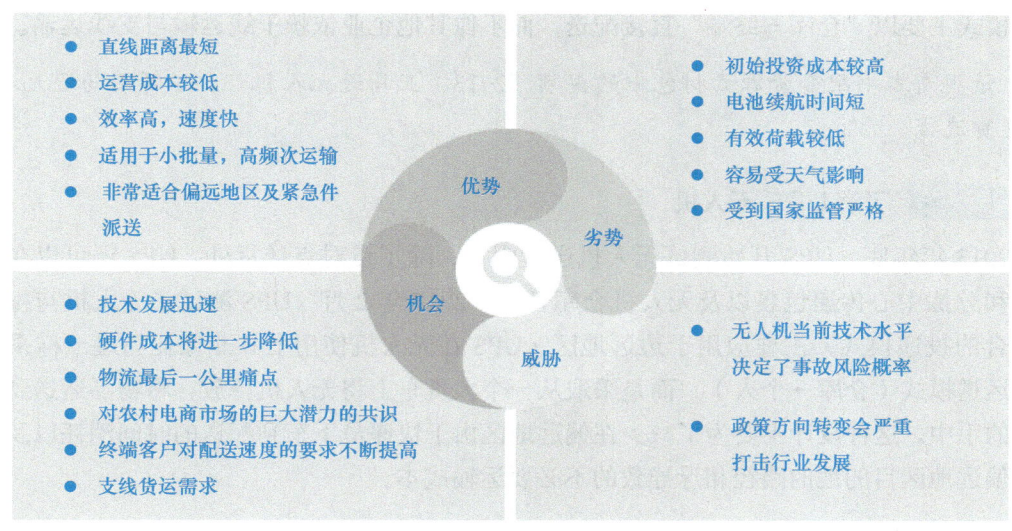

图 2-46 无人机在快递物流行业应用的 SWOT 分析

任务发布

请同学们根据所学知识,利用互联网,搜集无人机在亚马逊、UPS、DHL、京东、菜鸟、顺丰等不同物流企业中的应用。

智能物流技术

任务操作

步骤一　了解亚马逊无人机

2013 年，亚马逊公布无人机计划 Prime Air，目前已经研发到第九代。亚马逊无人机于 2016 年 12 月在英国首次测试。亚马逊 Prime Air 作为亚马逊 Prime 高端品牌的延伸，打造下单到配送 30 分钟快速服务，是亚马逊未来电商物流重要的一环。亚马逊 Prime Air 目前主要应用在郊区，可以涵盖一些农村地区，未来还计划在城市区域送货，可以让无人机把包裹放在屋顶上，如图 2-47 所示。

图 2-47　亚马逊 Prime Air

区别于其他公司的无人机计划，亚马逊的无人机主要发力在末端最后一公里配送，亚马逊模式主要以"仓库－终端"直接配送，而不像其他企业依赖干线运输与支线运输。

> 请观看本书配套资源素材包中的视频"2-13　亚马逊无人机"，了解亚马逊无人机的送货流程。

步骤二　了解 UPS 无人机

2013 年年底，UPS 开始测试无人机送货服务，除了点对点送货外，UPS 还可以在物流中心和分拣中心传递包裹以及无人机仓库管理；2017 年 2 月，UPS 测试了无人机与投递车相结合的投递模式，主要应用于边远地区。UPS 在无人机使用上并非像亚马逊一样采取无人机运送模式（仓库→个人），而是采取从一个大货车上将无人机释放，将物品运送到最终客户的手中。这种设计主要为了减少在偏远地区由于快递员下车到配送的时间消耗以及减少由于偏远地区目的地的路径相斥导致的不必要运输成本。

> 请观看本书配套资源素材包中的视频"2-14　UPS 测试无人机送货"，了解 UPS 无人机的送货流程。

步骤三　了解 DHL 无人机

2013 年 12 月 9 日，德国邮政 DHL 在公司总部完成了无人机投递的室外测试；2014 年 9 月，第二代无人机获得德国联邦运输部和航空管理局许可；2016 年 3 月，第三代无人机完成试飞；2016 年 9 月，完成无人机与快递柜的深度整合。

DHL 开始涉足无人机送货要比亚马逊早很多。2016 年 6 月，DHL 完成了其自动化无人机送货系统 Parcelcopter 为期 3 个月的测试。DHL 无人机类型如图 2-48 所示。

PARCELCOPTER 1.0
类型：四轴飞行器
规格：1030mm
负载：最多 1.2kg
空速：大约 43km/h
控制系统：手动
空域：河流穿越
地点：伯恩
飞行距离：1km
高度差：无

PARCELCOPTER 2.0
类型：四轴飞行器
规格：1030mm
负载：最多 1.2kg
空速：大约 43km/h
控制系统：自主飞行
空域：河流穿越
地点：德国小镇
飞行距离：12km
高度差：无

PARCELCOPTER 3.0
类型：旋转翼飞机
规格：2200mm
负载：最多 2kg
空速：大约 70km/h
控制系统：自主飞行
空域：山区
地点：德国小镇
飞行距离：8.3km
高度差：大约 500m

图 2-48　DHL 无人机类型

DHL 的无人机使用模式与其他厂商不同，DHL 设置无人机站点，物流配送人员将物品放入站点后，无人机负责偏远地区该类站点与站点之间的物流配送。由快递人员与最终客户在站点进行货物的派送与签收。与此同时，DHL 已经将其无人机整合至其快递物流链。

请观看本书配套资源素材包中的视频"2-15　DHL 无人机送货"，了解 DHL 无人机的送货流程。

步骤四　了解京东无人机

2016 年，京东成立 X 部门进行无人机研发；2017 年 8 月，京东与陕西省完成无人机项目落地。京东规划未来将落地包含干线、支线、终端配送的三级通航无人机物流网络布局（见表 2-10），目前已完成无人机飞控调度中心、飞服中心、研发中心、制造中心等一系列配套技术与设施的落地。意在覆盖全国广大农村地区，实现村村通、县县通，该体系先从末端布局，之后逐步建立干线和支线物流网络，最终构建天地一体化的智慧物流网络，实现 2 小时物流生活圈，提升广大消费者的购物体验。

表 2-10　京东三级物流

三 级 物 流	功 能 定 位
干线无人机配送（第一级）	通过干线无人机，实现覆盖 300km 的区域仓到仓的干线物流快速调拨。这一环节是大型无人机，载重量将达到吨级别
支线无人机配送（第二级）	支线配送是从分中心之间的小批量快速转运
终端无人机配送（第三级）	终端主要解决的是偏远地区和道路交通不便情况下的最后一公里难题

京东现在无人机分别是垂直起降固定翼无人机和三轴六旋翼无人机，前者具有更强的环境适应能力，同时具备航时长、航程远、速度快的优势；后者具有轻量化的机身、更快的速度及优秀的装载能力。

（1）"京鸿"大型货运无人机——首个真正意义支线物流无人机。"京鸿"（代号"JDY800"）无人机没有驾驶舱，在装载容量方面有重大突破，是一架真正意义上用于物流货运的原生无人机。在过去,行业内研发货运无人机更多是依赖传统有人机改造为无人机,这种方式最大的弊端是,原有的有人机驾驶舱设计大大限制了货物的装载空间。"京鸿"的出现,让京东在纯物流无人机上有了新的突破,成为构建干线-支线-末端无人机三级物流网络的重要一环。同时,京东首次贯通无人机三级物流网,可实现农特产品的高效上行。

"京鸿"无人机(见图2-49)的具体参数如下。

1)翼展长度——10m,全天候自主飞行。

2)续航能力——1000km以上。

3)起飞重量——840kg。

4)巡航高度——3000m。

5)巡航速度——200km/h。

(2)京东快运无人机M-TA1 Y1。京东快运无人机M-TA1 Y1是一款三轴六桨无人机,其最大载荷可达到15～30kg,距离可以达到20～30km,该款无人机已成为宿迁日常配送的运输设备了,如图2-50所示。

图2-49 "京鸿"无人机　　　　图2-50 京东快运无人机M-TA1 Y1

请观看本书配套资源素材包中的视频"2-16 京东无人机",了解京东无人机的送货流程。

步骤五　了解菜鸟无人机

早在2015年淘宝与圆通速递实现了无人机配送的首秀后,阿里巴巴方面就将无人机相关业务雪藏,直到2017年10月,阿里巴巴菜鸟网络才公开进行无人机群组试验,满载6箱货品,耗时9分钟,飞越近5km的海峡,为农村淘宝提供物流服务。阿里巴巴表示,这是国内首次完成无人机群组跨海快递飞行。因此,我们可以看到阿里巴巴菜鸟网络并没有如顺丰和京东一样对无人机有较为庞大的规划,仅仅以合作实验的方式,实现无人机应用。

当前,菜鸟网络测试的无人机是由杭州迅蚁科技提供的。杭州迅蚁科技无人机以多旋翼为主打类型,其有效荷载为7kg、航程30km,箱体25L,如图2-51所示。

图 2-51　菜鸟无人机

步骤六　了解顺丰无人机

2012年，顺丰创始人王卫提出物流无人机的设想；2015年，顺丰与成都中科航空成立朗星无人机；2016年，顺丰第三代飞控导航系统研发成功，四轴、六轴多旋翼无人机产品化，倾转旋翼无人机完成首飞；2017年，顺丰自研的垂直起降固定翼无人机问世；2017年7月，顺丰无人机项目落户四川。顺丰建设以湖北鄂州为中心，36小时通达全国的物流网络，实现2小时内覆盖中国的主要城市与地区。

顺丰已经推出多款无人机，如四轴多旋翼机型、倾转旋翼机型等，以覆盖不同的送货场景，这些无人机的最大有效荷载在5～25kg范围内，最大载重飞行距离在15～100km范围内。如图2-52和图2-53所示。

图 2-52　多旋翼

图 2-53　固定翼

请观看本书配套资源素材包中的视频"2-17 顺丰无人机",了解顺丰无人机的送货流程。

任务评价

表 2-11 任务评价考核表

序 号	考 核 内 容	满 分	得 分
1	能够描述无人机的发展历程	10	
2	能够区分不同类型的无人机	10	
3	能够阐述不同类型无人机的优缺点	15	
4	能够列举无人机的组成	10	
5	能够了解无人机行业的应用现状	10	
6	能够利用 SWOT 分析无人机在快递物流行业中的应用	15	
7	能够总结归纳无人机在典型物流企业中的应用	30	
合 计		100	

学习任务五　仓储设施设备认知与规划设计

学习目标

- 能够描述托盘的分类和特点;
- 能够描述周转箱的分类和特点;
- 能够描述货架的类型及特点;
- 能够描述叉车的类型及特点;
- 能够描述手推车和物流台车的功能;
- 能够计算托盘和周转箱的需求数量;
- 能够根据条件合理地选择货架;
- 能够合理地选择叉车并计算数量。

知识储备

一、集装单元化设备选型

1. 托盘

（1）托盘普遍采用的尺寸。托盘的常用尺寸为 1100mm×1100mm 和 1200mm×1000mm，如图 2-54 和图 2-55 所示。

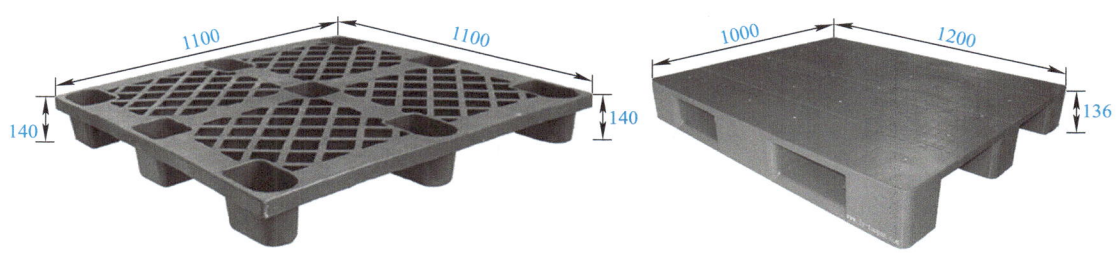

图 2-54　1100mm×1100mm 托盘　　　　图 2-55　1200mm×1000mm 托盘

（2）托盘的分类。按照材质分，托盘可分为塑料托盘、木质托盘、钢制托盘、纸质托盘和复合材料托盘等，如图 2-56～图 2-60 所示。

图 2-56　塑料托盘　　　　图 2-57　木质托盘　　　　图 2-58　钢制托盘

图 2-59　纸质托盘　　　　图 2-60　复合材料托盘

（3）托盘的性能比较。不同材质的托盘优缺点，见表 2-12。

表 2-12 不同材质的托盘优缺点

托盘名称	优 点	缺 点
木质托盘	价格相对便宜、维修比较简单	不防火、不防水、易受潮、易生虫、易腐烂。作为一次性出口包装材料时，须进行熏蒸或热处理，增加额外费用，延长通关时间，制造木托盘需砍伐大量树木，与环保主题背道而驰
塑料托盘	免熏蒸、外观整洁，易清洗、易消毒；使用寿命是木托盘的 5～7 倍，可回收重新利用；无钉、无刺、无毒、无味、耐酸、耐碱、耐腐蚀、不腐烂、不助燃、无静电火花	成本高、强度低、抗冲性能差。在结构和尺寸上有很大的局限性，产品规格的灵活度不高，由聚氯乙烯制作而成，如含有再生颗粒可能含有毒素，出口单位一般不会使用。对使用环境的温度有一定要求
钢制托盘	免熏蒸，结构坚固，承载力高，抗冲击力强。	自重大、易生锈、易腐蚀、价格昂贵，只能在特定行业中使用
纸质托盘	质量轻，节约运输、装卸搬运成本；缓冲性能、防震性能、保温性能好；比较容易进行包装加工，与其他包装形式相容性强；材料可回收再利用，用后处理方便，无污染，有利于环保；无虫蛀，不需要熏蒸，易适合出口要求；易标识，表面设计、图示易懂	承载量小；防潮性、防撞性差，如改变弱点需另行处理；难以循环利用
复合材料托盘	免熏蒸、外观整洁	承载力低、不防火、不防水，生产过程中大量用胶，无法出口到对甲醛释放限值严格的市场

（4）托盘的数量计算。托盘的数量计算所需数据包括货物数量、托盘上货物包装规格、托盘规格、托盘每层可放货物箱数、可堆码层数、每个托盘可放货物箱数。

1）包装承压可堆码层数=(包装承压能力÷包装毛重)+1。

2）每层可放货物箱数=MAX{[(托盘长÷包装长)向下取整]×[(托盘宽÷包装宽)向下取整]；[(托盘长÷包装宽)向下取整]×[(托盘宽÷包装长)向下取整]；(托盘面积÷包装面积)向下取整}。

3）托盘可堆码层数=托盘承压能力÷托盘每层可放置箱数总质量。

4）托盘实际可堆码层数如下：①当托盘可堆码层数＜包装承压可堆码层数时，托盘可堆码层数=每托盘可堆码层数；②当托盘可堆码层数≥包装承压可堆码层数时，托盘实际可堆码层数=包装承压可堆码层数。

5）每个托盘可放货物箱数=托盘实际可堆码层数×每层可放货物箱数。

6）所需托盘数量=向上取整(货物总箱数÷每个托盘可放货物箱数)。

2. 周转箱

（1）周转箱的类型。周转箱主要分为标准式周转箱、斜插式周转箱、错位式周转箱、折叠式周转箱，如图 2-61～图 2-64 所示。

图 2-61　标准式周转箱

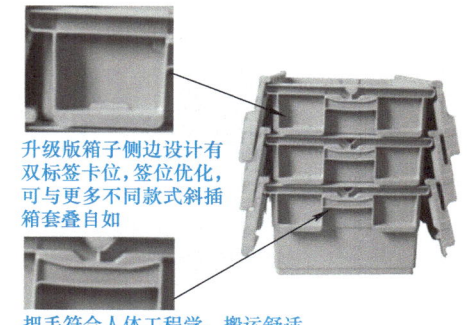

图 2-62　斜插式周转箱

图 2-63　错位式周转箱

图 2-64　折叠式周转箱

（2）周转箱的常见尺寸，见表 2-13。

表 2-13　周转箱的常见尺寸

型　号	内尺寸（mm）	外尺寸（mm）
5 号	500×360×175	455×325×165
6 号	510×390×235	565×420×240
7 号	630×375×145	670×420×155
8 号	565×420×300	510×390×295

（3）周转箱的性能特点，见表 2-14。

表 2-14　周转箱的性能特点

周转箱名称	标准式周转箱	斜插式周转箱	错位式周转箱	折叠式周转箱
特点	与各类物流容器具在使用过程中尺寸配合完好，节省使用空间	在空箱时减少仓储的体积，同时也可以减少周转时来回的物流费用；可堆用	空箱可相互插入堆放，有效减少运输成本，特别适合于物流配送过程；翻转 180° 时可互相堆垛，满箱时可堆垛 4 层	质量小、占地少、组合方便
共同特点	耐用、密封、多功能性、可堆叠；质轻节材；防静电、阻燃；化学性质稳定、防水、防潮、防腐蚀、防虫蚀；免熏蒸，与纸板、木板相比具有明显优势；抗折、抗老化、承载强度大			
注意事项	避免阳光暴晒；严禁将货物从高处抛掷在塑料周转箱内			
适用范围	主要应用于汽车制造、医药、家电、商业流通、配送及仓储领域	广泛用于机械、汽车、家电、轻工、电子等行业，适用于工厂物流中的运输、配送、存储、流通加工等环节	多用于机械厂、食品厂、果品市场等货物的存储与周转	广泛用于电子机械、医药、汽车、家电、轻工食品等行业

（4）周转箱的数量计算。周转箱的数量计算方法如图 2-65 所示。

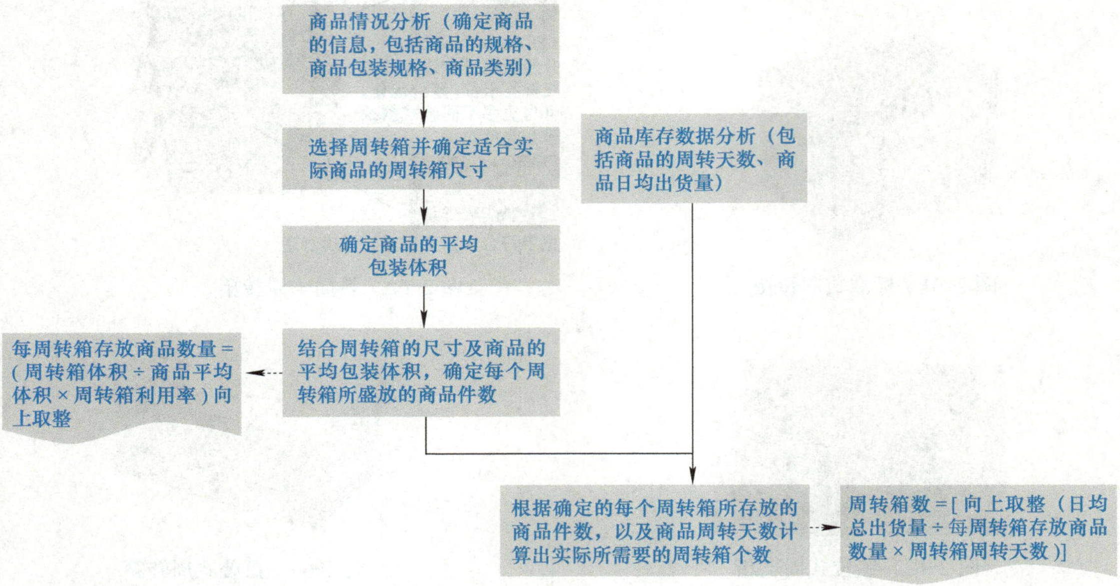

图 2-65　周转箱的数量计算方法

二、货架选型

1. 货架的类型及特点

（1）托盘式货架。托盘式货架又称横梁式货架、货位式货架，通常为重型货架，在国内的各种仓储货架系统中最为常见，如图 2-66 所示。其既适用于多品种小批量物品，又适用于少品种大批量物品。

使用托盘式货架，每一块托盘能够单独存入或取出，货物装卸迅速，配套成本相对较低，能快速安装与拆卸，主要用于整托盘进出库或手工拣选的仓库。

（2）重力式货架。重力式货架又称自重力货架，属于重型货架，由托盘式货架演变而来，适用于少品种大批量同类货物的存储，空间利用率极高，如图 2-67 所示。在重力式货架横梁上安上滚筒式轨道，轨道呈 3°～5° 倾斜，托盘货物用叉车搬运至货架进货口，利用自重，托盘从进口自动滑行至另一端的取货口。

重力式货架有以下特点。

1）先进先出的存储方式。

2）储存和拣选分开，提高输出量，由于是自重力使货物滑动，而且没有操作通道，因此减少了运输路线和叉车的数量。

3）在排与排之间没有作业通道，大大提高了仓库面积的利用率。

图 2-66 托盘式货架

图 2-67 重力式货架

（3）移动式货架。移动式货架是指可在轨道上移动的货架，即在货架的底部安装有运行车轮或轨道，可在地面上运行的货架，如图 2-68 所示。

移动式货架有以下特点。

1）适用于库存品种多，出入库频率较低。

2）库存频率较高，可按巷道顺序出入库。

3）大于一般货架的存储量，空间利用率高。

4）地面面积的使用率达 80%。

5）通道位置可调，存取方便。

6）货架机电装置多，维护困难，成本高。

7）成本高，施工周期长。

（4）贯通式货架。贯通式货架又称通廊式货架或驶入式货架，如图 2-69 所示。贯通式货架可供叉车（或带货叉的无人搬运车）驶入通道存取货物，适用于品种少、批量大类型的货物储存。

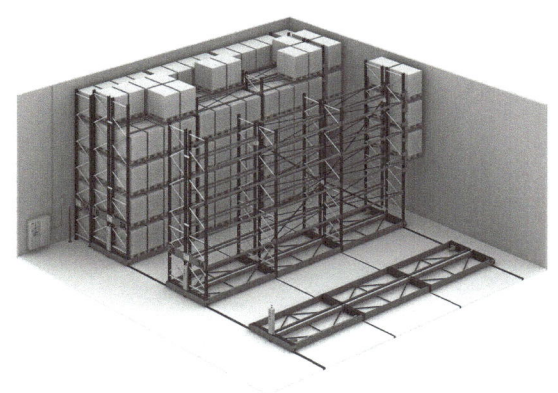
图 2-68 移动式货架

图 2-69 贯通式货架

贯通式货架有以下特点。

1）适用于横向尺寸较大，品种较少，数量较多的货物储存，常用来储存大批相同类型货物。

2）货架空间利用率提高。

3）实现先进先出作业。

4）堆垛密集度高。

5）同一通道内的货物品种必须相同或必须一次完成出入库作业。

（5）阁楼式货架。阁楼式货架通常利用中型搁板式货架或重型搁板式货架作为主体支撑加上楼面板（根据货架单元的总负载重量来决定选用何种货架），如图2-70所示。

阁楼式货架有以下特点。

1）阁楼货架可以提升货架高度，充分利用仓储高度，更好地利用仓储空间。

2）阁楼货架楼面铺设货架专用楼板，与花纹钢板或钢格栅相比，其层载能力强、整体性好、层载均匀、表面平整、易锁定等。

3）阁楼货架充分考虑人性化物流，设计美观，结构大方，安装、拆卸方便，可根据实地灵活设计。

4）阁楼货架适合存储多种类型物品。

（6）搁板式轻型货架。搁板式轻型货架由人力直接存取货物，用于高度、深度较小的货物存取，单层货架载重较轻，如图2-71所示。

图2-70　阁楼式货架

图2-71　搁板式轻型货架

搁板式轻型货架有如下特点。

1）结构简洁、自重轻、装配方便。

2）价格便宜，组装快速。

3）适合存放纸箱、包、小件物品。

（7）流利式货架。流利式货架一般采用滚轮式铝合金或钣金流利条，呈一定坡度（一般在15°左右）放置，如图2-72所示。货物通常为纸包装或将货物放于塑料周转箱内，利用其自重实现货物的流动和先进先出。

流利式货架有以下特点。

1）广泛应用于配送中心拆零拣选作业环节。

2）可实现"先进先出"作业。

3）使用成本低，存储速度快、密度大。

4）节约空间，提高效率。

5）可配合电子标签系统使用。

（8）悬臂式货架，如图2-73所示。

图2-72 流利式货架

图2-73 悬臂式货架

悬臂式货架有以下特点。

1）空间利用率低，为35%～50%。

2）适用于存放钢管、型钢及长形的物品。

3）结构轻巧，载重能力好。

4）货架受高度限制，一般在6m以下。

5）不太便于机械化作业，存取货物强度大。

2. 货架选型的考虑因素

货架选型的考虑因素，如图2-74所示。

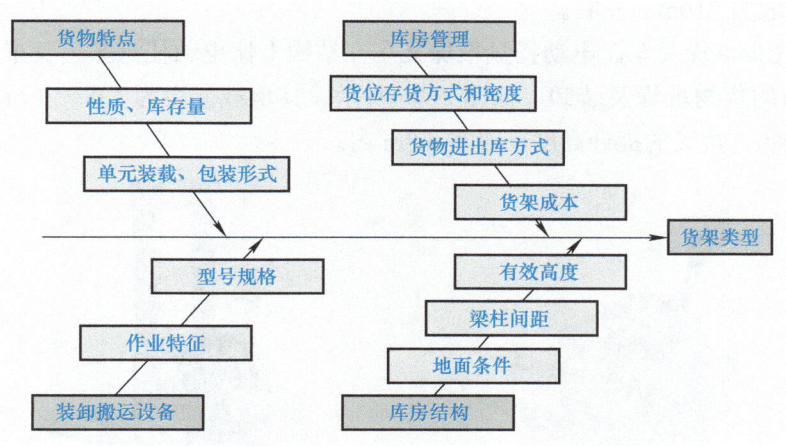

图2-74 货架选型的考虑因素

3. 货架的数量计算方法

货架数量与存储货品的量及单位货架的存储能力有关，计算公式如下：

$$N=\frac{Q}{P \times L \times 2}$$

式中

N——重型货架需求组数；

Q——货物存放总量；

P——单位托盘存放货物的量；

L——规划货架的层数。

注意：其中系数 2 是因为每组货架的每层一般有两个托盘位。

一般情况下，货物存储量随着季节性变化有一定的波动，因此，规划时还需要考虑高峰库存的需求。另外，随着业务量的增长，库存量也会不断增大，也需要考虑。

一般货架层数为 5～8 层。货架层数太少难以体现其充分利用空间和提升存储容量的优势，而层数太多则会增加叉车取货的难度，使货物坠落的风险增大。

三、搬运设备选型

1. 叉车

（1）叉车的概念。叉车是指对成件托盘货物进行装卸、堆垛和短距离运输、重物搬运作业的各种轮式搬运车辆，国际标准化组织工业车辆技术委员会（ISO/TC110）称其为工业车辆，属于物料搬运机械，广泛应用于车站、港口、机场、工厂、仓库等各国民经济部门，是机械化装卸、堆垛和短距离运输的高效设备。

（2）叉车的分类及特点。

1）电动托盘搬运叉车。其主要用于仓库内的水平搬运及货物装卸，如图 2-75 所示。其一般有步行式和站驾式两种操作方式，可根据效率要求选择，适用于工作效率要求较高的场合。电动托盘搬运叉车的承载能力为 1.6～3.0t，作业通道宽度一般为 2.3～2.8m，货叉的提升高度一般为 210mm 左右。

2）电动托盘堆垛叉车。电动托盘堆垛叉车在结构上比电动托盘搬运叉车多了门架，主要用于仓库内的货物堆垛及装卸，如图 2-76 所示。其承载能力为 1.0～1.6t，作业通道一般为 2.3～2.8m，货叉的提升高度一般在 4.8m 内。

图 2-75　电动托盘搬运叉车　　图 2-76　电动托盘堆垛叉车

3）前移式叉车。前移式叉车的门架可以整体前移或缩回，常用于仓库内中等高度的堆垛、取货作业，如图 2-77 所示。其承载能力为 1.0～2.5t，作业通道宽度一般为 2.7～3.2m，货叉的提升高度最高可达 11m 左右，叉车提升高度较高，对仓库地面要求较高。

4)电动拣选叉车。在某些工况下(如超市的配送中心),不需要整托盘出货,而是按照订单拣选多种品种的货物组成一个托盘,此环节称为拣选,按照拣选货物的高度,电动拣选叉车可分为低位拣选叉车和中高位拣选叉车,如图2-78所示。

低位拣选叉车:货叉的提升高度为2.5m,承载能力为2.0~2.5t。中高位拣选叉车:货叉的提升最高可达10m,承载能力为1.0~1.2t。

5)平衡重式叉车。平衡重式叉车分为内燃式叉车和电动式叉车,如图2-79所示。内燃式叉车由于噪声和尾气方面的缺点,较少在物流中心仓库内使用,因而电动式叉车的应用较为广泛。

平衡重式叉车的价格较电动前移式便宜,轮胎相对较大,适合库内搬运和库内货物上架,适合货架通道大于3500mm、货叉举高小于5m的仓库,货叉举高较低,车体较长,对货架通道要求较宽。

图2-77 前移式叉车　　图2-78 电动拣选叉车

图2-79 平衡重式叉车

(3)叉车选型的考虑因素。叉车选型时需要考虑如图2-80所示的因素。

叉车选型时需要考虑的因素	考虑方面	说明
	日作业量	仓库的进出货频繁度、叉车每天的作业量关系到叉车蓄电池容量和叉车数量的选择,以保证日常工作进行
	作业功能	叉车的基本作业功能分为水平搬运、堆垛/取货、装货/卸货、拣选。根据企业所要达到的作业功能来初步确定车型。另外,特殊的作业功能会影响叉车的具体配置
	作业要求	叉车的作业要求包括托盘或货物规格、提升高度、作业通道宽度、爬坡度等一般要求,同时还需要考虑作业效率(不同的车型效率不同)、作业习惯(如习惯坐驾还是站驾)等方面的要求。例如,大部分叉车是以托盘为操作单位的,托盘的尺寸与形式往往影响叉车的形式及规格的选择
	作业环境	如果企业需要搬运的货物或仓库环境对噪声或尾气排放等环保方面有要求,在选择车型和配置时应有所考虑。如果是在冷库中或是在有防爆要求的环境中,叉车的配置也应该是冷库型或防爆型的
	地坪	地坪的光滑度及平整度状况极大地影响叉车的使用,尤其是使用高提升的室内叉车时,地坪需要考虑的因素还包括承重能力、叉车轮压等

图2-80 叉车选型的考虑因素

（4）叉车的数量计算。叉车的数量计算公式如下：

叉车的数量 = 叉车的满足能力 × 叉车配置指数 × 托盘平均载重量（工作时间 ÷ 工作周期）× 托盘平均载重量

2. 手推车

手推车是以人力推、拉的搬运车辆，其独特的静音、传动技术设计使手推车广泛适用于厂区、餐饮业、图书馆及物流仓储配送等物料搬运行业，如图2-81所示。

图2-81 手推车

手推车有以下特点。

（1）在短距离搬运较轻物品时比较方便。

（2）能在机动车辆不便使用的地方工作。

（3）造价低廉。

（4）操作方便。

（5）维护简单。

3. 物流台车

物流台车又叫载货台车或笼车，是一种安装有4只脚轮的运送与储存物料的单元移动集装设备，常用于大型超市的物流配送或工厂、仓库工序间的物流周转。

物流台车存放的产品陈列醒目，在运输中一方面对物料的安全起到保护作用，另一方面不会使已分拣配备好的产品导致杂乱。物流台车的装卸十分省力，轮子通常设计为两只定向轮、两只万向轮，以方便人工推行。

物流台车有以下特点。

（1）可配合卸货平台，方便货物装卸。

（2）可使生产暂存更为规范。

（3）可折叠收藏，不占空间。

（4）组装线上顺手方便，提高工作效率。

（5）按线输送物料，快速正确，不会出错。

（6）拆装快速方便，节省存放空间1/4以上。

任务发布

上海嘉信仓储配送中心拟在地块A园区内的库房（见图2-82）进行商超项目零售配送中心的规划与设计，商超项目根据前期对配送需求的调研，基于ABC分类法的数据对库房进行初步布局，该项目前期ABC分类的分析结果见表2-15，能力目标值见表2-16，商品功能需求及功能区见表2-17。物流中心张总监需要根据前期对仓储设备需求进行分析的情况下进一步根据仓储商品属性选择出合适的托盘和搬运设备，要求托盘经济实用、牢固性好、不易变形且仓库不易受潮。

地块 A 园区内的库房长 48m、宽 45m、高 15m，面积为 2160m²；建筑立柱间距长 12m、宽 9m；地面承重为 3t；门尺寸为宽 4.5m×高 8m，月台宽 4m、高 1200mm，库内地面高度与月台同高；月台雨棚宽 4500mm、高 8500mm。

商超项目商品质量信息如下。

（1）食品每箱最大质量为 2kg，包装规格为 0.4×0.4×0.4（m）。

（2）用品每箱最大质量为 3kg，包装规格为 0.4×0.4×0.4（m）。

（3）家电每箱最大质量为 5kg，包装规格为 0.8×0.8×1.0（m）。

（4）包装的承压能力为 10kg。

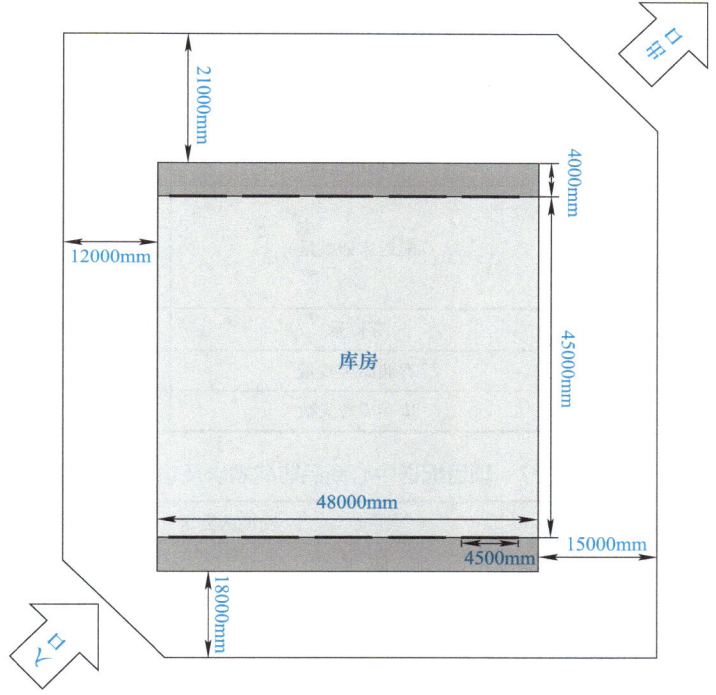

图 2-82 待规划的配送中心地块 A

表 2-15 项目配送中心商品 ABC 分类的分析结果

商品 ABC 分类下的能力目标	规划设计值			
	品种数（SKU）	日均出库量（箱）	库存量（箱）	库存天数（天）
食品 A	133	864	5919	7
食品 B	302	4710	4710	10
食品 C	953	2227	3341	15
合计	1388	7801	13970	—
用品 A	102	489	1955	4
用品 B	118	2843	1763	6
用品 C	226	947	1419	10

（续）

商品 ABC 分类下的能力目标	规划设计值			
	品种数（SKU）	日均出库量（箱）	库存量（箱）	库存天数（天）
合计	446	4279	5137	—
家电 A	50	131	392	3
家电 B	100	343	187	5
家电 C	350	187	150	8
合计	500	691	729	—
总计	2334	12771	19836	—

表 2-16 项目配送中心规划能力目标值

总体能力目标	规划设计值	
吞吐能力	日均出库量	1.25 万箱 / 日
	日均进货量	1.25 万箱 / 日
	配送店铺数量	大卖场：2 店
		标准超市：9 店
		便利店：7 店
存储能力	存储量	2 万箱
	存储品种数量	2400SKU
	库存周转天数	8 天

表 2-17 项目配送中心商品功能需求及功能区

主要功能区	区域功能描述	功能区需求		对应品类
		存储需求	出入库需求	
A 区域	高周转商品库存保管和拣选出库区域	随机存储 + 固定货位存储 托盘货架存储	整托或整箱拣选出库；RF 无线手持终端指示拣选 叉车搬运	食品 A 用品 A 家电 A
B 区域	中周转商品库存保管和拣选出库区域	随机存储 + 固定货位存储 托盘货架存储	整托或整箱拣选出库；RF 无线手持终端指示拣选；叉车搬运	食品 B 用品 B 家电 B
C 区域	低周转商品库存保管和拣选出库区域	随机存储 + 固定货位存储 盘货架存储	整托或整箱拣选出库；RF 无线手持终端指示拣选；叉车搬运	食品 C 用品 C 家电 C
入库暂存区	商品检验 暂存	整托或整箱暂存 地面堆垛	—	全品类
入库月台	卸货	—	整托或整箱入库 叉车搬运	全品类
出库暂存区	商品复核 暂存	整托或整箱暂存 地面堆垛	—	全品类
出库月台	装货	—	托盘出库 叉车搬运	全品类

任务操作

步骤一 确定托盘材质

根据货物特性及木质托盘特点,因此选择木质托盘。

步骤二 确定托盘尺寸规格

国家标准的托盘尺寸有两种:1200mm×1000mm 和 1100mm×1100mm。

因为各产品包装规格分别为 0.4×0.4×0.4(m)、0.4×0.4×0.4(m)、0.8×0.8×1.0(m),计算两种托盘规格,每托盘每层可放箱数,选取箱数多的托盘尺寸。

(1)1200mm×1000mm 托盘。

食品、用品类每层托盘可码放的数量 =Max{[向下取整 (1.2÷0.4)]×[向下取整 (1÷0.4)];向下取整 [(1.2×1)÷(0.4×0.4)]}=6 箱。

小家电类每层托盘可码放的数量 =Max{[向下取整 (1.2÷0.8)]×[向下取整 (1÷0.8)];向下取整 [(1.2×1)÷(0.8×0.8)]}=1 箱。

通过实际模拟摆放,验证得出 1200mm×1000mm 托盘每层可摆放食品、用品类各 6 箱,小家电 1 箱。

(2)1100mm×1100mm 托盘。

食品、用品类每层托盘可码放的数量 =Max{[向下取整 (1.1÷0.4)]×[向下取整 (1.1÷0.4)];向下取整 [(1.1×1.1)÷(0.4×0.4)]}=4 箱。

小家电类每层托盘可码放的数量 =Max{[向下取整 (1.1÷0.8)]×[向下取整 (1.1÷0.8)];向下取整 [(1.1×1.1)÷(0.8×0.8)]}=1 箱。

通过实际模拟摆放,验证得出 1100mm×1100mm 托盘每层仅能摆放食品、用品 4 箱,此外,小家电每层摆放数量与上述计算结果一致。因此,1100mm×1100mm 托盘每层可摆放食品、用品各 4 箱,小家电 1 箱。

综合考虑,选择 1200mm×1000mm 托盘,承重可选择一般承重托盘,即 1t 即可。

步骤三 计算托盘数量

托盘数量计算见表 2-18。

表 2-18 托盘数量计算

商品 ABC 分类	库存量(箱)	每个托盘码放层数	每托盘每层可放箱数	每个托盘可堆码箱数	需要托盘数量
食品 A	5919	6 层	6	36	165
食品 B	4710		6	36	131
食品 C	3341		6	36	93

(续)

商品 ABC 分类	库存量（箱）	每个托盘码放层数	每托盘每层可放箱数	每个托盘可堆码箱数	需要托盘数量
用品 A	1955	4 层	6	24	82
用品 B	1763		6	24	74
用品 C	1419		6	24	60
家电 A	392	3 层	1	3	131
家电 B	187		1	3	63
家电 C	150		1	3	50
合计					849

步骤四 确定搬运设备类型

学生需要根据实际的操作流程及搬运要求，选出适合的搬运设备类型。

已知：仓库层高 12m，采用 5 层托盘式货架（商品存储方式），层高 1.8m、宽 3m、深 1.5m，每层 2 个货位。实际货物入库操作如图 2-83 所示，实际货物出库操作，如图 2-84 所示。

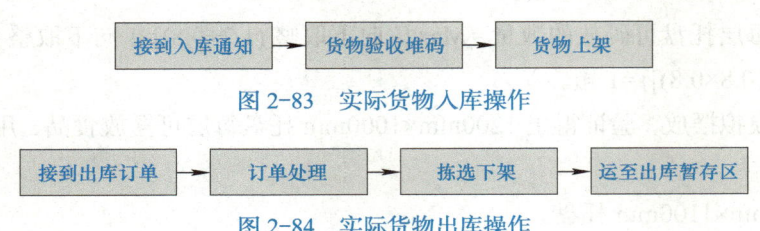

图 2-83　实际货物入库操作

图 2-84　实际货物出库操作

选择的设备类型，见表 2-19。

表 2-19　选择的设备类型

作业环节	设　备	选　择　理　由
卸车入库	电动平衡重式叉车	相比较内燃式叉车，电动平衡重式叉车更环保，噪声小，尤其存储有食品的仓库，电动平衡重式叉车比内燃式叉车价格略高 电动平衡重式叉车轮胎相对较大，同时适用于库内外搬运与库内货物上架。对于货架通道大于 3500mm 的，叉车举高在 5m 以下的仓库较为适合
上下架及拣选	电动前移式叉车	拣选高度可达 1100mm 左右；对货架间通道要求相对较小，一般直角堆垛通道为 2.7～3.2m；常用于仓库内中等高度的堆垛、取货作业
	高位拣选叉车	中高位拣选指在货架任意高度上的拣选，操作者可随叉车驾驶室升高。在某些工况下（如超市的配送中心），不需要整托盘出货，而是按照订单拣选多种品种的货物组成一个托盘，此环节称为拣选
出库装车	电动平衡重式叉车	电动平衡重式叉车相比较内燃式叉车，更环保，噪声小，尤其存储有食品的仓库，电动平衡重式叉车比内燃式叉车价格略高

步骤五 确定搬运设备数量

（1）初步确定所需搬运设备和数量。

学生需要根据实际的要求、工作班次、工作效率及其他条件计算出每个搬运设备的数量，见表 2-20。

表 2-20 搬运设备使用情况

序号	环节	设备	货量分布	MTM 时间	MTM 单位
1	入库搬运	电动平衡重式叉车	529	0.8	M/pallet
2	上下架及拣选	电动前移式叉车	390	0.8	M/pallet
3	上下架及拣选	高位拣选叉车	500	2	M/box
4	出库装车搬运	电动平衡重式叉车	500	0.8	M/pallet
5	每天工作时间：8h 每小时有效工作时间：45min				

注：MTM 代表工作效率；M/pallet 表示搬运每托盘耗时多少分钟；M/box 表示搬运每箱耗时多少分钟。

（2）计算结果见表 2-21。

表 2-21 搬运设备选型结果

作业环节	设备	个数
卸车入库	电动平衡重式叉车	2
上下架及拣选	电动前移式叉车	1
上下架及拣选	高位拣选叉车	3
出库装车	电动平衡重式叉车	2

任务评价

表 2-22 任务评价考核表

序号	考核内容	满分	得分
1	能够描述托盘的分类和特点	10	
2	能够描述周转箱的分类和特点	10	
3	能够描述货架的类型及特点	15	
4	能够描述叉车的类型及特点	10	
5	能够描述手推车和物流台车的功能	15	
6	能够计算托盘和周转箱的需求数量	10	
7	能够根据条件合理地选择货架	15	
8	能够合理地选择叉车并计算数量	15	
	合计	100	

项目三

智能仓储作业

学习任务一　完成入库作业

学习目标

- 能够描述入库作业的流程；
- 能够完成货物订单信息处理并打印入库单；
- 能够完成货物验收并填写验收单据；
- 能够完成货物理货及入库上架操作；
- 能够根据货物入库信息建立台账和档案。

知识储备

一、入库作业流程

入库作业操作流程一般包括接收送货信息、入库货物信息输入、来货验收、理货、上架、登记台账并建档，具体流程如图 3-1 所示。

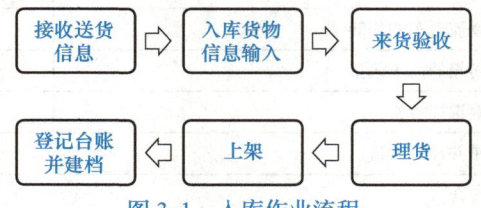

图 3-1　入库作业流程

二、物品检验的方法

1. 数量检验

数量检验的方法包括计件法、检斤法和检尺求积法，见表 3-1。

表3-1 数量检验的常用方法

检 验 法	介 绍
计件法	计件是按件数供货或以件数为计量单位的物品，做数量验收时的清点件数。计件物品应全部清查件数（带有附件和成套的机电设备须清查主件、部件、零件和工具等）
检斤法	检斤是对按重量供货或以重量为计量单位的物品，做数量验收时的称重
检尺求积法	检尺求积是对以体积为计量单位的物品，如木材、竹材、沙石等，先检尺，后求体积所做的数量验收

2. 质量检验

质量检验包括外观检验、尺寸检验、机械物理性能检验和化学成分检验4种形式。仓库一般只做外观检验和尺寸检验，后两种检验如果有必要，则由仓库技术管理职能机构取样，委托专门检验机构检验。

（1）外观检验。对物品包装的检验只能判断物品的大致情况，对物品的外观质量进行检验也必不可少。物品外观质量检验的内容包括外观质量缺陷、外观质量受损情况及受潮、霉变和锈蚀情况等。

外观检验时一般常用感官验收法，这是用感觉器官，如视觉、听觉、触觉、嗅觉来检查物品质量的一种方法，见表3-2。

表3-2 感官验收法

检验方法	方法介绍
视觉检验——看	这是对物品外观质量进行检验的最主要方法，它通过观察物品的外观，确定其质量是否符合要求。即在充足的光线下，利用视力观察物品的颜色、状态、结构等表面状况，检验是否发生变形、破损、脱落、变色、结块等，对质量加以判断
听觉检验——听	听是指通过摇动、搬运操作、听取声音、轻度敲击、细听发声，鉴别其质量有无缺陷。例如，原箱未开的热水瓶，可以通过转动箱体，听其内部有无玻璃碎片撞击之声，从而辨别有无破损
触觉检验——摸	摸是指用手触摸包装内物品，利用手感鉴定物品的光滑度、细度、黏度、柔软度，以判断物品是否受潮、变质等异常情况
嗅觉检验——闻	通过物品特有的气味、滋味，用鼻嗅物品是否已失应有的气味，或有串味及有无漏臭异味的现象，测定、判定质量，或者感觉是否有串味

（2）尺寸检验。进行尺寸检验的物品，主要是金属材料中的型材、部分机电产品和少数建筑材料。不同型材的尺寸检验各有特点，如椭圆材主要检验直径和圆度；管材主要检验厚度和内径；板材主要检验厚度及其均匀度等。对部分机电产品精度的检验，一般由专门质检部门或厂方负责质量检验，仓库免检。尺度精度的检验是一项技术性强、费时费力的工作，全部检验工作量大，并且有些产品质量的特征只有通过破坏性的检验才能测到，所以一般采用抽检来进行。

3. 包装检验

物品包装的好坏、干潮直接关系着物品的安全储存和运输，所以对物品的包装要进行严格验收。凡是产品合同对包装有具体规定的要严格按规定验收，如箱板的厚度，打包铁腰的匝数，纸箱、麻包的质量等。对于包装的干潮程度，一般是用眼看、手摸的方法来进行检查验收。

包装检验时，外包装异常有以下几种情况。

（1）人为的撬起、挖洞、开缝，通常是被盗的痕迹。

（2）水渍、黏湿，是雨淋、渗透或物品本身出现潮解、渗透的表现。

（3）污染，是由于装配不当，引起物品间互相玷污或物品本身腐败所致。

（4）由于包装、结构性能不良或在装卸搬运过程中乱摔乱扔、摇晃碰撞而造成的包装破损。

三、码盘的要求

（1）堆码整齐，物品堆码后 4 个角成一条直线。

（2）物品品种不混堆，规格型号不混堆，生产厂家不混堆。

（3）根据不同的物品外包装规格尺寸选择合适的堆码方法。

（4）超出货架规定的高度，不能超出托盘的宽度。

（5）标签要朝外，且不能倒置。

（6）充分利用托盘面积。

（7）每层物品数量一致。

任务发布

2019 年 2 月 15 日，上海嘉信仓储配送中心收到一批来自其合作客户格兰仕公司发来的一批微波炉，型号为 G70F20CN1L-DG（B0），条形码为 5839902016439，如图 3-2 所示。

图 3-2　格兰仕微波炉

入库申请单见表 3-3，李远作为品佳物流公司仓储部主管，他将如何安排完成这批微波炉的收货入库作业呢?

表 3-3　入库申请单

入库单流水号	20191025866								
单据类型				预计入库时间			2019 年 2 月 15 日		
客户编号				客户名称			格兰仕		
入库申请人	张军			申请人联系方式			13526627842		
收货受理人	李远			收货人联系方式			13436978968		
仓库地址									
序号	入库编号	物品编号	名称	单位	规格（mm）	毛重（kg）	包装材料	申请数量	实际数量	情况说明
1	131023022	BCD-528BASN	格兰仕微波炉 G70F20CN1L-DG（B0）	台	380×330×210	3.5	纸箱	100	100	
合计								100		

供应商客户签字盖章：张军　　　　　　　　　　　　　入库接收签字盖章：李远
时间：2019 年 2 月 15 日　　　　　　　　　　　　　时间：2019 年 2 月 15 日

任务操作

步骤一　入库订单处理

1. 订单输入

仓储部收货主管李远在接到收货任务后，将入库信息发给信息处理员王辉。王辉首先确认入库申请单中物品的到货信息，确认信息的内容包括客户名称、客户编码、物品名称、物品数量、物品规格及入库日期等。

信息确认无误后，王辉需要完成入库通知单在仓储管理系统中的输入工作。信息处理员王辉登录仓储管理系统，进入【订单管理系统】，如图 3-3 所示。

图 3-3　进入【订单管理系统】

在【订单管理系统】下的【订单管理】→【订单录入】→【入库订单】中，单击【新增】按钮，如图 3-4 所示。

图 3-4 新增入库订单

分别输入【订单信息】【订单入库信息】及【订单货品】等相关信息，如图 3-5 和图 3-6 所示。

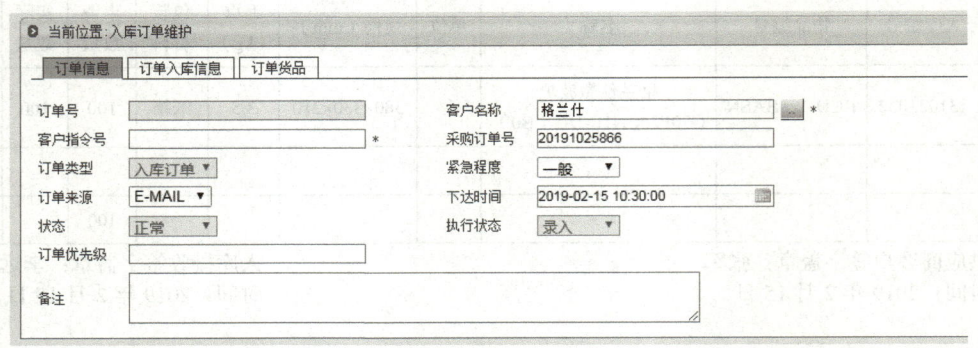

图 3-5 订单信息

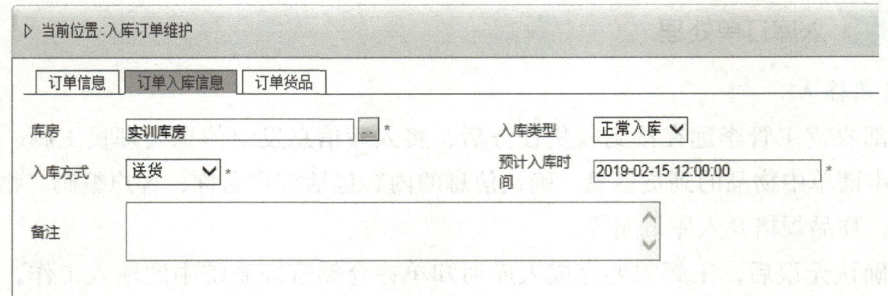

图 3-6 订单入库信息

货品添加完毕后，单击【保存订单】按钮即可，如图 3-7 所示。

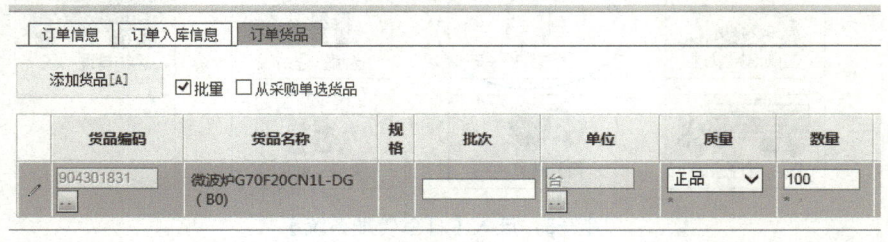

图 3-7 订单货品信息

2. 生成作业计划

选中刚才新增的订单，单击【生成业计划】按钮，在弹出的界面中，确定【订单信息】【订单入库信息】及【订单货品】填写信息无误后，单击【确认生成】按钮，如图 3-8 所示。

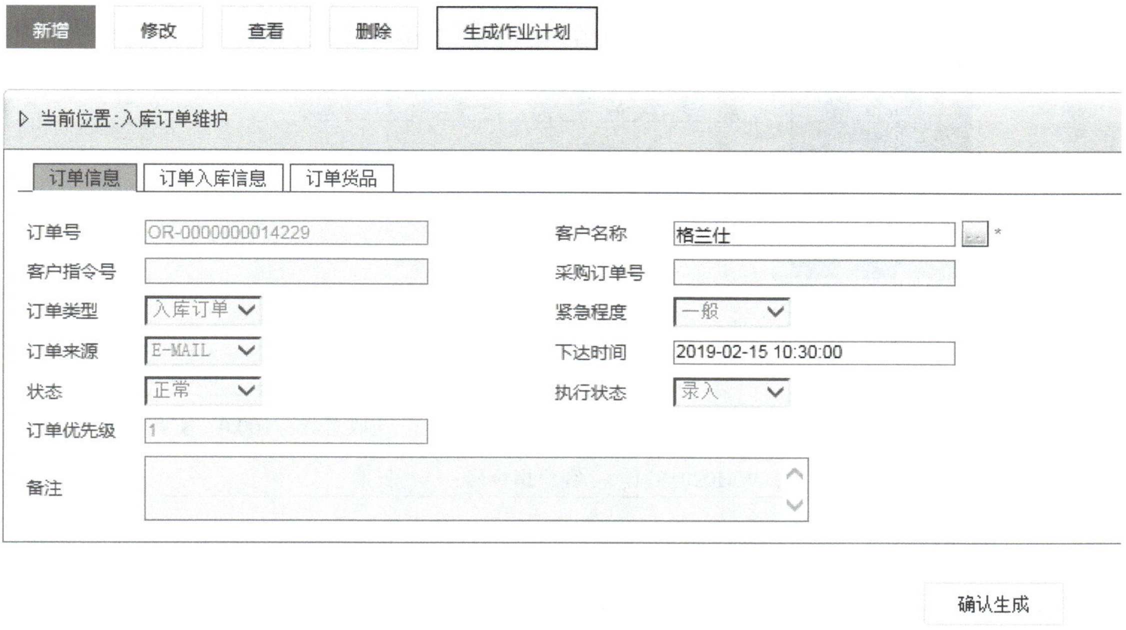

图 3-8　确认生成作业计划

3. 打印入库单

切换到仓储管理系统中的【仓储管理系统】-【入库作业】-【入库预处理】下，选中刚才的订单，单击【打印】按钮，在弹出的【打印】对话框中选中【入库单】单选按钮，如图 3-9 所示。然后单击【打印】按钮，打印出的纸质入库单，如图 3-10 所示。

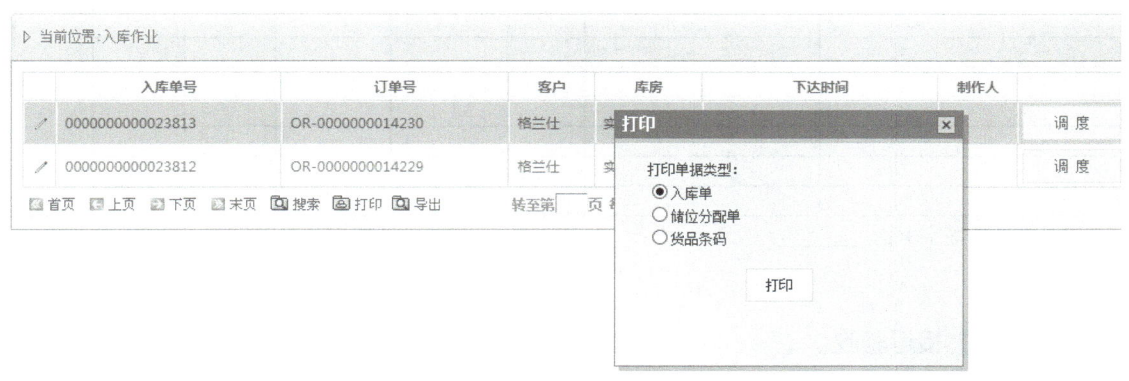

图 3-9　打印入库单

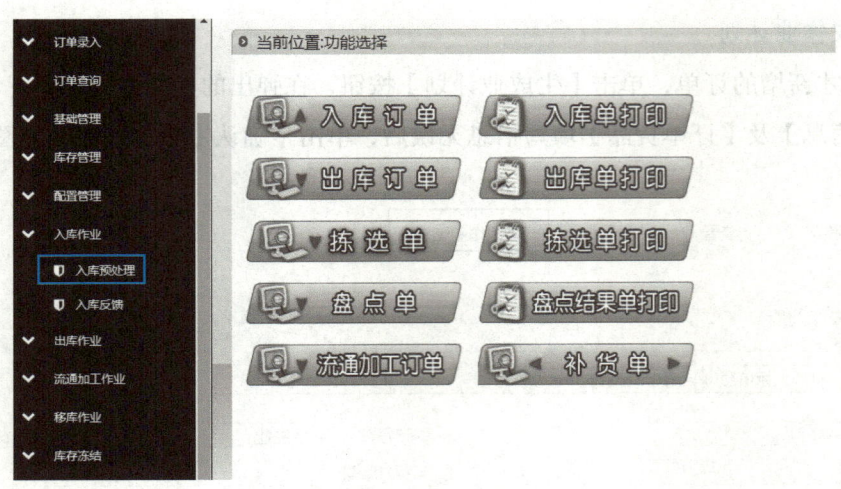

图 3-9 （续）

入 库 单

作业计划单号
0000000000023813

jy 配货中心 实训库房仓库　　　　　　　　应收总数：100.0　实收总数：

客户名称：格兰仕　　**客户编号**：WM0201831　　**客户指令号**：　　**日期**：

产品名称	条形码	规格	单位	应收数量	实收数量	货位号	批号	备注
微波炉 G70F20CN1L-DG（B0）	5839902016439		台	100				

仓管员（签字）：_____　　　　　送货人（签字）：_____

图 3-10 纸质入库单

> **步骤二** 接运验收

1. 门卫登记到货车辆信息

门卫王师傅对格兰仕企业代表的送货车进行了以下信息登记：送货单位、司机姓名、车牌号、物品类别、登记时间等，见表 3-4。

表 3-4 登记信息表

序 号	送货单位	司机姓名	车 牌 号	物品类别	登记时间
1	格兰仕	张军	沪 A65L50	微波炉	2019.2.15—10:30

登记之后，王师傅指导司机张军将车停靠在等待收货区。

2. 核对单证，预检物品

格兰仕送货员张军将送货单送到信息处理中心，交给信息处理员王辉。王辉根据仓储管理系统中的入库通知单对送货单信息进行核对，查看物品名称、类型规格、数量、金额等是否一致。若一致，则通知仓管员准备对物品进行验收；若不一致，则对物品进行差异处理。

3. 再次核对单据信息

在物品送到后，验收员李娜核对货运司机提交的送货单（见表 3-5）和之前发来的入库通知单（见表 3-6），确认物品名称、规格、数量、包装等内容是否一致。

表 3-5 送货单

送 货 单

客户名称：格兰仕
送货单号：2019021501
送货日期：2019 年 2 月 15 日

编号	货号	名称/型号	包装	单位	数量	备注
1	BCD-528BASN	格兰仕微波炉 G70F20CN1L-DG（B0）	纸箱	箱	100	
	合计				100	

送货人签字： 收货人签字：

表 3-6 入库通知单

时间：2019 年 2 月 15 日　　　　　　　　　　　　　　　　　　时间：2019 年 2 月 15 日

入库单流水号	20191025866		
单据类型		预计入库时间	2019 年 2 月 15 日
客户编号		客户名称	格兰仕
入库申请人	张军	申请人联系方式	13526627842
收货受理人	李远	收货人联系方式	13436978968
仓库地址			

序号	入库编号	物品编号	名称	单位	规格（mm）	毛重（kg）	包装材料	申请数量	实际数量	情况说明
1	131023022	BCD-528BASN	格兰仕微波炉 G70F20CN1L-DG（B0）	台	380×330×210	3.5	纸箱	100	100	
合计									100	

供应商客户签字盖章：张军　　　　　　　　　　　　　　　　　入库接收签字盖章：李远
时间：2019 年 2 月 15 日　　　　　　　　　　　　　　　　　　时间：2019 年 2 月 15 日

4. 卸货作业

单据确认无误后,由操作员郑帅和张家骏完成卸货作业,将物品卸车放在暂存区等待检验。

5. 检查物品并清点数量

(1)检查物品的外包装是否有破损、污损等,封箱标志是否完整等。

(2)由于双方都是长期合作的大客户,每次物品入库时,不需要开箱检验每件物品,只需核查规格、数量、包装有关物品的基础信息,保证双方利益的最大化。

如果合同中明确规定需要抽检或开箱检查的物品,必须按照规定抽验或开箱检查,以确认物品的品种、规格、生产日期、质量等是否符合要求。

(3)由于本次入库的物品是格兰仕微波炉,数量较少,物品验收员李娜采用计件法对物品的数量进行清点,清点数量为100台。

6. 签收单据

李娜在完成并确认验收无误后,就需要在验收单上的"备注"栏填写实收数量,并在"检验员"处签字确认,见表3-7。

李娜在检验完毕并在验收单上签字确认后,将验收单发给仓管员冯涛涛。冯涛涛根据验收单确认无误后在验收单上"批准人"处签字,并在张军的送货单上签字确认收货完毕,见表3-8。

表 3-7 验收单

验 收 单

物品名称	格兰仕微波炉 G70F20CN1L-DG(B0)	到货数量(箱)	100	抽检数量(箱)	0
到货日期	2019.2.15		检验日期	2019.2.15	
供应商	格兰仕		运单号	2019021501	
检验情况				备 注	
1. 外包装检查		完好			
2. 外包装规格检查		完好			
					实际数量:100箱
检验结论:☑合格		□让步接收		□拒收	
检验员:李娜			批准人:冯涛涛		

表 3-8 送货单

送　货　单

客户名称：格兰仕　　　　　　　　　　　　送货单号：2019021501
　　　　　　　　　　　　　　　　　　　　　送货日期：2019 年 2 月 15 日

编号	货号	名称/型号	包装	单位	数量	备注
1	BCD-528BASN	格兰仕微波炉 G70F20CN1L-DG（B0）	纸箱	箱	100	
	合计				100	

送货人签字：张军　　　　　　　　　　　　　　　　　　　收货人签字：李远

步骤三　入库操作

1. 码盘

微波炉外包装的尺寸为 380mm×330mm×210mm，标准托盘的尺寸为 1200mm×1000mm。操作员郑帅决定采用重叠式堆码方式，每个托盘码放 4 层，每层 9 台微波炉，前两个托盘共可码放 72 台，每个 36 台，第三个托盘码放 28 台。

2. 用无线手持终端完成理货作业

操作员郑帅利用无线手持设备登录仓储作业系统，如图 3-11 所示。

图 3-11　无线手持设备的系统登录界面

输入用户名、密码后，单击【登录】按钮，显示出具体作业操作界面，如图 3-12 所示，单击【入库作业】，进入【入库作业】界面，单击【入库理货】，进入入库理货界面。

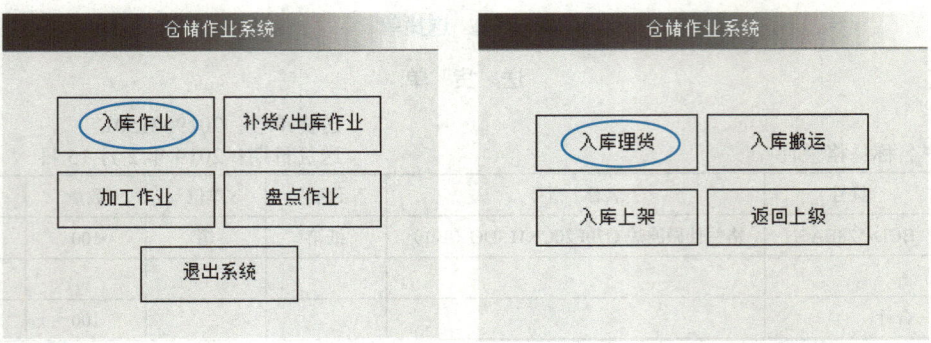

图 3-12　入库操作功能界面

在入库理货界面，选择待处理单据的【入库理货】，如图 3-13 所示。

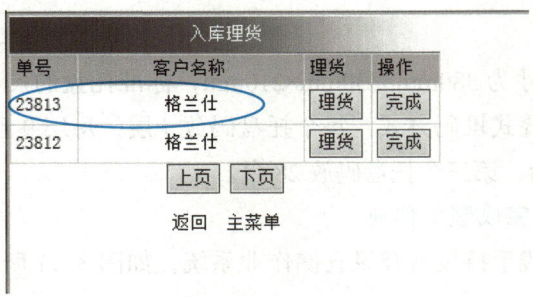

图 3-13　入库理货界面

利用手持终端采集物品条形码信息，信息采集成功后，系统自动提示此物品的入库目标储存区域，再利用手持系统扫描托盘标签进行入库作业，如图 3-14 所示。

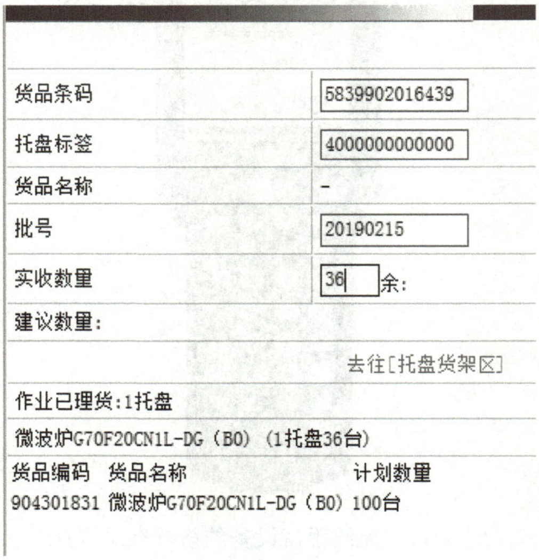

图 3-14　扫描后显示的信息

手持终端扫描过托盘编码后，会将物品名称、规格、实收数量的信息显示出来，郑帅只需核对实收数量与订单入库数量是否一致即可。根据储位存放规格的设定，格兰仕微波炉这种物品一个托盘上存放 36 台，所以第一托物品进行组托作业时，会显示"实收数量：36"。第一托物品理货完毕后，单击【保存结果】按钮。系统继续对剩余的 64 台格兰仕微波炉进行组托作业，重复上述组托作业的操作，扫描格兰仕微波炉条形码、托盘条形码，保存组托作业的信息，因为这批物品共是 100 台，所示会占用 3 个托盘、3 个储位，进行 3 次组托理货操作。待 100 台格兰仕微波炉全部组托完成后，手持终端的界面如图 3-15 所示。

图 3-15　系统提示理货已完成

3. 把托盘从理货区搬运至待上架区

张家骏登录手持终端系统后，进入入库搬运功能界面，如图 3-16 所示。

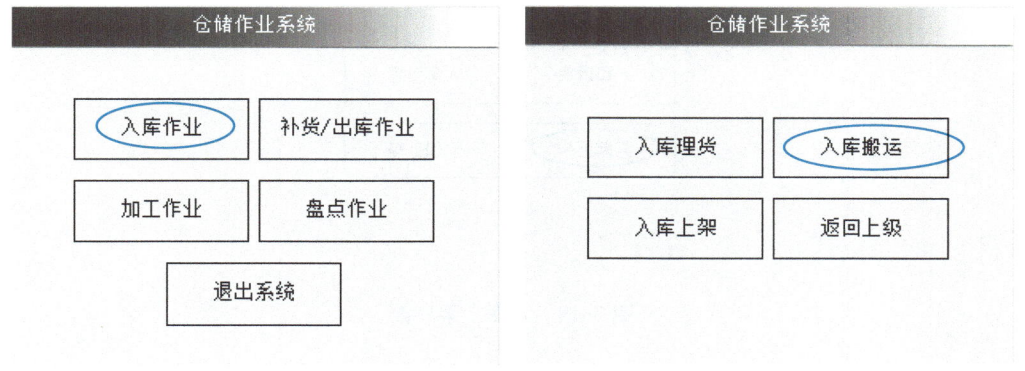

图 3-16　入库搬运功能界面

单击【入库搬运】后进入，如图 3-17 所示的界面。

托盘标签	
货品名称	-
数量	-
到达地点	-

当前操作：搬运操作
客户：默认客户

图 3-17　手持终端扫描托盘前

用手持终端扫描托盘 4000000000000 后，手持终端上会显示托盘上的物品名称及数量，如图 3-18 所示。

确 认
返 回
托盘标签
4000000000000
货品名称
微波炉G70F20CN1L-DG（B0）
数量
36
到达地点
托盘货架交接区

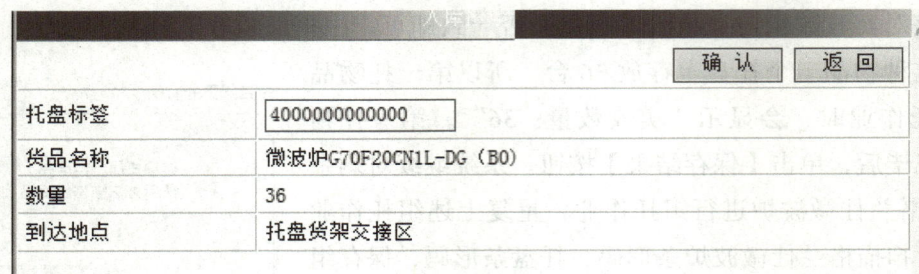

图 3-18　手持终端扫描托盘后

单击【确认】按钮后，叉车操作员张家骏就可以将这批格兰仕微波炉从理货区搬运至电器类货架区，等待准备上架。

4. 入库上架

张家骏在手持终端主功能界面找到并进入【入库上架】，如图 3-19 所示。

仓储作业系统
入库理货
入库搬运
入库上架
返回上级

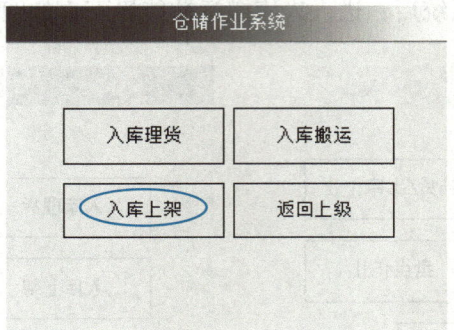

图 3-19　入库上架界面

在手持终端上进行完【确认上架】操作后，就可以用叉车将标签号为 4000000000000 的托盘放入 A00000 储位，如图 3-20 所示。如此重复，将剩余的托盘放到指定的储位。

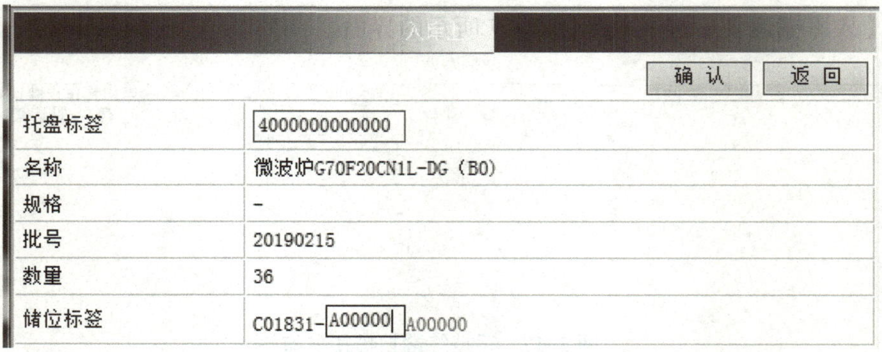

确 认
返 回
托盘标签
4000000000000
名称
微波炉G70F20CN1L-DG（B0）
规格
-
批号
20190215
数量
36
储位标签
C01831-A00000 A00000

图 3-20　确认上架

入库上架完成后，再次进入手持终端【入库理货】界面，单击【完成】按钮，即可完成所有的入库操作，如图 3-21 所示。

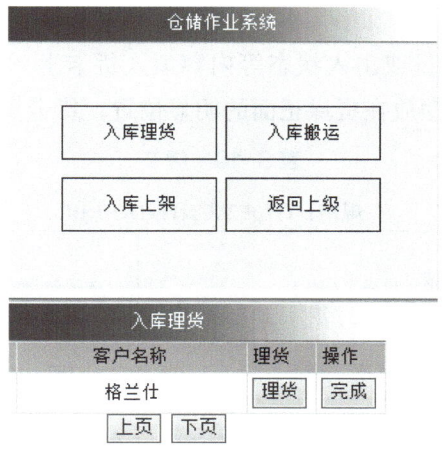

图 3-21 反馈完成

5. 登台账

操作员郑帅根据入库单,填写手工台账,台账的格式可以根据出入库物品的特点与管理的需要酌情设计,一般要包括以下内容。

(1) 时间。
(2) 入库单号。
(3) 物品名称、数量、规格型号、包装等。
(4) 存放货位号、结存数量等。
(5) 货主名称。
(6) 提货时间、出库号、出库数量等。
(7) 其他预留内容。

手工台账的填写,见表 3-9。

表 3-9 手工台账

物品出入库明细账卡							卡号		D00011
							货主名称		格兰仕
							货位		A00000
品名		格兰仕微波炉			规格型号		G70F20CN1L-DG(B0)		
计量单位		箱			供应商单位		格兰仕		
应收数量		100			送货单位		格兰仕		
实收数量		100			包装情况		完好		
2019 年				入库数量		出库数量		结存数量	备注
月日	收发凭证号		摘要	件数		件数		件数	物品验收情况 完好
2.15	2019021501		入库	100				100	

6. 立货卡

将物品名称、规格、数量或出入状态等内容填入货卡上，货卡又称料卡、货盘，插放在物品下方的物品支架上或摆放在货垛正面的明显位置。货卡见表3-10。

表3-10　货卡

物品名称：格兰仕微波炉　　　　规格：G70F20CN1L-DG（B0）　　　　单位：箱

2019年		摘要（出库/入库）	收入数量	发出数量	结存数量
月	日				
2	15	入库	100		100

7. 建档案

将物品的入库通知单、送货单、验收单、入库单等相应单证、各种技术资料，以及未来保管期间操作记录、发货单等原件或复印件存入档案，应一物一档。

任务评价

表3-11　任务评价考核表

序　号	考核内容	满　分	得　分
1	能够阐述货物入库的流程	10	
2	能够完成收货信息输入	10	
3	能够打印入库单	10	
4	能够完成货物验收及验收单据填写	10	
5	能够计算货物堆码方式	10	
6	能够使用无线手持终端完成理货作业	10	
7	能够将商品转运至待上架区域	10	
8	能够完成商品的上架操作	10	
9	能够根据收货上架信息登记台账	10	
10	能够正确建立货卡并建立档案	10	
	合　　计	100	

学习任务二　保管在库物品

学习目标

- 能够阐述盘点的概念和方法；
- 能够阐述养护的概念和作用；
- 能够根据盘点任务完成货物盘点；
- 能够根据盘点结果进行盘点差异调整；
- 能够完成库区养护任务。

知识储备

一、盘点

1. 盘点的概念及作用

盘点是指定期或临时对库存物品的实际数量进行清查、清点的作业，即为了掌握物品的流动情况（入库、在库、出库的流动状况），对仓库现有物品的实际数量与保管账上记录的数量进行核对，以便准确地掌握库存数量。

盘点的作用主要有以下几点。

（1）减少差错发生。物品因不断地收发，日子一久难免发生差额与错误，盘点可以确定物品的现存数量，并纠正账物不一致的现象，不会因账面的错误而影响正常的生产计划。

（2）为检验物品管理的绩效，进而从中加以改进。例如，呆料、废料多少，物品的保管与维护，物品的存货周转率等，经过盘点可以认定并加以改善。

（3）计算损益。企业的损益与物品库存有密切的关系，而物品库存金额的正确与否有赖于存量与单价的正确性。因此，为求得损益的正确性，必须加以盘点，以确知物品现存数量。

（4）对遗漏的订货可以迅速采取订购措施。采购部门因工作的疏忽漏下订单，通过盘点，可以加以补救。

请阅读本书配套资源素材包中的案例"3-1　仓库盘点的注意事项"，并回答以下问题：

（1）仓库盘点的误区是什么？
（2）盘点有哪些注意事项？

2. 物品盘点方法

因盘点场合、要求的不同，盘点的方法也有差异，见表3-12。

表 3-12　盘点方法及特点

序号	盘点方法	操作方法和特点
1	期末盘点法	期末盘点法是指在会计期末统一清点所有物品数量的方法。由于期末盘点法是将所有物品一次点完，因此工作量大、要求严格。通常采取分区、分组的方式进行。分区即将整个储存区域划分成一个一个的责任区，不同的区由专门的小组负责点数、复核和监督，因此，一个小组通常至少需要本人分别负责清点数量并填写盘存单，复查数量并登记复查结果，第三人核对前两次盘点数量是否一致，对不一致的结果进行检查。等所有盘点结束后，再与计算机或账册上反映的账面数进行核对
2	循环盘点法	循环盘点法是指每天、每周按顺序一部分一部分地进行盘点，一个循环周期将每种物品至少清点一次的方法。循环盘点法通常对价值高或重要的物品检查的次数多，而且监督也严密一些，而对价值低或不太重要的物品盘点的次数可以尽量少一些。循环盘点法一次只对少量物品盘点，所以通常只需保管人员自行对照库存数据进行点数检查，发现问题按盘点程序进行复核，并查明原因，然后调整。也可以采用专门的循环盘点单登记盘点情况
3	重点盘点法	重点盘点法是指对进出频率较高或易损耗的，或昂贵的物品所用的一种盘点方法
4	全面盘点法	全面盘点法是指对在库物品进行全面的盘点清查，多用于清仓查库或年终盘点
5	动态盘点法	动态盘点法又称永续盘点、日常盘点，指核对处于动态的物品（即发生过收、发作业的物品）的余额是否与系统相符。动态盘点法有利于及时发现差错并及时处理
6	临时盘点法	临时盘点法又称突击性盘点，是指在台风、梅雨、严冬等灾害性季节进行临时性突击盘点

3. 物品盘点的原则

物品进行盘点时，应该按照以下原则进行。

（1）真实：要求盘点所有的点数、资料必须是真实的，不允许作弊、弄虚作假或掩盖漏洞和失误。

（2）准确：盘点的过程要求准确无误，无论是资料的输入、陈列的核查、盘点的点数，都必须准确。

（3）完整：所有盘点过程的流程，包括区域的规划、盘点的原始资料、盘点点数等，都必须完整，不要遗漏区域、遗漏商品。

（4）清楚：盘点过程属于流水作业，不同的人员负责不同的工作，所以所有资料必须清楚，人员的书写必须清楚，货物的整理必须清楚，才能使盘点顺利进行。

二、物品养护

1. 养护的概念和基本任务

物品养护是指物品在储存过程中所进行的保养和维护。从广义上说，物品从离开生产领域而未进入消费领域之前这段时间的保养与维护工作，都称为物品养护。物品养护的基本任务就是面向库存物品，根据库存数量多少、发生质量变化速度、危害程度、季节变化，按轻重缓急分别研究制定相应的技术措施，使物品质量不变，以求最大限度地避免和减少物品损失，降低保管损耗。

请阅读本书配套资源素材包中的案例"3-2 冷库库体的保养维护及使用技巧"，并回答问题：冷库中排除异味的方法有哪些？

2. 不同种类物品的安全保存温湿度范围

不同种类物品的安全保存温度和安全相对湿度是不同的，在做温度和湿度控制时可参考表 3-13 中部分物品的安全存放温湿度范围。

表 3-13　部分物品的安全温度和安全相对湿度表

物 品 名 称	安全温度 /℃	安全相对湿度	物 品 名 称	安全温度 /℃	安全相对湿度
金属制品	5～30	75% 以下	仪表电器	10～30	70%
玻璃制品	35 以下	80% 以下	汽油煤油	30 以下	75% 以下
橡胶制品	25 以下	80% 以下	树脂油漆	0～30	75% 以下
皮革制品	5～15	60%～75%	卷烟	25 以下	55%～70%
塑料制品	5～30	50%～70%	食糖	30 以下	70% 以下
棉织品	20～25	55%～65%	干电池	−5～25	80% 以下
纸制品	35 以下	75% 以下	洗衣粉	35 以下	75% 以下

任务发布

上海嘉信仓储配送中心执行月盘制度，盘点时间为每个月的 14 号和 15 号两天。但近期托盘货架区家电、数码类物品流通速度较快，为保证库存数量的准确性，2019 年 2 月 14 日，上海嘉信仓储配送中心的仓库主管李远安排仓管员冯涛涛对电器类托盘货架进行盘点，并在盘点后对电器类托盘货物进行养护。盘点类型为月盘。

仓管员冯涛涛收到盘点任务后，通知信息处理员增加盘点任务并打印盘点单。同时安排操作员郑帅和张家骏分别进行初盘和复盘作业。空白盘点表见表 3-14。

表 3-14　空白盘点表

盘 点 单

盘点日期：　　年　　月　　日　　　　　　　　　　　　　　页数：第一页，共一页

序号	储位编码	物品名称	条形码	产品规格	单位	初盘数量		复盘数量		备注
						正品	次品	正品	次品	

初盘员：　　　　　　　　　　　　　　　　　　　　复盘员：

任务操作

步骤一 新增盘点任务

登录仓储管理系统。进入【仓储管理系统】-【盘点管理】-【盘点任务】界面，单击【新增】按钮，然后选择正确的【库房】和【盘点类型】，如图3-22所示。

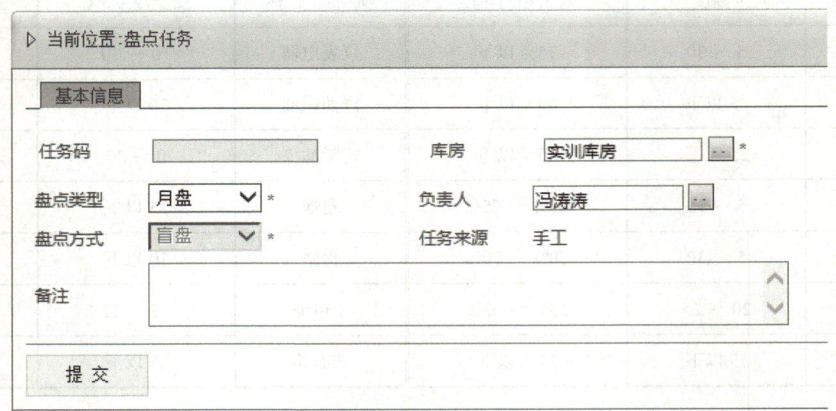

图3-22　盘点任务基本信息

单击【提交】按钮后，进入如图3-23所示的界面。选中新建的盘点任务，并单击【提交处理】按钮，完成新增盘点任务操作。

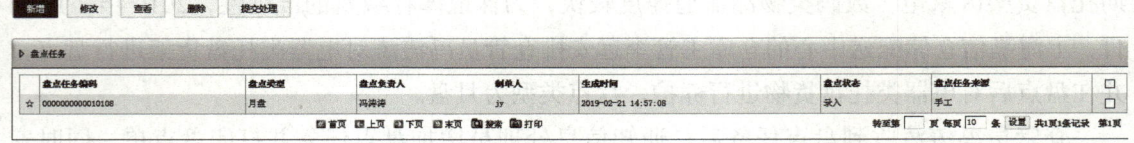

图3-23　盘点任务提交处理

步骤二 库存冻结

进入【仓储管理系统】-【库存冻结】界面，单击【新增】按钮，然后填写或选择【冻结类型】【客户码】【库房】【货品编码】等信息，如图3-24所示。

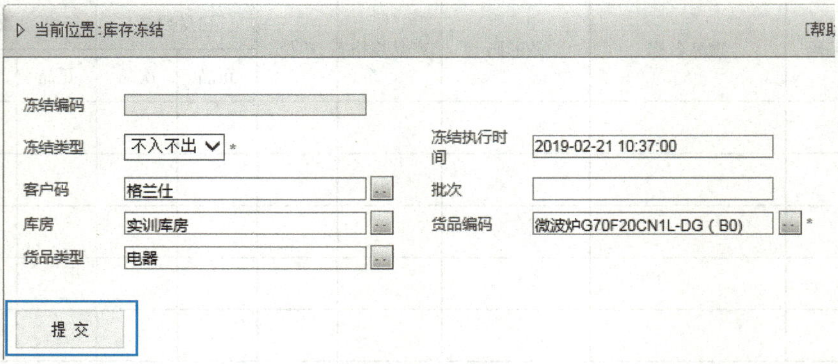

图3-24　库存冻结界面

单击图 3-24 下方的【提交】按钮，进入如图 3-25 所示的界面。单击图 3-25 下方的【执行冻结】按钮，完成冻结库存操作。

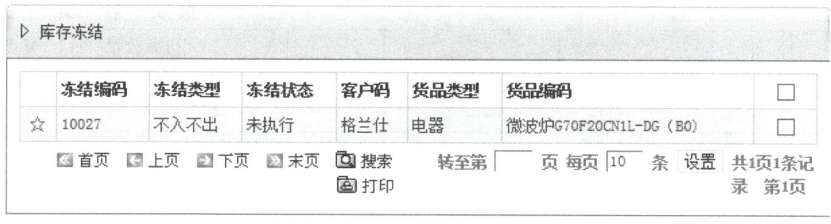

图 3-25　执行冻结

步骤三　实物盘点

操作员郑帅手持打印的盘点单到托盘货架区找到对应储位进行实物盘点。每盘点一个储位的物品后，在盘点单初盘数量一栏记录实盘数量，并区分正品和次品数量，见表 3-15。

操作员郑帅进行实物盘点完毕后，初盘数量一栏也已统计完毕，签字确认后交给张家骏进行复盘。张家骏开始复盘作业并签字确认，签字确认后的盘点单见表 3-16。

表 3-15　盘点单

盘　点　单

盘点日期：　年　月　日　　　　　　　　　　　　　　　页数：第一页，共一页

| 序号 | 储位编码 | 物品名称 | 条形码 | 产品规格 | 单位 | 初盘数量 | | 复盘数量 | | 备注 |
						正品	次品	正品	次品	
1	A00009	小熊学英语第二阶段	——			25				
2	A00110	小熊学英语第三阶段	6942509701009	1×1	箱	25	0			
3	A00111	小熊学英语第四阶段	6942509701009	1×1	箱	25	0			
4	A00000	格兰仕微波炉G70F20CN1L-DG（B0）	5839902016439	1×1	箱	36	0			
5	A00001	格兰仕微波炉G70F20CN1L-DG（B0）	5839902016439	1×1	箱	36	0			
6	A00002	格兰仕微波炉G70F20CN1L-DG（B0）	5839902016439	1×1	箱	24	0			
7	B00000	心相印茶语卷筒纸				20				
8	B00003	康师傅天然水	5839902016439	1×1	箱	20	0			
9	C00101	优选卷筒纸	5839902016439	1×1	箱	20	0			
10	A00106	清风必纯卷筒纸	5839902016439	1×1	箱	10	0			
11	A00107	五月花卷筒纸	5839902016439	1×1	箱	10	0			
12	A00108	一得阁云头艳墨汁	5839902016439	1×1	箱	10	0			

初盘员：郑帅　　　　　　　　　　　　　　　　　　　复盘员：

表 3-16　盘点单

盘　点　单

盘点日期：　年　月　日　　　　　　　　　　页数：第一页，共一页

序号	储位编码	物品名称	条形码	产品规格	单位	初盘数量		复盘数量		备注
						正品	次品	正品	次品	
1	A00009	小熊学英语第二阶段	——			25		25		
2	A00110	小熊学英语第三阶段	6942509701009	1×1	箱	25	0	25		
3	A00111	小熊学英语第四阶段	6942509701009	1×1	箱	25	0	25		
4	A00000	格兰仕微波炉 G70F20CN1L-DG（B0）	5839902016439	1×1	箱	36	0	36		
5	A00001	格兰仕微波炉 G70F20CN1L-DG（B0）	5839902016439	1×1	箱	36	0	36		
6	A00002	格兰仕微波炉 G70F20CN1L-DG（B0）	5839902016439	1×1	箱	24	0	24		
7	B00000	心相印茶语卷筒纸				20		20		
8	B00003	康师傅天然水	5839902016439	1×1	箱	20	0	20		
9	C00101	优选卷筒纸	5839902016439	1×1	箱	20	0	20		
10	A00106	清风必纯卷筒纸	5839902016439	1×1	箱	10	0	10		
11	A00107	五月花卷筒纸	5839902016439	1×1	箱	10	0	10		
12	A00108	一得阁云头艳墨汁	5839902016439	1×1	箱	10	0	10		

初盘员：郑帅　　　　　　　　　　复盘员：张家骏

步骤四　盘点结果反馈

进入【仓储管理系统】-【盘点管理】-【盘点作业】界面，单击【反馈】按钮，进入如图 3-26 所示的界面。

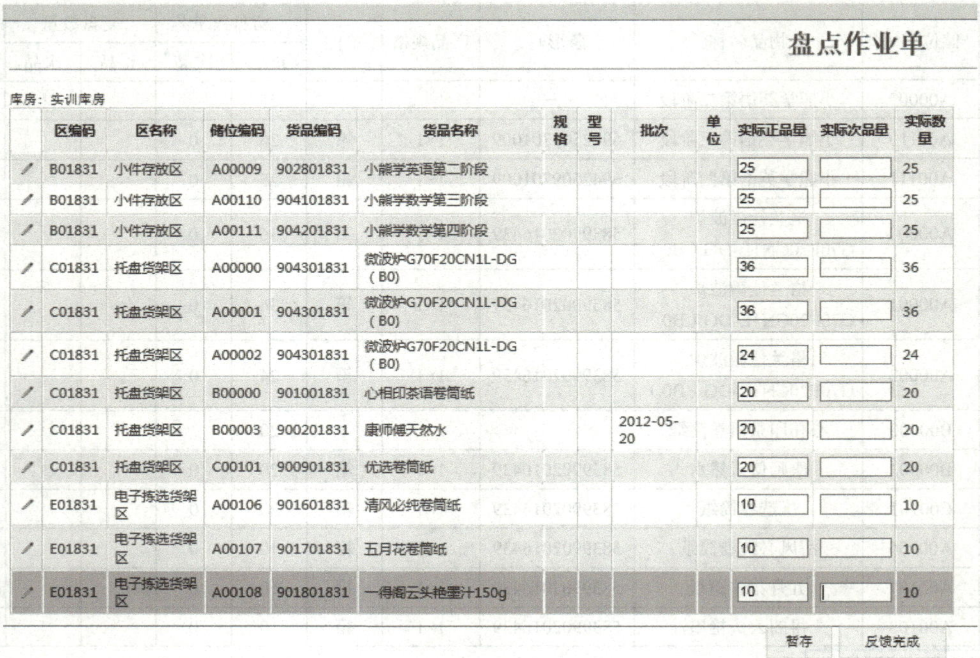

盘点作业单

库房：实训库房

区编码	区名称	储位编码	货品编码	货品名称	规格	型号	批次	单位	实际正品量	实际次品量	实际数量
B01831	小件存放区	A00009	902801831	小熊学英语第二阶段					25		25
B01831	小件存放区	A00110	904101831	小熊学数学第三阶段					25		25
B01831	小件存放区	A00111	904201831	小熊学数学第四阶段					25		25
C01831	托盘货架区	A00000	904301831	微波炉G70F20CN1L-DG（B0）					36		36
C01831	托盘货架区	A00001	904301831	微波炉G70F20CN1L-DG（B0）					36		36
C01831	托盘货架区	A00002	904301831	微波炉G70F20CN1L-DG（B0）					24		24
C01831	托盘货架区	B00000	901001831	心相印茶语卷筒纸					20		20
C01831	托盘货架区	B00003	900201831	康师傅天然水			2012-05-20		20		20
C01831	托盘货架区	C00101	900901831	优选卷筒纸					20		20
E01831	电子拣选货架区	A00106	901601831	清风必纯卷筒纸					10		10
E01831	电子拣选货架区	A00107	901701831	五月花卷筒纸					10		10
E01831	电子拣选货架区	A00108	901801831	一得阁云头艳墨汁150g					10		10

暂存　反馈完成

图 3-26　盘点反馈

在图 3-26 中，输入【实际正品量】与【实际次品量】。根据盘点单的实盘数量输入系统。实盘数据反馈完毕后，单击下方的【反馈完成】按钮，系统做出信息提示提示本次出现了情况，如图 3-27 所示。

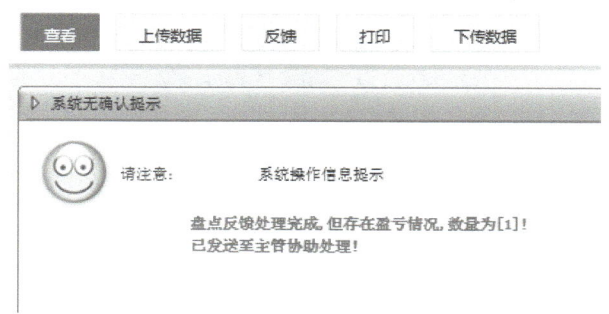

图 3-27　盘点反馈提示

步骤五　打印盘点结果单

进入【仓储管理系统】-【盘点管理】-【盘点结果打印】界面，如图 3-28 所示，然后打印即可。

盘点结果单

库房名称：实训库房
盘点类型：月盘　　　　　任务单号 0000000000010108　　　　　盘点日期：2019-2-14

储位编码	货品名称	货品条形码	单位	账面数量	实盘数量	盈亏情况
A00009	小熊学英语第二阶段	——		25	25	0
A00110	小熊学英语第三阶段	6942509701009	箱	25	25	0
A00111	小熊学英语第四阶段	6942509701009	箱	25	25	0
A00000	格兰仕微波炉 G70F20CN1L-DG（B0）	5839902016439	箱	36	36	0
A00001	格兰仕微波炉 G70F20CN1L-DG（B0）	5939902016439	箱	36	36	0
A00002	格兰仕微波炉 G70F20CN1L-DG（B0）	5839902016439	箱	28	24	−4
B00000	心相印茶语卷筒纸			20	20	0
B00003	康师傅天然水	5839902016439	箱	20	20	0
C00101	优选卷筒纸	5839902016439	箱	20	20	0
A00106	清风必纯卷筒纸	5839902016439	箱	10	10	0
A00107	五月花卷筒纸	5839902016439	箱	10	10	0
A00108	一得阁云头艳墨汁	5839902016439	箱	10	10	0

制单人：王辉　　　　　　　　　　　　　　　　　仓管员：冯涛涛

图 3-28　盘点结果单

步骤六　盘点差异调整

根据本任务步骤四中系统操作信息提示的盘点结果反馈进行盘点差异调整。进入【仓储管理系统】-【盘点管理】-【盘点调整】界面，单击【调整审核】按钮，进入如图3-29所示的界面。

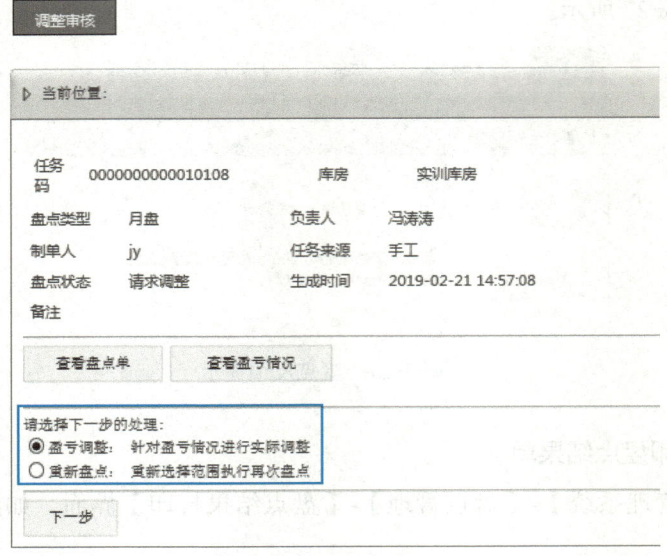

图3-29　调整审核

根据任务规定的盘点差异处理办法：根据实盘数量对系统库存进行盈亏调整。因此，在图3-29中，选中【盈亏调整：针对盈亏情况进行实际调整】单选按钮，然后单击【下一步】按钮，进入如图3-30所示的界面。

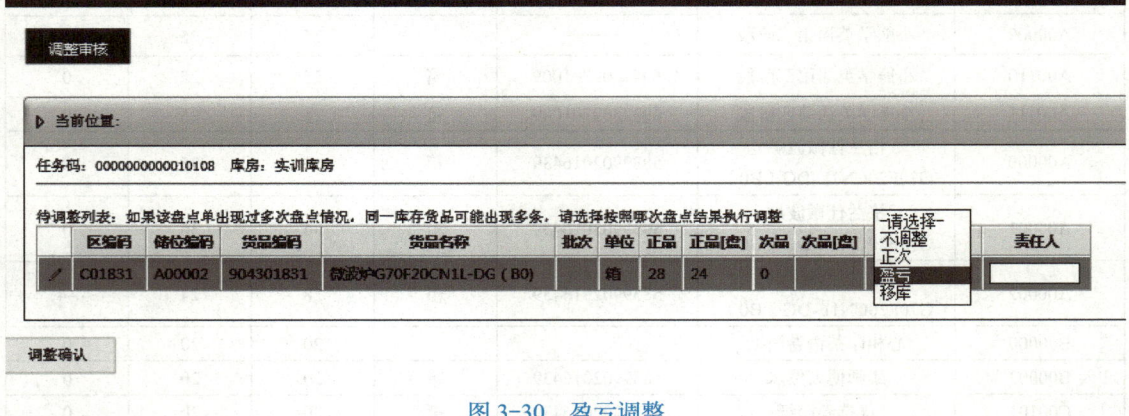

图3-30　盈亏调整

在图3-30中，调整类型选择为【盈亏】，然后单击【调整确认】按钮，完成盘点差异的调整。

步骤七　库存解冻

进入【仓储管理系统】-【库存冻结】-【库存解冻】界面，如图3-31所示。选择物品编码为【微波炉 G70F20CN1L-DG(B0)】的记录，然后单击【解冻】按钮，完成库存解冻操作。

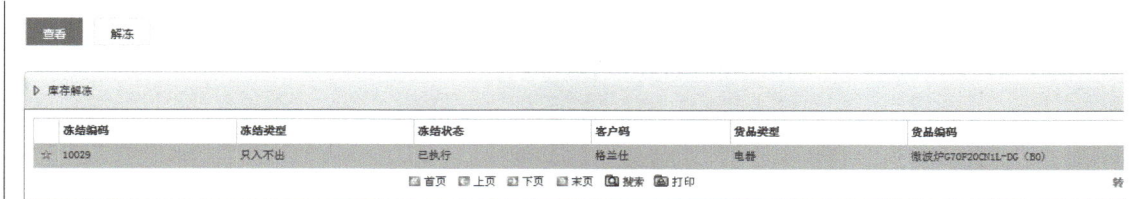

图 3-31 库存解冻

步骤八 养护巡检

盘点结束后,根据工作安排对盘点区域进行养护巡检。为了了解和掌握物品在保管过程中的质量变化情况,仓管员冯涛涛重点对以下物品进行了检查。

(1)入库时已发现问题的物品。

(2)性能不稳定或不够熟悉的物品。

(3)已有轻微异状尚未处理的物品。

(4)储存时间较长的物品。

检查完毕后填写仓库日常检查记录表,见表 3-17。

表 3-17 仓库日常检查记录表

序 号	检 查 项 目	月 日 星期一	月 日 星期二	月 日 星期三	月 日 星期四	月 日 星期五	月 日 星期六	月 日 星期天
1	库房清洁							
2	作业通道							
3	物品状态							
4	库房温度							
5	相对湿度							
6	库房照明							
7	用具管理							
8	托盘维护							
9	消防通道							
10	消防设备							
11	库房门窗							
12	防盗措施							
13	标志标识							
14	员工出勤							
15	安全防护							
	检查人签字							

当发现物品有异状情况时,要认真填写物品异状情况表,见表 3-18,并及时向仓库主管汇报,进行正确处理,以使物品损失降到最低。

表 3-18 物品异状情况表

时间: 年 月 日

序 号	物品编码	物品名称	异状情况	处理结果
1				
2				
3				
4				
5				
6				

步骤九 测量并控制仓库的温湿度

仓管员冯涛涛用温湿度测量仪记录库内、库外的温湿度,根据温度的变化情况,见表 3-19,开启仓库内的空调来调节温度。对存放液体容易有泄漏的地方,多放一些干燥剂。

表 3-19 仓库温湿度记录表

库号: 储存物品:

时间	天气	上午				下午				备注
		温度(℃)		湿度(%)		温度(℃)		湿度(%)		
					调节措施				调节措施	
		库内	库外	库内	库外	库内	库外	库内	库外	

步骤十 防治霉变和虫鼠害

仓管员冯涛涛重点统计了仓库内容易发生霉变的物品,将这些物品重点放在通风透气的货位上。

通过调查发现,仓库内的虫害主要是老鼠。由于考虑到仓库内其他区域存放的食品、药品等,又考虑到仓库作业人员的操作安全,没有采用毒饵诱杀法和器械捕鼠法,而是采用了安全又卫生的黏鼠胶法进行防治。

任务评价

表 3-20　任务评价考核表

序号	考核内容	满分	得分
1	能够阐述盘点的概念和方法	10	
2	能够阐述养护的概念和作用	10	
3	能够打印盘点表	10	
4	能够完成实物盘点	10	
5	能够在系统进行盘点结果反馈	10	
6	能够打印盘点结果单	10	
7	能够调整盘点差异	10	
8	能够根据养护需求进行巡检并统计异常	10	
9	能够测量库区温湿度并进行调节	10	
10	能够对库区虫鼠害进行正确的防治	10	
	合　计	100	

学习任务三　完成出库作业

学习目标

- 能够描述拣货作业的内容；
- 能够描述出库作业的流程；
- 能够描述常见的拣货方法；
- 能够描述拣货路径的确定方法；
- 能够根据出库信息完成出库作业。

知识储备

一、拣货方法

1. 人工摘取式拣货

（1）摘取式作业原理。摘取式拣货也叫按单拣取方式。这种作业方式是针对每一张订单，拣选员巡回于仓库内，将客户所订购的物品逐一从仓储区中挑出并集中的方式，是较传统的拣货方式，如图 3-32 所示。

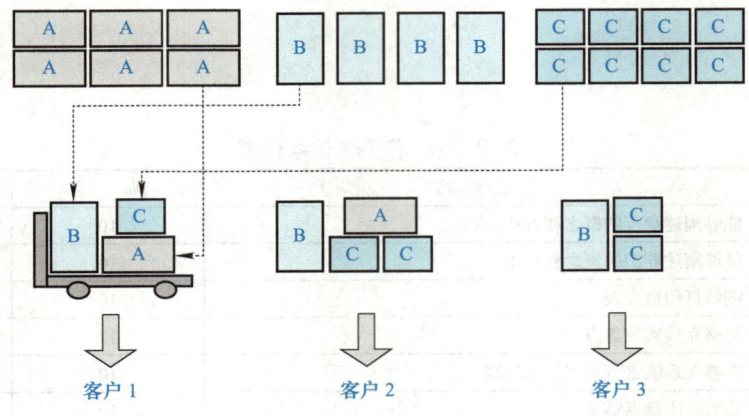

图 3-32 摘取式拣选作业原理

（2）人工摘取式拣货的作业流程，如图 3-33 所示。

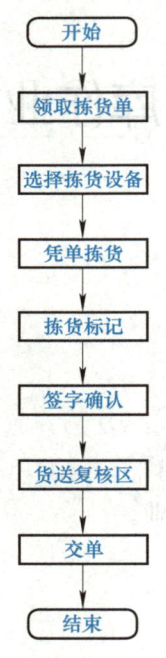

图 3-33 人工摘取式拣货的作业流程

2. 人工播种式拣货

（1）人工播种式拣货的作业原理。人工播种式拣货也叫批量拣取方式，是指把多张订单集合成一批，依物品类别将数量加总后再进行拣取，然后按照客户需要量分放于各客户的货位上，如图 3-34 所示。

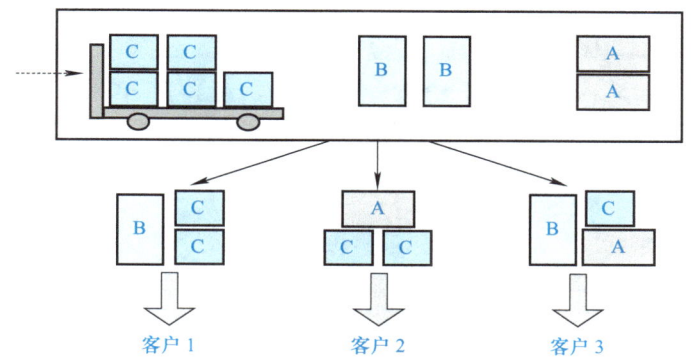

图 3-34　人工播种式拣选的作业原理

（2）人工播种式拣货的作业流程，如图 3-35 所示。

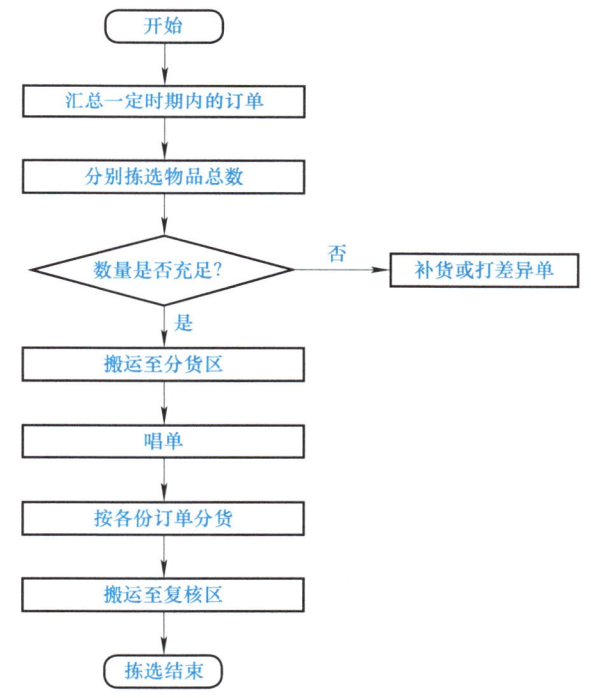

图 3-35　人工播种式拣货的作业流程

3. 摘取式拣货系统

（1）摘取式拣货系统的作业原理。摘取式拣货系统中每一种物品对应一个电子标签，控制计算机可根据物品位置和订单清单数据，发出出货指示并使货架上的电子标签亮灯，操作员根据电子标签所显示的数量及时、准确、轻松地完成以"件"或"箱"为单位的物品拣货，如图 3-36 所示。

图 3-36 摘取式拣货系统

（2）摘取式拣货系统的作业流程，如图 3-37 所示。

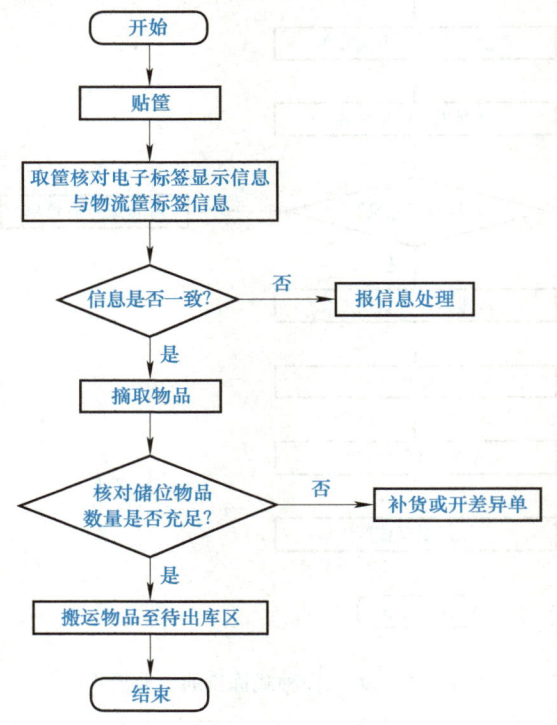

图 3-37 摘取式拣货系统的作业流程

4. 播种式拣货系统（DAS）

（1）播种式拣货系统的作业原理。播种式拣货系统适合应用于物品品项较少，配送门店相对于品项较多的拣货作业环境。播种式拣货系统中的每一储位代表每一张订单（各个商店、生产线等），每一储位都设置电子标签。操作员先通过条形码扫描把将要分拣物品的信息输入系统中，下订单客户的分货位置所在的电子标签就会亮灯、发出蜂鸣，同时显示出该位置所需分货的数量，如图3-38所示。

图3-38 播种式拣货系统

（2）播种式拣货系统的作业流程，如图3-39所示。

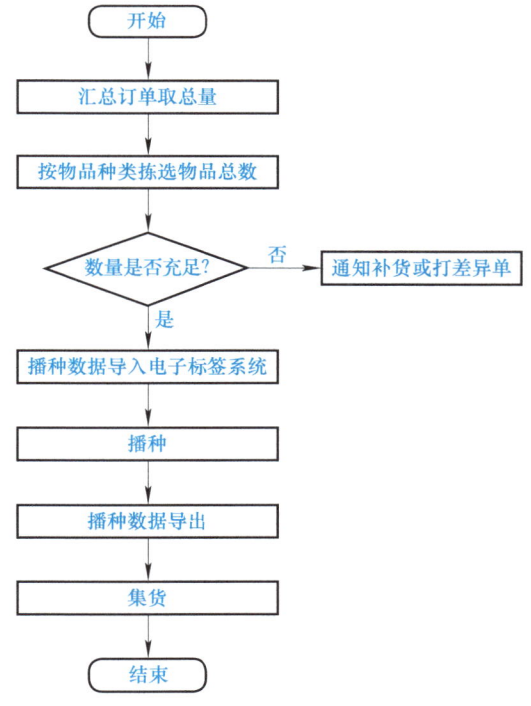

图3-39 播种式拣货系统的作业流程

请阅读本书配套资源素材包中的案例"3-3 图解多种拣货方式的优缺点"，并回答以下问题：

（1）摘取式拣货系统的优点是什么？

（2）播种式拣货系统的缺点是什么？

5. 摘取式和播种式拣货方式的比较

摘取式和播种式拣货方式的比较，见表3-21。

表 3-21　摘取式和播种式拣货方式的比较

	摘取式拣货	播种式拣货
优点	（1）订单处理不受其他因素制约，前置时间短，机动灵活； （2）作业方法简单，易导入，不易出错； （3）作业人员责任明确，派工容易、公平； （4）拣货后无须分类作业	（1）缩短拣取搬运距离，增加单位时间拣取量； （2）越是少量、多批次的配送越有效
缺点	（1）多品种时，拣货路线长，效率降低； （2）拣取区域大时，搬运系统设计困难； （3）少量多批次拣取时，拣货路径重复费时，效率降低	（1）订单处理滞后； （2）大规模作业需要专门的分货设备
适用范围	（1）品种多的订单； （2）各订单的物品品种差异大； （3）临时紧急需求； （4）分货工艺无法操作的大件物品	（1）订单（用户）数量庞大，各订单的物品差异少，每类物品量少； （2）各用户的需求计划稳定； （3）中、小体积物品

请观看本书配套资源素材包中的视频"3-4　永久批量拣选解决方案"，并回答以下问题：

（1）什么是永久批量拣选？

（2）永久批量拣选的优点是什么？

二、出库作业的流程

1. 出库准备

物品出库是仓库作业的最后一个环节，工作量大，作业复杂，事先对出库作业做好有关准备工作，以保证出库工作准确、及时、安全地进行，是十分必要的。

（1）资料准备。物品出库前，仓库管理员要准备好出库物品的有关技术资料、合格证、磅码单、装箱单等资料。

（2）包装整理。在物品出库前，仓库管理员应清理原货包装，清除积尘，要检查物品的包装或捆扎情况，要使出库物品包装牢固，包装标志和发货标志清楚，以确保物品运输安全。

（3）场地、设备、工具准备。根据出库量和作业性质的需要，应准备好足够的理货场地和必要的装卸搬运设备，同时，要准备好记号笔、封签、胶带等工具。

（4）分装、组配。根据货主需要，有些物品需要拆零后出库，有些物品则需要进行拼箱，仓库应事先做好分装、组配的准备，以保证及时发货。

（5）人员组织。合理安排好仓管员、分拣员、叉车司机、装卸搬运工等有关人员，合理的人员组织是完成发货的必要保证。

2. 核单

物品的出库凭证为出库单或调拨单，均应由主管分配的业务部门签章。出库凭证应包括以下内容：收货单位名称；发料方式（自提、送料、代运）；物品名称、规格、数量、单价、总价、用途或调拨原因；调拨单编号；有关部门和人员签章；付款方式及银行账号。

仓库接到出库凭证后，由业务部门审核证件上的签章是否齐全相符，有无涂改。审核无误后，按照出库单证上所列的物品品名规格、数量与仓库料账再做全面核对。核对无误后，在料账上填写预拨数后，将出库凭证移交给仓库保管员。保管员复核货卡无误后，即可做物品出库的准备工作。凡在证件核对中，物品名称、规格型号不对，签章不齐全、数量有涂改、手续不符合要求的，均不能发货出库。

3. 备货

仓库发货人员对物品出库凭证（如提货单、出库单）审核无误后，按其所列项目内容和凭证上的批注，与仓库储位编码的货位对货，核实后进行分拣和备货。备货作业包括以下环节和内容。

（1）理单。根据出库单的货位顺序，排列出库单，以便及时找位付货，提高工作效率。

（2）核对。按照货位找到应付物品时，要"以单对卡，以卡对货"，进行单、卡、货三核对。

（3）点数。要仔细点清应付物品的数量，防止出现差错。

（4）销卡（填卡）。要及时在出库物品货卡上填写出库日期、摘要、实发数量和结存数量，并签名。大多数仓库的货卡是悬挂在货垛上的，也有集中保管的，在物品出库时应做到先销卡（填卡）、后付货。

（5）签单。应付物品按单付讫后，发货人员应逐笔在出库单上签名和批注结存数，前者以明确责任，后者供账务员（业务会计）登账时进行账目实数的核对。

4. 复核

物品备好后，为了避免和防止备料过程中可能出现的差错，应再做一次全面的复核查对。要按照出库凭证上所列的内容进行逐项复核，核查的具体内容如下。

（1）能否承受装载物的重量，能否保证在物品运输装卸中不致破损，保证物品完整。

（2）是否便于装卸搬运作业。

（3）怕震怕潮等物品，衬垫是否稳妥，密封是否严密。

（4）收货人、到站、箱号、危险品或防震防潮等标志是否正确、明显。

（5）每件包装是否有装箱单，装箱单上所列各项目是否与实物、凭证等相符，见表3-22。

表3-22 装箱单

装 箱 单

毛重：　　　　　　净重：　　　　　　箱号：

发货凭证号	品名规格	单　位	数　　量	备　　注
装箱日期：			装箱人：	

物品出库的复核查对形式应视具体情况而定，可以由保管员自行复核，也可以由保管员相互复核，还可以设专职出库物品复核员进行复核或由其他人员复核等。

如经反复核对确实不符时，应该立即调换，并将原错备物品上的标记除掉，退回原库房；复核结余物品数量或重量是否与保管账目、物品保管卡片结余数相符，如发现不符应立即查明原因。

5. 清点交接

准备出库的物品，经过全面复核查对无误之后，即可办理清点交接手续。

6. 登账存档

物品全部出库完毕，仓库应及时将物品从仓储保管账上核销，以便仓库内账货相符。将留存的提货凭证、物品单证、记录、文件等归入物品档案。将已空出的货位标注在货位图上，以便安排物品。

请阅读本书配套资源素材包中的案例"3-5 每分钟数百件包裹出库 普罗格'智仓'助力双十一"，并回答问题：GAS翻盖式分拣系统是如何实现高速拣选并保证正确性的？

任务发布

2019年2月27日，上海嘉信仓储配送中心接到华联百货（五角场店）的出库订单，要求在下午5点前将这批货物送往华联百货（五角场店）。仓管员冯涛涛收到订货信息后通知信息处理员王辉根据订单形成拣货资料，并通知操作员郑帅和张家骏准备进行人工拣货并组织出库。

任务操作

步骤一 处理出库订单

信息处理员王辉收到订单信息后，登录【订单处理系统】-【出库订单】界面，单击【新增】按钮，然后输入出库物品的信息等，如图3-40所示。

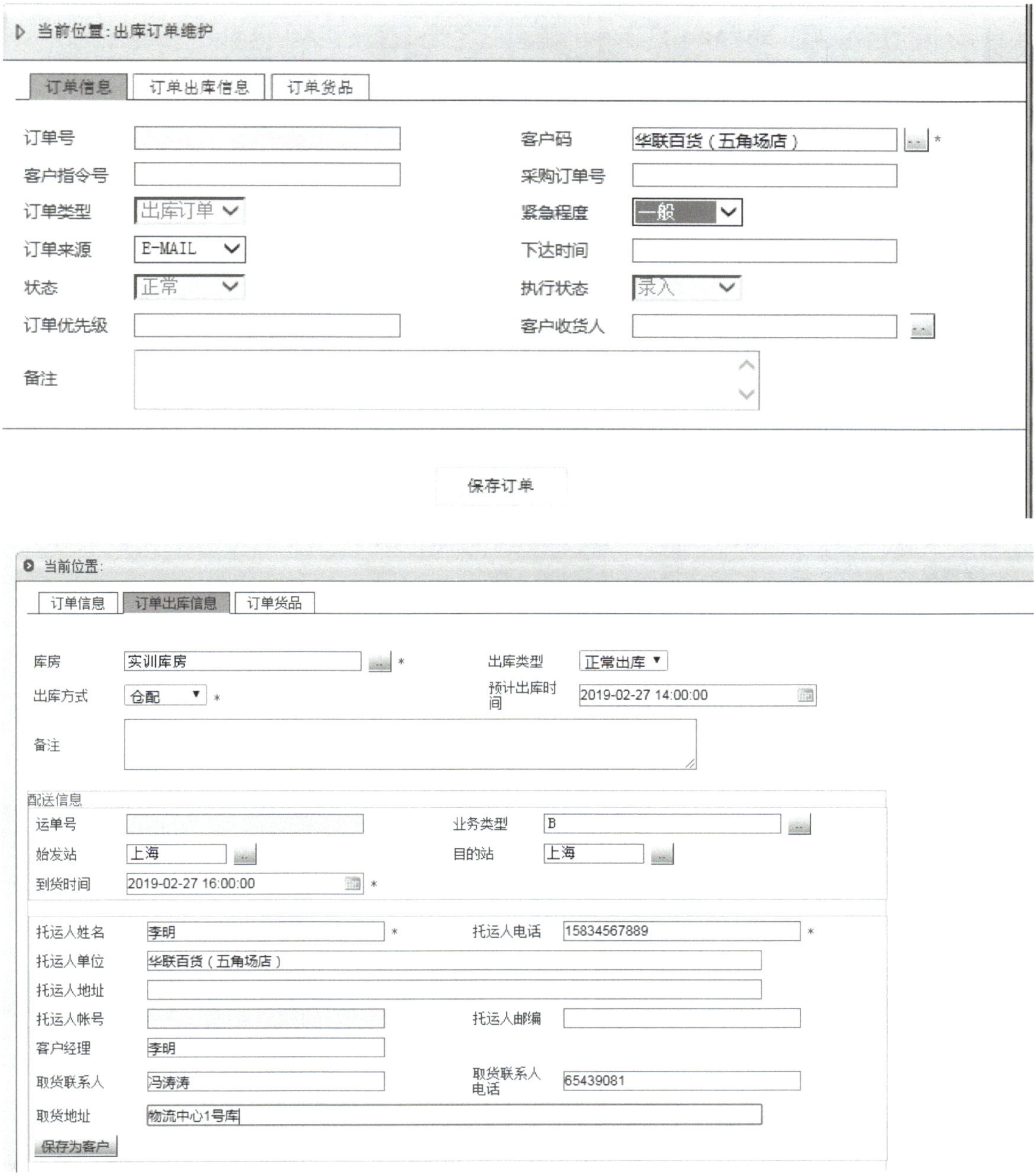

图 3-40 出库订单信息

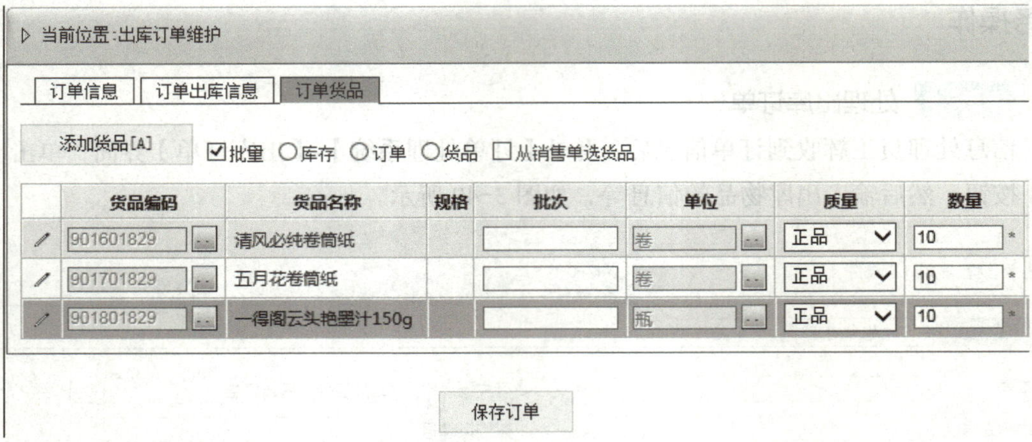

图 3-40 （续）

然后单击"保存订单"和"确认生成"按钮，生成出库作业计划，如图 3-41 所示。

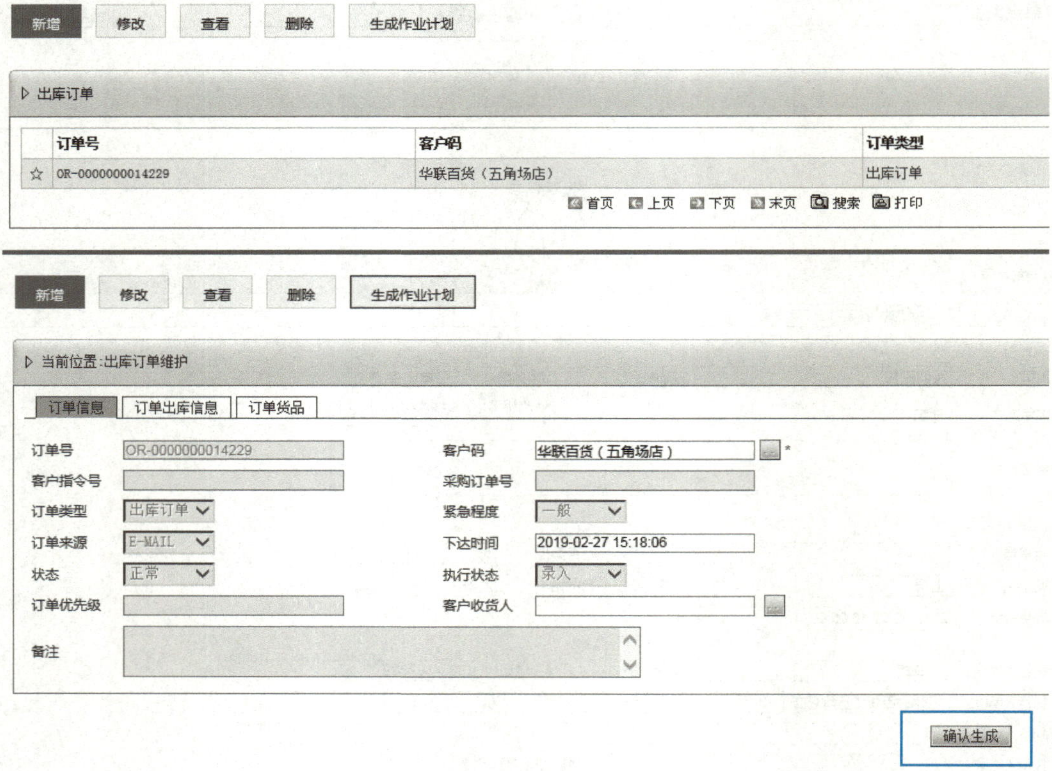

图 3-41 生成出库作业计划

步骤二 生成拣货任务

仓管员冯涛涛收到了信息处理员传来的出库任务后，登录【仓储管理系统】-【出库作业】-【出库预处理】，单击【调度】按钮，就可以在仓储管理系统中根据库存数量分配要拣选的储位，输入拣选数量后，单击【拣选】按钮，生成拣货任务，如图3-42所示。

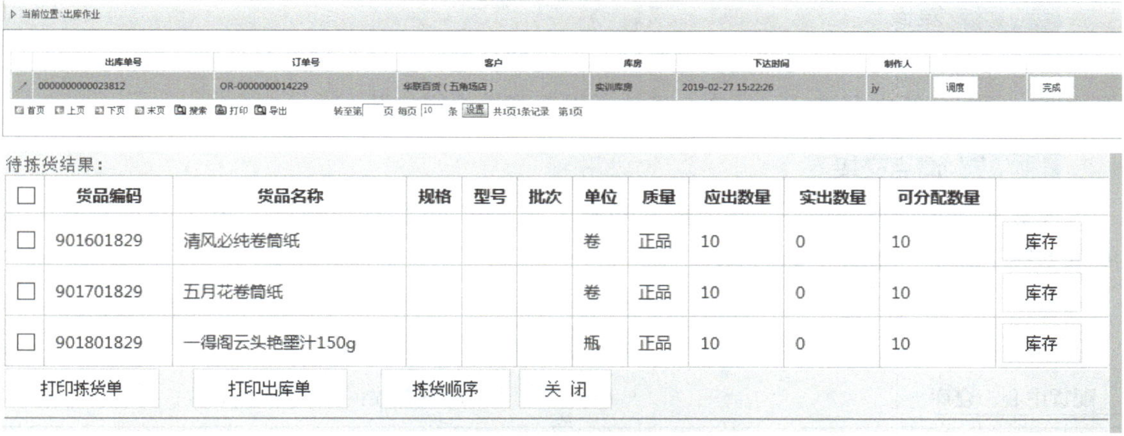

图3-42 生成拣货任务

> **步骤三** 确定拣货方法和拣货路径

由于本次的拣选订单较少，每张订单上要拣选的物品数量也比较少，仓管员冯涛涛决定采用摘取式拣货方法。

根据本次要拣选物品的位置比较分散的特点，操作员郑帅决定采用比较简单的顺序穿越式拣货路径完成拣货，如图3-43所示。

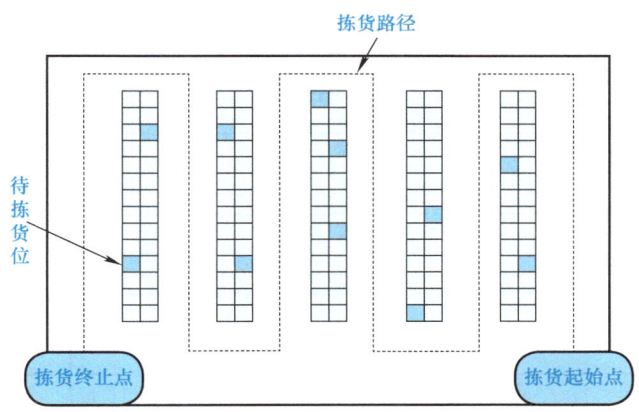

图3-43 顺序穿越式拣货路径

> **步骤四** 使用手持终端完成拣货任务

操作员郑帅、张家骏根据手持终端拣货单信息完成这批出库订单的拣货任务，与入库类似，这里不再详述。

> **步骤五** 将拣选物品运至集货区等待出库

操作员郑帅、张家骏拣货完毕后将集货区按客户分成若干区域，把从不同储存区拣出的物品归入相应客户区域内,重新核对订单,防止物品漏拣和错拣。

步骤六　复核

拣货完毕后,物品传送到复核包装区,由复核员进行复核,重点对品名、规格、数量、保质期、原包装等内容进行了核查,确认无误后开始组织包装作业。

步骤七　清点交接

拣货和包装作业完成后,由仓管员负责将物品和货运员张亮完成交接手续,双方在出库单上签字确认,如图3-44所示。

出　库　单

作业计划单号 _____

配货中心　　仓库　　　　　　　　　　应发总数:30.0　实发总数:____

客户名称:　　　客户编号:　　　客户指令号:　　　日期:

产品名称	条形码	规格	单位	应发数量	实发数量	货位号	批号	备注
清风必纯卷筒纸	6922266444661		卷	10				
五月花卷筒纸	6922233611058		卷	10				
一得阁云头艳墨汁150g	6938315095388		瓶	10				

仓管员(签字):冯涛涛　　　　　　　收货人(签字):李明

图3-44　在出库单上签字

步骤八 登账存档

仓管员冯涛涛与货运员张亮交接完毕后，及时对出库物品和数量进行登记，填写货卡信息，登物品出入库明细账，并将张亮签过字的出库单进行归档保存。

任务评价

表3-23 任务评价考核表

序 号	考 核 内 容	满 分	得 分
1	能够阐述出库作业的基本流程	10	
2	能够描述常见的几种拣货方法	10	
3	能够阐述拣货路径选择的方法	10	
4	能够处理出库订单信息	10	
5	能够生成出库作业任务	10	
6	能够根据出库作业生成拣货任务	10	
7	能够用手持终端完成拣货	10	
8	能够完成货物复核与打包	10	
9	能够根据出库信息将货物转运至对应集货区	10	
10	能够对出库货物进行核查，完成交接签单	10	
	合　　计	100	

项目四

智能运输与配送作业

学习任务一　调度配载认知与实训

学习目标

- 能够描述车辆调度配载的基本流程；
- 能够阐述车辆调度的基本原则；
- 能够阐述车辆配载的基本原则；
- 能够使用配送管理系统对车辆进行合理调度；
- 能够根据订单信息、配送要求、配送目的地等信息对车辆进行合理配载。

知识储备

一、车辆调度

1. 车辆调度的概念

车辆调度是指制定行车路线，使车辆在满足一定的约束条件下，有序地通过一系列装货点和卸货点，达到诸如路程最短、费用最小、耗时最少等目标。

请阅读本书配套资源素材包中的案例"4-1　京东大件物流调度系统"，并回答以下问题：

（1）京东物流调度系统主要解决什么问题？

（2）京东物流调度系统架构如何划分？

2. 车辆调度的基本要求

各级调度应在上级领导下，进行运力和运量的平衡，合理安排运输，直接组织车辆运行并随时进行监督和检查，保证月度生产计划的实现。

（1）根据运输任务和运输生产计划，编制车辆运行作业计划，并通过作业运行计划组织企业内部的各个生产环节，使其形成一个有机的整体，进行有计划的生产，最大限度地发挥车辆运输潜力。

（2）掌握货物流量、流向、季节性变化，全面细致地安排运输生产，并针对运输工作中存在的主要问题，及时反映，并向有关部门提出要求，采取措施，保证运输计划的完成。

（3）加强现场管理和运行车辆的调度指挥，根据调运情况，组织合理运输，不断研究和改进运输调度工作，以最少的人力、物力完成最多的运输任务。

（4）认真贯彻汽车预防保养制度，保证运行车辆能按时调回进行保养，严禁超载，维护车辆技术状况完好。

3. 车辆调度的原则

（1）按制度调度。坚持按制度办事，按车辆使用的范围和对象派车。

（2）科学合理调度。所谓科学性，就是要掌握单位车辆使用的特点和规律。调度合理就是要按照现有车的行驶方向，选择最佳行车路线，不跑弯路和绕道行驶；不在一条线路上重复派车；在一般情况下，车辆不能一次派完，要留备用车辆，以应急需。

（3）灵活机动。所谓灵活机动，就是对于制度没有明确规定而确定需要紧急用车的，要从实际出发，灵活机动，恰当处理，不能误时误事。

当发生异常情况时，需要根据实际情况按照增派车辆实施细则进行车辆调派。

请阅读本书配套资源素材包中的案例"4-2 美团即时物流智能配送调度系统"，并回答以下问题：

（1）美团智能调度系统的发展历程是怎样的？

（2）美团是如何实现智能调度的？

二、车辆配载

1. 车辆配载的概念

配载是指充分利用运输工具（如火车、货车、轮船等）的载重量和容积，采用先进的装载方法，合理安排货物的装载，争取在满载的前提下，降低运输成本。

2. 车辆配载的原则

车辆配载的原则如下。

（1）装入货物的总体积不能超过车辆的有效容积。

（2）轻货和重货搭配。

（3）货物性质搭配（拼装在一个车厢内的货物，其化学性质、物理性质不能互相抵触）。

（4）一条运输线路上的货物尽可能一次积载。

（5）专线运输和快线运输的货物应装载一起。

（6）装载货物不能超过车身长度。

3. 调度配载的作业流程

调度配载的作业流程，如图 4-1 所示。

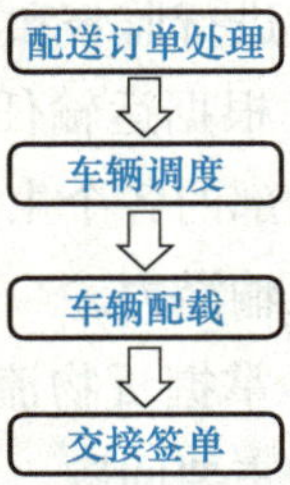

任务发布

2019 年 1 月 26 日，上海嘉信仓储配送中心接到华联百货外滩店和静安店的传真两份，要在 1 月 27 日从设在嘉信仓储配送中心的仓库里取货，并在 1 月 28 日将货送到两个门店。配送订单的具体内容，见表 4-1。仓管员冯涛涛收到配送订单后开始组织配送作业。

说明：客户要求返运单作为回单。嘉信仓储配送中心与华联百货的配送费用合计 800 元整，另附杂费 100 元，运输费用以托运人月结的方式来结算。

图 4-1 调度配载的作业流程

表 4-1 发货通知单

发货通知单

TO：上海嘉信仓储配送中心

我店有一批委托贵公司保管的物品需要从贵公司仓库配送至华联百货外滩店，具体信息如下：

序号	物品名称	数量	单位	重量（kg）	体积（m³）	到货日期
1	康师傅天然水	20	箱	20	3	2019.2.27
2	汇源纯净水	20	箱	30	3	2019.2.27
3	维达卷筒纸	10	箱	4	1.6	2019.2.27
收货单位：	华联百货外滩店					
收货地址：	上海市黄浦区南京东路 228 号					
联系人：	赵凯					
电话	021-64728374					

急需发货，收到请回复！

FROM：华联百货外滩店　　赵凯

发货通知单

TO：上海嘉信仓储配送中心

我店有一批委托贵公司保管的物品需要从贵公司仓库配送至华联百货静安店，具体信息如下：

序号	物品名称	数量	单位	重量（kg）	体积（m³）	到货日期
1	娃哈哈饮用纯净水	20	箱	10	3	2019.2.27
收货单位：	华联百货静安店					
收货地址：	上海市静安区南京西路 1618 号					
联系人：	王航					
电话	021-64729273					

急需发货，收到请回复！

FROM：华联百货静安店　　王航

任务操作

步骤一 配送订单处理

1. 订单输入

仓管员冯涛涛通知信息处理员王辉根据发货通知单,输入并生成配送订单。

信息处理员王辉登录【订单管理系统】-【订单录入】-【配送订单】界面,单击【新增】按钮,分别填写或选择订单上的信息,将来自华联百货外滩店和华联百货静安店的配送订单完成,如图 4-2 所示。

图 4-2 配送订单基本信息

智能物流技术

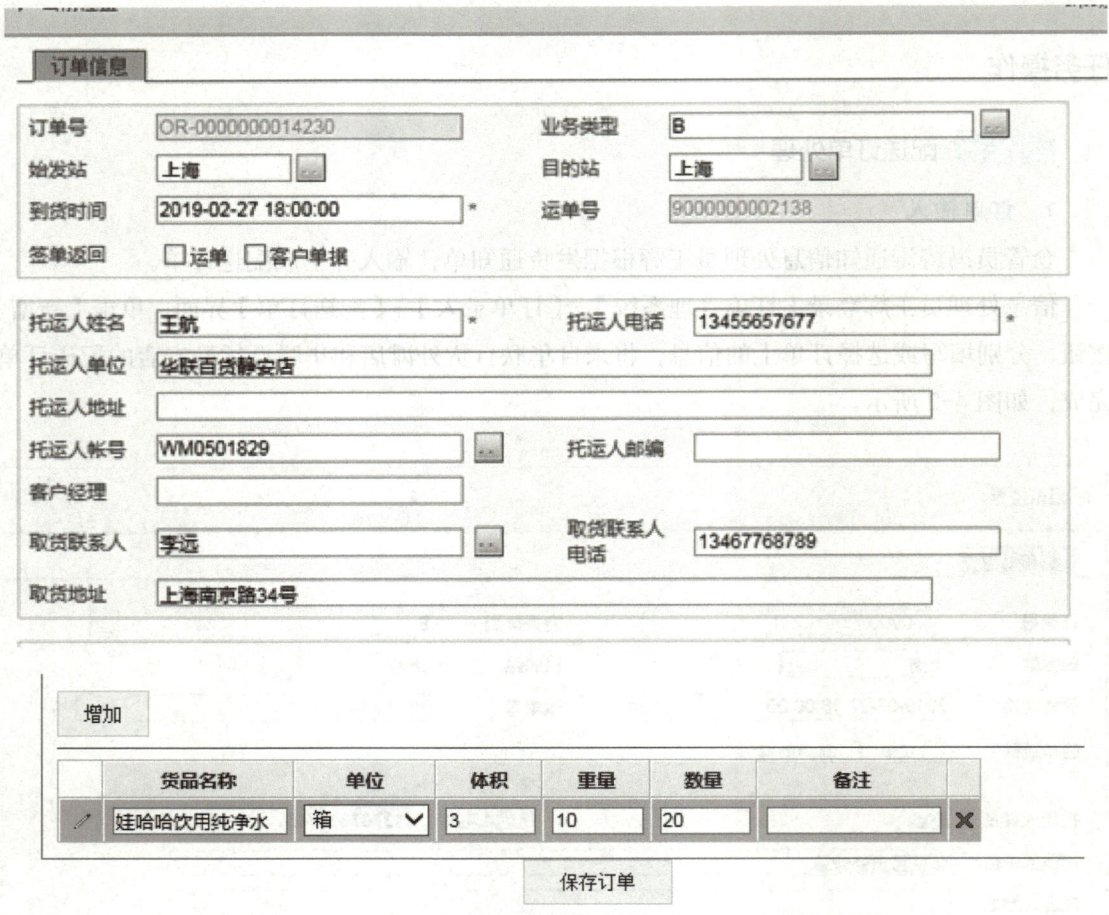

图 4-2 配送订单基本信息（续）

2. 提交复核

信息处理员王辉完成两个配送订单的输入工作之后，单击【保存订单】按钮，提交到仓管员冯涛涛进行审查复核，如图 4-3 所示。

图 4-3 提交复核订单

步骤二 车辆调度

订单提交并复核通过后，配送调度员开始安排配送车辆，进行物品的配送作业。单击【配送调度】进入调度派车界面，如图 4-4 所示。

178

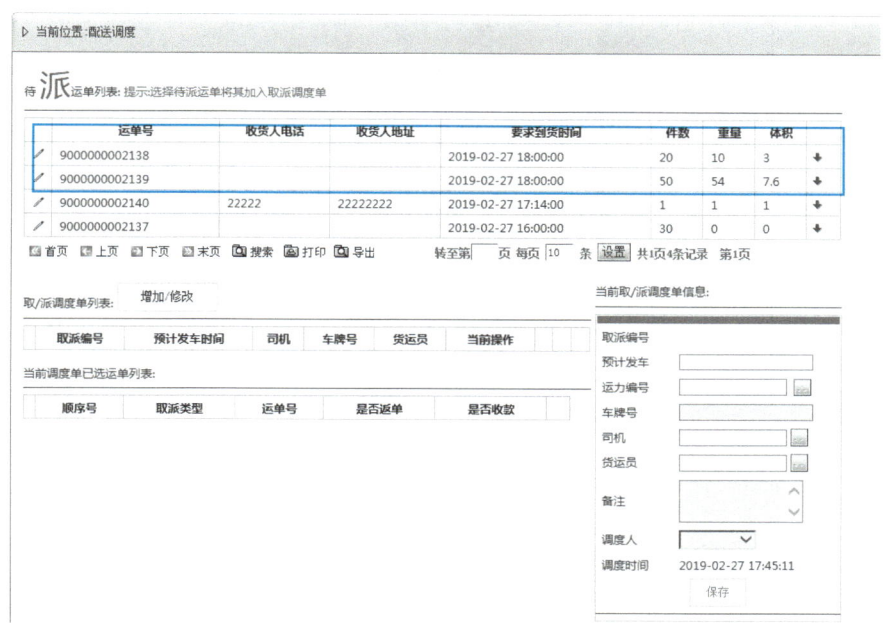

图 4-4　配送车辆调度

在待派运单列表中，可以看到刚提交过来的配送订单。单击【增加/修改】按钮添加一个配送调度运力，此时右侧的调度单信息变为可以修改的状态，根据实训作业任务要求，填写配送调度单信息，安排司机李伟用车牌号为沪 A19061 的货车来对华联百货外滩店和华联百货静安店进行配送，如图 4-5 所示。

图 4-5　安排车辆、司机和货运员

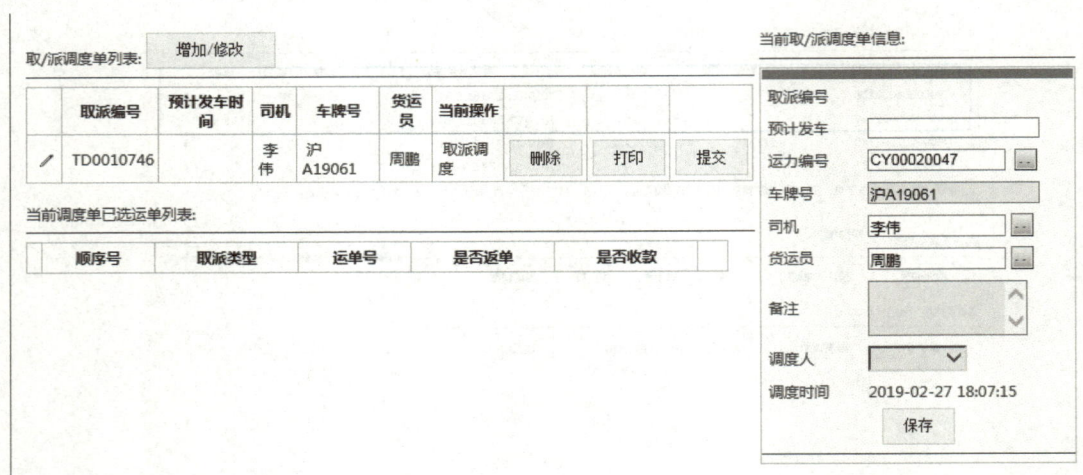

图 4-5　安排车辆、司机和货运员（续）

选择待派运单列表和取/派调度列表中的信息，单击右上角的"下箭头"，将该待派运单安排到调度单上，刷新页面，可以发现待派列表为空，证明已将该配送订单交付于该取/派运力上，选择取/派调度单，即由司机李伟、货运员周鹏共同对华联百货外滩店和华联百货静安店进行配送，如图 4-6 所示。

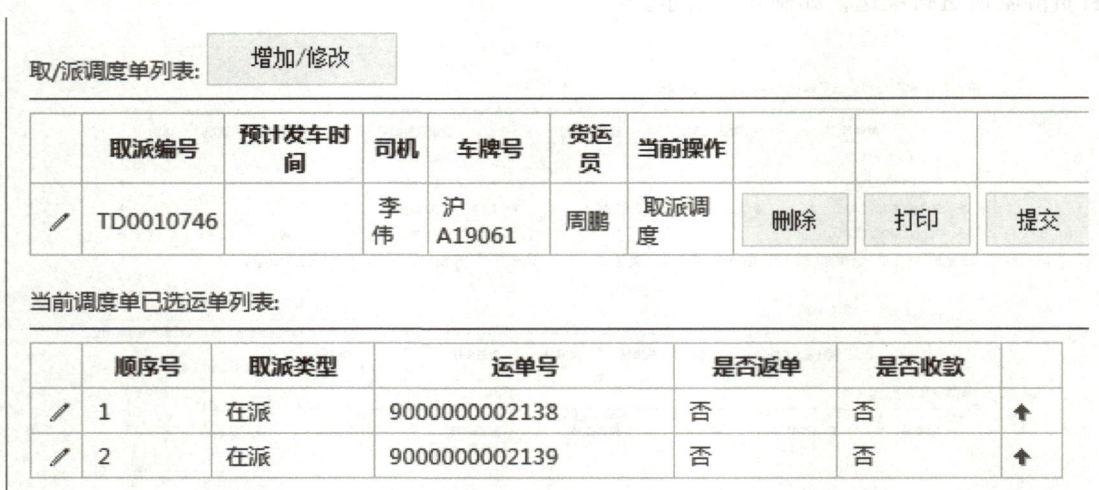

图 4-6　分配配送任务

单击【打印】按钮，即可生成与司机李伟、货运员周鹏对应的取（派）通知单，如图 4-7 所示，李伟和周鹏就可以带上取（派）通知单到仓库准备取货。

取（派）通知单

单号	TD0010746			操作站			
资源	车辆	沪A19061		车型			
	操作员			人	预计操作时间		小时
总数量		70.0 件	总重量		64.0kg	总体积	10.6m³

客户信息						
运单号	顺序号	地址	电话	姓名	类型	返单	收款
9000000002138	1				在派	否	否
9000000002139	2				在派	否	否

货品信息					
运单号	货品名称	件数（件）	重量（kg）	体积（m³）	备注
9000000002138	娃哈哈饮用纯净水	20	10	3	
9000000002139	汇源纯净水	20	30	3	
9000000002139	康师傅天然水	20	20	3	
9000000002139	维达卷筒纸	10	4	1.6	
填表人：			填表时间：		年　月　日

图 4-7　取（派）通知单

步骤三　车辆配载

司机李伟、货运员周鹏将持取（派）通知单到达仓库后，仓管员冯涛涛通知操作员准备协助货运员周鹏进行装车作业。

周鹏根据物品的数量和配送地址的先后顺序，制订了装车的先后顺序计划，操作员根据周鹏制订的装车计划用叉车将配送物品装进车厢，如图4-8所示。

图 4-8　车辆配载

步骤四　交接签单

货运员周鹏在装车完毕后，对物品的名称、规格数量等进行核查，确认无误后在仓管员出具的出库单（见图4-9）上签字确认，即可完成派送交接。

出库单

配送中心仓库　　　　　　　　　　　　　　　应发总数：70.0　实发总数：

客户名称：　　　　　　客户编号：　　　客户指令号：　　　　日期：

产品名称	条形码	规格	单位	应发数量	实发数量	货位号	批号	备注
康师傅天然水	6942417395437		箱	20				
汇源纯净水	6923555218482		箱	20				
维达卷筒纸	6901236373958		箱	10				
娃哈哈饮用纯净水	6902083881405		箱	20				

仓管员（签字）：　　　　　　　　　　　　　　　　收货人（签字）：

图 4-9　出库单

任务评价

表 4-2　任务评价考核表

序号	考核内容	满分	得分
1	能够阐述车辆调度的概念和要求	10	
2	能够阐述车辆调度的原则	10	
3	能够阐述车辆配载的概念	10	
4	能够阐述车辆配载的原则	10	
5	能够绘制车辆调度装配的作业流程图	10	
6	能够根据发货通知单输入配送订单信息	10	
7	能够在配送管理系统上进行车辆调度	10	
8	能够打印取（派）通知单	10	
9	能够根据配送订单信息和物品特性完成车辆配载	10	
10	能够对配载货物进行核查，完成交接签单	10	
	合计	100	

学习任务二　送货作业认知与实训

学习目标

- 能够描述送货作业准备的内容；
- 能够阐述派送路线设计的原则；
- 能够阐述派送路线选择的方法；
- 能够进行送货作业准备；
- 能够利用配送管理系统进行送货作业处理。

知识储备

一、送货作业的工作准备

1. 整理仪容仪表

取派司机在执行派送作业操作前,应整理好个人仪容仪表,调整好心态和情绪,展现良好的公司形象和个人风貌。取派司机的仪容仪表规范要求,如图4-10所示。

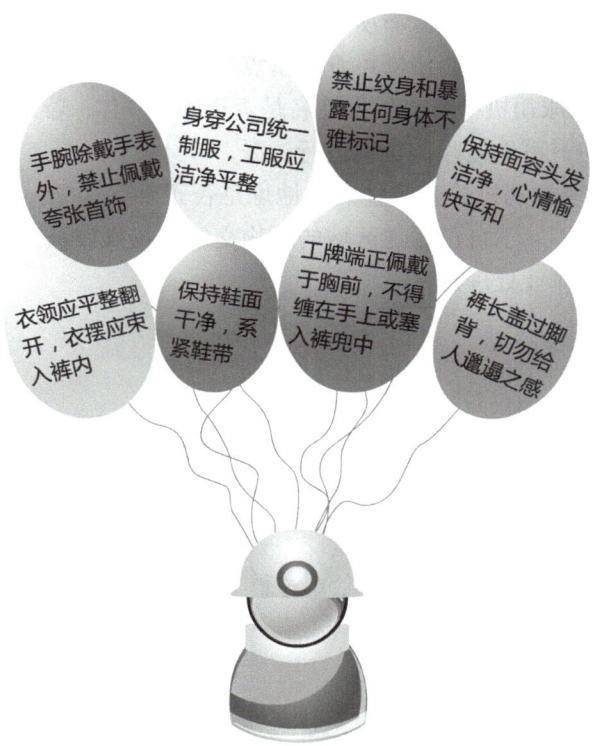

图4-10　取派司机的仪容仪表规范要求

2. 检查派送装备

（1）检查运输工具。运输工具关系到派送人员的人身安全,在执行派送作业前应仔细检查运输工具的工作状况。取派司机应当检查取派车辆脚刹是否灵敏有效；检查车厢是否干净整洁；检查车厢门是否能够正常关闭等。

（2）检查派件辅助工具。除了对运输工具进行检查外,取派司机还需要对货物派送过程中用到的辅助工具进行检查,包括手持终端、取（派）通知单、腰包、笔、雨布雨具等。同时,确保工作证件佩戴齐全。

3. 检查派送货物

取派司机做好货物派送准备工作后,与场站人员进行派送货物交接。取派司机对照取

（派）通知单进行派送货物检查，需要核对的具体内容如下。

（1）核对货物总数。取派司机对照取（派）通知单核对货物总数，并在核对过程中注意一票多件货物的件数。取派司机检查货物运单的注明件数，与实际交接的货物件数对比，确保本次派送作业的货物件数正确。

（2）检查货物外包装。取派司机检查货物外包装是否完好，封口胶纸是否正常，有无撕毁重新粘贴的痕迹。

（3）检查是否发生液体渗漏。取派司机查看所有货物是否有液体渗漏情况，明显特征为潮湿、油污，通过检查发现所有货物没有渗漏情况。

（4）检查货物运单。取派司机查看所有货物运单是否有脱落、湿损及破损现象。同时，取派司机检查运单的具体信息是否清晰可查，重点检查以下栏目。

1）收件人名称。取派司机检查收件人姓名是否正确、具体，若是出现以姓氏后冠以"先生""小姐"或职务的，可先接收该货物进行试派。

2）收件人地址。取派司机检查收件人的地址是否正确、详细，判别地址是否属于自身所负责的派送区域，对不属于自己派送区域的货物交给现场操作员，由现场操作员告知调度员进行后续的重新分配作业处理。

二、送货路线的设计

1. 派送路线设计的原则

派送路线是指将业务员在派送快件时所经过的运输或派送的地点或路段，按照先后顺序连接起来所形成的路线。派送路线设计的原则如图4-11所示。

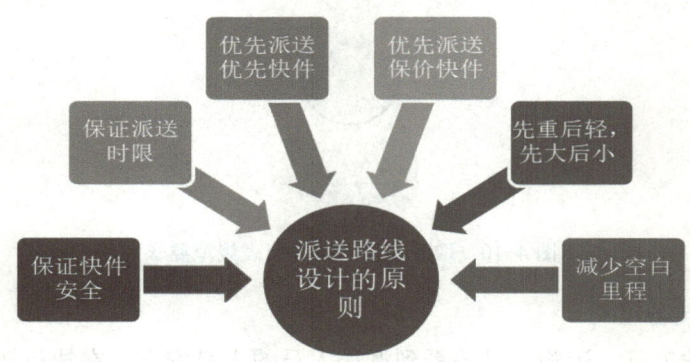

图4-11　派送路线设计的原则

（1）保证快件安全。快递服务的宗旨是将快件完好无损、及时安全地送达收件人。保证快件安全原则要求：选择的派送路线路况要好（路面质量好、车道宽敞、车流量较少、坡度和弯度密度小），不能很偏移等。

（2）保证派送时限。时限是客户最重视的因素，也是衡量快递服务质量的一项重要指标。影响派送时限的主要因素包括以下几个。

1）当班次派送快件量过大。

2）在同一班次内，因客户不在而进行二次派送。

3）天气、交通堵塞、交通管制等不可控因素。

4）派送车辆故障。

（3）优先派送优先快件。优先派送的快件主要包括时限要求高的快件、客户明确要求在规定时间内派送的快件、二次派送的快件。为了避免不可控制因素影响快件的派送时限，有需要优先派送的快件时，应优先派送。

（4）优先派送保价快件。保价快件一般具有价值高、重要性比较强等特点，一旦丢失，会给快递企业和客户带来非常严重的损失。为了降低风险，在不影响其他快件派送时限的情况下，优先派送保价快件。

（5）先重后轻，先大后小。由于重件或体积大的快件在装卸搬运时劳动强度大，优先派送，既可减轻全程派件的作业难度，也可减少车辆磨损和能耗。

（6）减少空白里程。空白里程是指完成当班次所有快件的派送所行走路线的实际距离减去能够完成所有快件的有效距离。为了减少空白里程，需要做好以下几方面的工作。

1）业务员应熟悉掌握派送段内每条路段、街道所包含的门牌号。

2）快件排序时，注意将同一客户的多票快件排在一起，一起派送。

3）对于同一派送段，应掌握多条派送路线，选择最短路径进行派送。

4）及时掌握派送段内的交通和路况信息，避免因交通管制或道路维修而绕路，增加空白里程。

2. 路线安排考虑的因素

（1）道路情况。道路情况应该考虑同一辆车的货物是否同向，是否顺路。还有就是道路的具体通行情况，如高速公路是否封闭修路等。这要求调度人员熟悉道路情况。

（2）车辆装载情况。车辆的装载不能超载太多，也不能装载太少。例如，8t 的车执行长途运输任务至少要装载 6t 以上。

（3）卸货点之间的距离。如果同一辆车上载多个地点的货物，且这些地点相距比较远时，要考虑前面的卸货后，车辆上还有多少货物。如果大多数的货物都在前面卸完了，后面的长距离的运输可能只有少量货物，车辆的吨位利用率很差。

（4）每个卸货点的卸货时间。卸货速度慢的卸货点，应尽量放在后面到达，否则它会影响其他卸货点的到货时间。

（5）具体的到货时间。有的卸货点在市中心，而市中心是禁区，白天不能通行，只有晚上才能卸货。这时，就要考虑具体的到货时间，安排到货时应尽量避开白天到达该卸货点。

（6）天气条件，如是否下雪、下雾、冰冷等。

（7）车辆、驾驶员、线路等情况的综合考虑。安排线路的时候，还应考虑车辆、驾驶员的情况，如车辆性能是否适合到北方寒冷地区等。

请阅读本书配套资源素材包中的案例"4-3 京东智能路径优化系统"，并回答问题：京东智能路径优化系统在路径规划时考虑了哪些因素？

3. 派送路线选择的方法

（1）经验判断法。经验判断法是指利用行车人员的经验来选择配送路线的一种主观判断方法。一般是以司机习惯行驶路线和道路行驶规定等为基本标准，拟定出几个不同的方案，通过倾听有经验的司机和送货人员的意见，或者直接由配送管理人员凭经验做出判断。这种方法的质量取决于决策者对运输车辆、用户的地理位置和交通线路情况掌握的程度以及决策者的分析判断能力与经验。这种方法尽管缺乏科学性，易受掌握信息详尽程度的限制，但运作方式简单、快速、方便。

（2）综合评价法。综合评价法即能够拟定出多种配送路线方案，并且评价指标明确，只是部分指标难以量化，或对某一项指标有突出的强调与要求，而采用加权评分的方式来确定配送路线。

综合评价法的步骤如图 4-12 所示。

图 4-12　综合评价法的步骤

请阅读本书配套资源素材包中案例"4-4　美团、达达–京东到家、58速运、菜鸟的路径优化算法对比盘点"，并回答以下问题：

（1）美团、京东到家、58速运和菜鸟配送在路径规划时都分别考虑了哪些因素？

（2）你认为在不同平台路径规划的考虑因素中，占主导因素的分别是什么？为什么？

任务发布

在"学习任务一　调度配装"中，货运员周鹏将配送物品装车完毕并和仓管员冯涛涛签单确认后，司机准备按照配送计划前往目的地。在出站时要进行一次扫描，确保配送物品的准确性。出库单如图 4-13 所示。

出　库　单

配送中心仓库　　　　　　　　　　　　　　　应发总数：70.0　实发总数：

客户名称：　　　　　　　　客户编号：　　　　客户指令号：　　　　日期：

产品名称	条形码	规格	单位	应发数量	实发数量	货位号	批号	备注
康师傅天然水	6942417395437		箱	20				
汇源纯净水	6923555218482		箱	20				
维达卷筒纸	6901236373958		箱	10				
娃哈哈饮用纯净水	6902083881405		箱	20				

仓管员（签字）：　　　　　　　　　　　　　　　　收货人（签字）：

图 4-13　出库单

项目四
智能运输与配送作业

任务操作

步骤一 送货作业准备

1. 整理仪容仪表

取派员周鹏按照公司仪容仪表规范整理好个人仪容仪表。

2. 检查派送装备

取派员周鹏对取派车辆、派件辅助工具进行检查，经检查各项工具设备齐全，完好。

3. 检查派送货物

取派员周鹏做好货物派送准备工作后，与场站人员进行派送货物交接。取派司机对照取（派）通知单进行派送货物检查，主要核对货物总数、货物外包装、检查是否发生液体渗漏、检查货物运单。经检查，货物数量正确，外包装完好，无液体渗漏，收件人姓名和地址完整，在配送范围内。

步骤二 出站扫描

装货完毕后，在出站时需要进行一次扫描，以再次确认所装载配送物品的数量，如图 4-14 所示，单击【场站扫描】按钮。

图 4-14　出站扫描

经过扫描之后会自动显示车上所装载物品的信息，此信息会传达到信息处理员王辉处。在出站操作界面，可以看到运单信息、物品数量等信息，与出库单信息进行核对，确认无误后单击【直接出站】按钮完成配送车辆出站扫描操作，如图 4-15 所示。

图 4-15　出站扫描显示的信息

步骤三 送货路线设计

司机李伟、货运员周鹏根据制订好的送货计划，按照既定的配送路径开始送货，即上海嘉信仓储配送中心→华联百货外滩店→华联百货静安店→上海嘉信仓储配送中心，如图 4-16 所示。

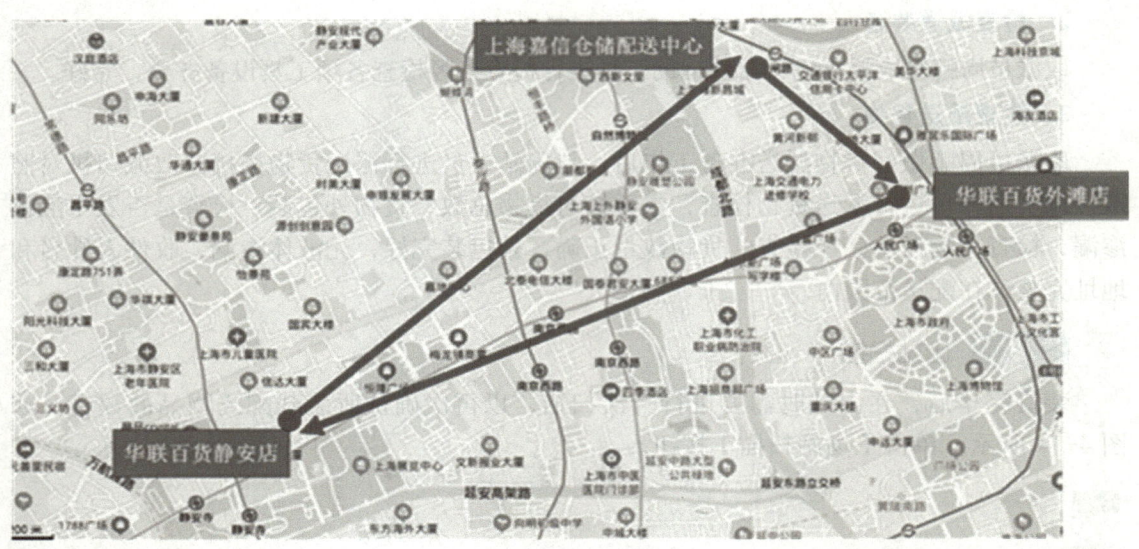

图 4-16　送货路径图

任务评价

表 4-3　任务评价考核表

序　号	考　核　内　容	满　分	得　分
1	能够描述送货作业准备的内容	10	
2	能够阐述派送路线设计的原则	10	
3	能够阐述路线安排考虑的因素	10	
4	能够阐述派送路线选择的方法	10	
5	能够进行送货作业准备	20	
6	能够利用配送管理系统进行送货作业处理	20	
7	能够设计送货路线	20	
	合　计	100	

学习任务三　交单签收认知与实训

学习目标

- 能够描述交单签收的基本流程；
- 能够阐述异常签收的类型；
- 能够处理无法派送的货物；
- 能够完成货物现场派送；
- 能够正确填写送货单；
- 能够正确将送货信息反馈到信息系统中。

知识储备

一、派送货物交接

取派司机按照取（派）通知单的信息，在规定时间内到达客户处进行货物派送作业。

1. 核实客户身份

取派司机到达客户处时，应当使用标准服务用语，主动表明身份，说明来访目的。同时，为了货物的安全，防止他人冒领，取派司机应当核实客户身份，确保客户与运单标注的收件人一致。如果客户指定了代收人代替其签收货物，取派司机必须查看代收人的有效证件，核实其身份。

2. 验收货物

取派司机将需要派送的货物移交至客户，并主动提醒客户当面检查货物，进行收货检验。检验时重点请客户核对以下内容。

（1）收件人信息是正确。

（2）货物数量与运单上是否一致，是否有短缺、多件的情况。

（3）货物包装是否有破损、污损等情况。

3. 签字交接

货物检验无误且信息确认无误后，客户正常收取货物。取派司机应当请客户在运单的"收件人签名"处亲笔签名或盖章，注意应确保签名和盖章清晰可辨。如果是代收人收件，则必须在"收件人签名"处注明"代收"字样。

二、派送异常处理

1. 货物无法派送的处理

（1）出现首次无法派送时，取派司机应主动联系收件人，通知其再次派送的时间。

（2）再次无法派送时，可通知收件人采用自取的方式，并告知收件人自取的地点和工作时间；收件人仍需要取派员进行派送的，应告知额外费用。

（3）若联系不到收件人，取派员应在彻底延误时限到达之前联系寄件人，协商处理办法和费用，主要包括：

1）寄件人放弃货物的，应在快运公司的放弃货物声明上签字，快运公司凭借声明处理货物。

2）寄件人需要将货物退回的，应支付退回的费用。

（4）若联系不到收件人和寄件人，除不易保存的物品外，在对货物保存至少 3 个月后，快运公司可以按照相关规定处置货物。

2. 异常签收的类型

常见的异常签收包括以下几种类型。

（1）货物完成派送，客户签收运单时在运单中注明货物有破损。

（2）货物完成派送，客户签收运单时在运单中注明货物有缺失。

（3）货物在途期间（货物派送前），客户主动要求更改派送地址。

（4）货物在途期间（货物派送前），客户主动要求延迟派送时间或暂不派送等待客户另行通知。

（5）货物正常派送，但收货方无人收货或无人配合完成签单收货手续。

（6）货物正常派送，但收货人拒绝配合完成签单收货手续。

（7）客服在 TMS 系统中进行正常签收输入时发现因本站或其他站点误操作造成该票运单已完成了签收输入。

（8）因误操作造成所派货物与运单不匹配，出现"张冠李戴"的错误派送现象。

（9）在进行业务交接时，客户或收、发货人拒绝按约定支付方式支付费用。

（10）因各种原因造成的货物滞留，未完成派送任务。

（11）运单的收货信息有误或收货信息在货物在途期间发生变更。

任务发布

2019 年 1 月 28 日 14:00，上海嘉信仓储配送中心司机李伟和货运员周鹏按照计划好的路径按时来到华联百货外滩店。华联百货外滩店收货人赵凯开始组织对送来的货物进行验收。

在华联百货外滩店验收并交接完毕后，立即前往华联百货静安店进行配送。

项目四 智能运输与配送作业

任务操作

步骤一 现场派送交接

取派司机李伟按照取（派）通知单的信息，在规定时间内到达客户华联百货外滩店处进行货物派送作业。

1. 核实客户身份

取派司机到达客户处时，使用标准服务用语，主动表明身份，"您好，我是上海嘉信仓储配送中心的取派司机李伟，我是过来给您送货的。"并通过查看客户身份证件，核实客户身份。

2. 验收快件

取派司机李伟将派送的货物移交至客户，并主动提醒客户当面检查货物，进行收货检验。通过对收件人信息、货物数量、货物包装等进行核对后，收件人信息正确，货物数量与运单一致，无破损。

3. 签字交接

货物点数验收后，对送货单进行签收，即签明实收情况，见表4-4。

表4-4 送货单

送 货 单

收货单位：华联百货外滩店　　　　　　　　　　运单号：9000000002109

收货地址：上海市黄浦区南京东路228号　　　　　送货时间：2019.1.28

序号	物品名称	数量	单位	单价RMB	金额RMB	备注
1	华硕键盘	100	个	¥99	¥9900	
2	华硕鼠标	100	个	¥30	¥3000	
3	娃哈哈饮用纯净水	100	个	¥95	¥9500	
4	康师傅方便面	100	箱	¥40	¥4000	
5						
总　计					¥26400.00	
（大写）贰万陆仟肆佰零拾零元零角零分					小写：¥26400.00	
备注：						
制表人：	送货人：周鹏			收货单位及验收人（盖章）：赵凯		

第二联：客户

步骤二 在信息系统上签收确认

将物品送到收货人手中并签字确认后，还需要在配送管理系统上签收操作。货运员周鹏用手持终端登录配送管理系统，进入【配送管理】-【配送签收】界面，填写签收人信息和收货日期,进行签收确认,如图4-17所示。

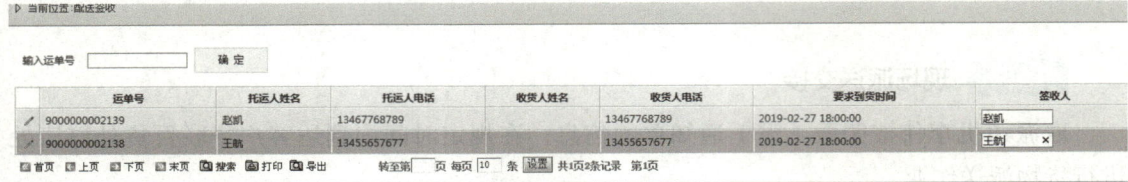

图4-17 签收确认

步骤三 对华联百货静安店进行配送

对华联百货外滩店配送完成后,按照既定路线对华联百货静安店进行配送。

任务评价

表4-5 任务评价考核表

序 号	考 核 内 容	满 分	得 分
1	能够描述交单签收的基本流程	10	
2	能够阐述异常签收的类型	10	
3	能够处理无法派送的货物	20	
4	能够完成货物现场派送	20	
5	能够正确填写送货单	20	
6	能够正确将送货信息反馈到信息系统中	20	
合 计		100	

学习任务四 退货处理认知与实训

学习目标

→ 能够描述退货作业的基本流程;
→ 能够理解产生退货的原因;
→ 能够掌握退货处理的方法;
→ 能够正确填写送货单;
→ 能够正确填写退货申请单;
→ 能够正确填写退货产品报告单;
→ 能够正确填写退货单。

知识储备

一、产生退货的原因

一般情况下，造成退货的原因主要有以下几个方面。

（1）协议退货。与配送中心订有特别协议的季节性物品、试销物品、代销物品等，协议期满后，剩余物品退给配送中心。

（2）物品有质量问题的退货。对于不符合质量要求的物品，接收单位提出退货，配送中心也将接受退货。

（3）搬运途中损坏退货。物品在搬运过程中造成产品包装破损或污染，配送中心将接受退货。

（4）物品过期退回。食品及有保质期的物品在送达接收单位时或销售过程中超过物品的有效保质期，配送中心接受退货。

（5）物品送错退回。送达客户的物品不是订单所要求的物品，如物品条形码、品项、规格、重量、数量等与订单不符，配送中心都必须接受退货。

（6）物品存在内在缺陷而必须进行全面召回。国家强制性标准不达标的产品，或对人身生命和财产存在伤害隐患的产品必须按照国家有关规定实施产品召回。

（7）物品需要维修、重新调试或升级换代而引起的物品回流。有些送达客户的产品由于上述原因，配送中心也必须接受退货。

二、退货处理的方法

（1）无条件重新发货。对于因为发货人按订单发货发生的错误，应由发货人更新调整发货方案，将错发物品调回，重新按原正确订单发货，中间发生的所有费用应由发货人承担。

（2）运输单位赔偿。对于因为运输途中产品受到损坏而发生退货的，根据退货情况，由发货人确定所需的修理费用或赔偿金额，然后由运输单位负责赔偿。

（3）收取费用，重新发货。再根据客户新的订货单重新发货。

（4）重新发货或替代。对于因为产品有缺陷，客户要求退货的，配送中心接到退货指示后，营业员应安排车辆收回退物品，将物品集中到配送中心退货处理区进行处理。一旦产品回收运动结束，生产厂家及其销售部门就应立即采取步骤，用没有缺陷的同一种产品或替代品更新填补零售商店的货架。

请阅读本书配套资源素材包中的案例"4-5 仓库的黑洞——退货管理"，并回答以下问题：

（1）为什么说退货是仓库管理的黑洞？

（2）退货管理的窘境是什么？

任务发布

2019年1月28日15:30，上海嘉信仓储配送中心司机李伟和货运员周鹏来到华联百货静安店，验收人张亮在组织对物品验收时发现有10个"娃哈哈饮用纯净水"的内包装出现了破损，影响产品的销售，张亮便对该货物提出退货申请。除了这个"娃哈哈饮用纯净水"外，其他物品进行了正常的验收交接。

任务操作

步骤一 退货申请

华联百货静安店收货人王航向上海嘉信仓储配送中心提交了退货申请单，见表4-6。

表4-6 上海嘉信仓储配送中心退货申请表

上海嘉信仓储配送中心退货申请表

客户：华联百货静安店　　　　　　　　　　　　　　　　时间：2019.1.28

配送单号	物品名称	包装	规格	配送数量	退货数量	单价	金额
9000000002110	娃哈哈饮用纯净水	箱	1×20	10瓶	10瓶	¥20	¥20.00
退货原因	未定此货 □	质量问题 □		包装破损 □☑	规格错误 □		其他 □
备注							

华联百货静安店收货人除了要填写退货申请表外，还要在货运员周鹏带来的送货单上签字确认，见表4-7。

表4-7 送货单

送　货　单

收货单位：华联百货静安店　　　　　　　　　　　运单号：9000000002110
收货地址：上海市静安区南京西路1618号　　　　　送货时间：2019.1.28

序号	物品名称	数量	单位	单价RMB	金额RMB	备注
1	娃哈哈饮用纯净水	10	个	¥20	¥20.00	有破损
2						
3						
总　计					¥20.00	
（大写）零万零仟零佰贰拾零元零角零分					小写：¥20.00	
备注：有10个娃哈哈饮用纯净水包装破损，请求退货						
制表人：	送货人：周鹏			收货单位及验收人（盖章）：李娜		

第二联：客户

项目四 智能运输与配送作业

步骤二 退货验收

司机李伟和货运员周鹏将华联百货静安店申请退回的 10 个"娃哈哈饮用纯净水"带回配送中心交给退货验收组。退货验收组对退回的物品进行核查,确认包装破损影响销售,并填写退货产品报告单,见表 4-8。

表 4-8 退货产品报告单

退货产品报告单

退/换货名称	数量	单位	要求退/换货	验收情况
娃哈哈饮用纯净水	10	个	退货 ☑ 换货 ☐	合格 ☑ 不合格 ☐
退/换货原因说明: 销售包装破损,影响物品销售。				
退货验收员签字:李娜			主管签字:李远	
			是否入库:同意 ☑ 不同意 ☐	
备注:退货产品报告单一式三联,客户、仓库、财务各持一联				

步骤三 退货入库

货运员周鹏持有退货申请单和退货产品报告单送到仓储部主管审批,审核通过后填写正式的退货单,见表 4-9。周鹏即可持主管签字的退货单到仓管员冯涛涛处办理入库手续。

表 4-9 退货单

退 货 单

物品名称	数量	单位	单价	金额	退货原因
娃哈哈饮用纯净水	10	个	¥2	¥20.00	包装破损
主管(签字):李远				制单:	
备注:退货单一式三联,仓管员、财务、客户各持一联					

任务评价

表 4-10 任务评价考核表

序 号	考 核 内 容	满 分	得 分
1	能够描述退货作业的基本流程	10	
2	能够理解产生退货的原因	10	
3	能够掌握退货处理的方法	10	
4	能够正确填写送货单	10	
5	能够正确填写退货申请单	20	
6	能够正确填写退货产品报告单	20	
7	能够正确填写退货单	20	
	合 计	100	

参 考 文 献

[1] 中国就业培训技术指导中心. 物流员 [M]. 2版. 北京：中国劳动社会保障出版社，2013.

[2] 宋文官，殷延海. 物流综合实训 [M]. 3版. 北京：高等教育出版社，2014.

[3] 王喜富. 物联网与智能物流 [M]. 北京：北京交通大学出版社，2014.

[4] 李俊韬. 智能物流系统实务 [M]. 北京：机械工业出版社，2013.

[5] 燕鹏飞. 智能物流：链接"互联网+"时代亿万商业梦想 [M]. 北京：人民邮电出版社，2016.

[6] SANDERS N R. 大数据供应链：构建工业4.0时代智能物流新模式 [M]. 丁晓松，译. 北京：中国人民大学出版社，2015.

[7] 叶伟嫒. 仓储与配送管理 [M]. 大连：东北财经大学出版社，2018.

[8] 张扬，国云星. 仓储与配送管理实务 [M]. 北京：中国人民大学出版社，2018.

[9] 孙家庆，杨永志. 仓储与配送管理 [M]. 北京：中国人民大学出版社，2016.

[10] 贾争现. 物流配送中心规划与设计 [M]. 3版. 北京：机械工业出版社，2014.

[11] 周凌云，赵钢. 物流中心规划与设计 [M]. 北京：北京交通大学出版社，2014.